公益慈善学系列教材

丛书主编 周如南

公益慈善品牌管理

Charity Brand Management

周如南 编著

西安交通大学出版社
XI'AN JIAOTONG UNIVERSITY PRESS

国家一级出版社
全国百佳图书出版单位

图书在版编目(CIP)数据

公益慈善品牌管理/周如南编著. —西安:西安交通
大学出版社,2018.7
ISBN 978-7-5693-0618-7

Ⅰ.①公⋯ Ⅱ.①周⋯ Ⅲ.①慈善事业-品牌-管理
Ⅳ.①C913.7

中国版本图书馆 CIP 数据核字(2018)第 099639 号

书　　名	公益慈善品牌管理	
编　　著	周如南	
责任编辑	赵怀嬴	

出版发行	西安交通大学出版社
	(西安市兴庆南路 10 号　邮政编码 710049)
网　　址	http://www.xjtupress.com
电　　话	(029)82668357　82667874(发行中心)
	(029)82668315(总编办)
传　　真	(029)82668280
印　　刷	陕西元盛印务有限公司

开　　本	787mm×1092mm　1/16	印张 11.125	字数 268 千字	
版次印次	2018 年 7 月第 1 版　　2018 年 7 月第 1 次印刷			
书　　号	ISBN 978-7-5693-0618-7			
定　　价	35.00 元			

读者购书、书店添货、如发现印装质量问题,请与本社发行中心联系、调换。
订购热线:(029)82665248　(029)82665249
投稿热线:(029)82668133
读者信箱:xj_rwjg@126.com

编　委　会

总序 Preface

　　随着时代的进步,慈善事业在经济社会发展方面越来越发挥着不可忽视的作用。欧美国家的慈善发展也经历了由宗教和国家主导的"福利型慈善"到社会主导的慈善的转变。二战后,慈善作为一种社会性力量前所未有地登上历史舞台,并发生了传统向现代的转变。"慈善"发展到今天,已经不再是政府行为,而是社会或民间行为。在我国改革开放初期,世界主要发达国家已经进入慈善组织和慈善事业兴盛年代。20世纪七八十年代,韦斯布罗德(Burton A. Weisbrod)的政府失灵理论、汉斯曼(Hansmann)的市场失灵理论以及萨拉蒙(Lester M. Salamon)的志愿失灵理论共同构成了西方慈善事业的经典理论,这些理论认为无论是政府部门、市场部门还是慈善部门,它们的存在是因为其他部门在应对人类需要的时候具有某种内在缺陷,导致某一部门无法完全满足人类需求。作为有别于国家社会保障的一种制度安排,慈善事业运作模式应由社会主导,动员资源主要来自社会,是一种对国家和市场履行自身功能的补充。

　　当前我国正处在经济社会转型的重要战略机遇期,慈善事业在参与民生保障、调节收入分配、弥合贫富差距等方面发挥了不可替代的作用,是民生建设和社会事业的重要力量,是提升国家文化软实力的重要载体、完善国家治理体系的关键环节和实施大国战略的有效补充。尤其在经历2008年汶川地震救灾以后,我国慈善事业发展取得了长足进步。国家不断鼓励民间力量投入医疗、养老等产业,中央财政继续支持社会组织服务,使公益慈善机构在各项社会服务事业中扮演着越来越重要的角色。随着各级政府审批权限的下放和社会组织与网络治理的兴起,特别是大量民间背景、公民自发成立的公益慈善组织和社会服务机构积极涌现,其在社会基本公共服务补充供给及相关社会问题解决等方面发挥着越来越重要的作用,已经成为参与社会治理的重要力量。

　　2016年3月16日,中华人民共和国第十二届全国人民代表大会第四次会议通过了《中华人民共和国慈善法》,并将于2016年9月1日起正式施行。这标志着中国公益慈善事业走上规范发展的快车道。当前我国公益慈善事业发展呈现出几个重要趋势。

　　一是从传统计划慈善走向现代全民公益。改革开放以来,随着计划经济政策下"总体性社会"的逐步解体,由市场经济建设和社会转型需要所推动的各类公益慈善组织逐步恢复生机并蓬勃发展。官办计划慈善逐步让位给民间自下而上基于需求而涌现出的慈善力量,慈善事业去行政化成为基本共识并带动全民参与的社会氛围形成。

二是从传统感性慈善走向现代专业公益。随着慈善事业的发展和成熟,慈善不再局限于好人好事和捐赠,而是以社会创新思维和行动系统解决社会问题的整套方案和实施。其中包括慈善组织管理专业化、项目管理专业化、财务管理专业化、品牌管理专业化、评估专业化、人力资源管理专业化等等,因此,一套系统教材的产出也成为时代的需求。

三是从传统个人慈善走向现代组织慈善再走向互联网与跨界创新公益。技术进步是这个时代最大的变量之一。互联网技术的日新月异不但改变了人们接受信息和传播的方式,更颠覆性地重构了组织形态和社会关系。在这个意义上,互联网时代的慈善如何实践?甚至,我们对于"慈善"概念的理解也要重新思考。公众与政府、企业、传统媒体以及公益组织的力量形成对接与整合是现代公益的必然趋势,一个"共享慈善"的时代正在到来。

面对突飞猛进的时代变化,作为研究者和行动者的我们必须有所回应。更让我们奋进的是,《慈善法》明确提出:"学校等教育机构应当将慈善文化纳入教育教学内容,国家鼓励高等学校培养慈善专业人才,支持高等学校和科研机构开展慈善理论研究。"在这个共识基础上,本套教材丛书在各位作者的精诚协作下初现雏形。各位作者均为长期关注公益慈善领域不同层面和领域的优秀青年学者,大多拥有海外相关教育背景和国内公益实践经历,从而能够在理论与实践结合、国际与本土结合等方面做到较好平衡。

本丛书是《慈善法》颁布以来针对公益慈善学专业的系列教材,采用崭新的知识体系,涵盖公益慈善学的各个方面。丛书的出版离不开各位作者的心血努力,也要感谢出版社赵怀瀛编辑的促成。因为水平和时间有限,本套教材肯定有很多不完善的地方甚至纰漏,敬请大家谅解并提出改进建议。

周如南

于中山大学

目录 Contents

第一篇　公益慈善品牌管理导论

第一章　品牌管理概述 ………………………………………………………… (2)

　第一节　品牌概述 ………………………………………………………………… (3)

　第二节　品牌管理 ………………………………………………………………… (6)

第二章　公益组织概述 ………………………………………………………… (9)

　第一节　公益组织 ……………………………………………………………… (10)

　第二节　公益组织与品牌管理 ………………………………………………… (14)

第二篇　公益慈善品牌创建

第三章　公益组织 CI 战略 ………………………………………………… (18)

　第一节　公益组织 CI 战略概述 ……………………………………………… (19)

　第二节　公益组织 MI ………………………………………………………… (23)

　第三节　公益组织 BI ………………………………………………………… (27)

　第四节　公益组织 VI ………………………………………………………… (29)

　第五节　公益组织 CIS 战略的案例分析:以壹基金为例 …………………… (34)

第四章　公益组织品牌定位 ………………………………………………… (38)

　第一节　公益组织品牌定位概述 ……………………………………………… (39)

　第二节　公益组织如何进行品牌定位 ………………………………………… (40)

第五章　公益组织品牌传播 ………………………………………………… (44)

　第一节　公益组织品牌传播概述 ……………………………………………… (45)

　第二节　公益组织品牌传播特点及创建 ……………………………………… (52)

　第三节　公益组织品牌传播方案的制定 ……………………………………… (54)

　第四节　互联网时代的公益组织品牌传播 …………………………………… (65)

第六章　公益组织品牌营销 ……………………………………………………………… （71）

第一节　公益组织的品牌营销概述 ………………………………………………… （72）

第二节　公益组织开展营销活动的过程 …………………………………………… （76）

第三节　公益组织营销的案例 ……………………………………………………… （82）

第三篇　公益慈善品牌维护

第七章　公益组织品牌维系 ……………………………………………………………… （89）

第一节　品牌维系的定义与概念 …………………………………………………… （90）

第二节　品牌维系的方式与策略 …………………………………………………… （96）

第八章　公益组织品牌资产 ……………………………………………………………… （104）

第一节　公益组织品牌资产战略:品牌 IDEA 理论 …………………………… （105）

第二节　品牌资产 …………………………………………………………………… （107）

第三节　品牌形象 …………………………………………………………………… （111）

第四节　品牌资产的传播管理 ……………………………………………………… （112）

第五节　公益组织品牌资产管理的案例 …………………………………………… （114）

第九章　公益组织品牌危机管理 ………………………………………………………… （131）

第一节　公益组织危机概述 ………………………………………………………… （132）

第二节　危机处理的原则与策略 …………………………………………………… （136）

第三节　危机处理的操作流程 ……………………………………………………… （141）

第四节　公益组织公共关系危机处理的案例分析:以中国红十字会与"郭美美事件"为例

…………………………………………………………………………………… （144）

第四篇　公益慈善品牌发展提升

第十章　公益组织品牌创新 ……………………………………………………………… （151）

第一节　公益组织品牌创新概述 …………………………………………………… （152）

第二节　公益组织品牌创新的原则和策略 ………………………………………… （154）

第十一章　公益组织品牌延伸 …………………………………………………………… （157）

第一节　公益组织品牌延伸概述 …………………………………………………… （158）

第二节　进行公益组织品牌延伸的原因 …………………………………………… （159）

第三节　进行公益组织品牌延伸的方法 …………………………………………… （160）

后记 ……………………………………………………………………………………………… （164）

第一篇

公益慈善品牌管理导论

第一章

品牌管理概述

第一节 品牌概述

一、品牌的起源与内涵

1.品牌的起源

品牌,英文单词为 Brand,来源于古挪威文字 Brandr,意思是"烙印"。起初,美国西部的庄园主和畜牧业者为了区分与他人的私有财产,在牲畜上印上标记,以宣誓自己的所有权。这些烙印主要是一些符号,是品牌的最原始的形式。而后,在中世纪的欧洲,手工艺者用自己的签名或打烙印的方法在自己的作品上留下标记,用以识别产地以及生产者,这是最原始的商标(品牌化)。随着社会生产的扩大化,这种品牌标记的方式也有了很大的普及,"商标"(Trademark)和商标法应运而生。法国、英国、德国、美国等国家先后制定了商标法。19 世纪,商品经济高度发展,一些资本主义国家出现了大规模的商品品牌化,如可口可乐、吉列、桂格燕麦等。到了 20 世纪,大量品牌诞生并发展,劳力士、福特、万宝路、百事可乐、沃尔玛等品牌的兴起都是品牌全球化的体现。

现代意义上的品牌概念在 20 世纪 50 年代被正式提出,品牌这一概念渐渐为人们所熟知并接受,同时品牌观念的形成也对人们的生活产生了重要的影响。国内公共服务事业日趋发展,品牌战略导向开始得到社会组织的重视与运用。

2.品牌的内涵

品牌的不断发展伴随着其内涵的日益丰富,其内涵主要出现了以下三类定义:符号说、综合说、关系说。

(1)符号说。美国市场营销协会(AMA)在 1960 年出版的《营销术语词典》中将品牌定义为:用以识别一个或一群产品和劳务的名称、术语、象征、记号或图案设计及其不同的组合,以此和其他竞争者的产品和劳务相区别。

(2)综合说。美国奥美广告公司的创办人大卫·奥格威(David Ogilvy)对品牌作了如下的定义:品牌是一个复杂的象征,它是产品属性、名字、包装、价格、历史、声誉,以及它的广告方式的无形总和。品牌也由使用它的消费者的印象以及它们自己的经验来定义。

(3)关系说。著名品牌学家大卫·艾克在 1998 年提出了自己对品牌的定义:品牌就是产品、符号、人、企业与消费者之间的联结和沟通。也就是说,品牌是一个全方位的架构,牵扯到消费者与品牌沟通的方方面面,并且品牌被视为一种"体验",一种消费者能亲身参与的更深层次的关系,一种与消费者进行理性和感性互动的综合,若不能与消费者结成亲密关系,产品就从根本上丧失了被称为品牌的资格。

通过对品牌内涵的不同角度的阐释,我们可以看到关于品牌的几个关键的要素:属性、利益、价值、文化、个性、用户。这六个要素是著名营销学家菲利普·科特勒对品牌概念所做的界定。品牌的内涵在于,它通过采用营销、传播的方式向消费者展示自己的属性和利益,此间更传递了自身的价值、品牌的个性以及在此基础上的品牌文化,品牌能为消费者、企业和公益组织等各方带来利益。综上,我们可以认为品牌是一种各个要素的综合体,它集合了企业产品本身所应具有的商品属性、品牌自身的名字、与品牌相关联的产品包装及产品企业好评度等要素,它的主要作用就是用于区分该企业产品与其他企业的产品。良好的品牌可以提升消费者对企业产品形象感知的好感度,具体可表现出消费者对该企业产品认同感的提升,从而可促使消费者与企业建立良好的情感及沟通的有效渠道。

二、品牌的特征

品牌的特征主要有以下几个方面:

1.品牌是一种无形的资产

品牌是一种知名度,是一种影响力,当一个企业或组织通过提供优质的产品和服务而被广大的消费者认可,进而获得良好的信誉和知名度,品牌效应就此产生。"品牌"的知名度将会产生凝聚力与扩散力,促进企业或组织进一步发展。可口可乐公司总裁曾说过一句话:"如果一场大火把可口可乐烧光,第二天我就可以再造一个可口可乐!"品牌能带给企业或组织巨大的力量。

2.品牌具有双重特性

品牌的双重特性是指自然属性和社会文化属性。品牌的自然属性带给消费者该产品的特性,是该产品区别于其他产品的个性。例如,当人们饮用可口可乐时,可口可乐能带给消费者气泡的充实感以及爽滑的口感,这是可口可乐区别于其他可乐的自然属性。社会文化属性则是消费者使用某个品牌为其带来的心理上的满足。当人们购买卡地亚珠宝时,能感受到顶级奢侈品为其带来的心理上的满足,"高端人士、地位高的人才买得起卡地亚"的想法能使其获得超于卡地亚自然属性外的社会文化属性。品牌的社会文化属性一定程度上能满足人们的"虚荣心"。

3.品牌具有明显的排他专有性

一个企业或组织在市场中竞争时,品牌就是它们的形象,有助于其在市场中获得胜利。品牌的排他专有性就在于,产品一经注册商标、申请专利或授权经营等,其他的企业、组织或个人都不得再使用。企业通过法律的方式来维护品牌,保障自己的品牌权益。市场上各种产品琳琅满目,但是品牌却是独一无二的。品牌通过经营管理,将优质的服务和产品传播到消费者那里,在消费者心中形成了良好的信誉,这也使得消费者对品牌有了忠诚,进而促使了品牌的排他专有性。

4.品牌具有一定的风险性和不确定性

品牌的价值并不是永恒不变的。品牌所有者在品牌运营的过程当中,在各类主客观因素的作用下,一旦发生风险事件,其品牌资产将有可能遭到损失。曾经的国货日化第一品牌索芙特从市值 28 亿元到从 2010 年起连亏 6 年,显示出了品牌的风险及不确定性。

三、品牌的意义

品牌对于消费者和生产者都有重要的意义。

1.品牌对消费者的意义

品牌是消费者选购产品时的标准和工具。品牌具有识别的功能,可以指明产品和服务的生产者来源,让消费者能够基于对生产和服务提供者的信任来做出购买或使用的决策,即品牌是消费者选择产品时的一种简单的标准和工具。消费者通过对品牌的了解,可以快速地判断出哪些产品和服务能满足他们的需求,不用再做更多的思考,节省了时间成本和精力。同时,消费者可以通过选择自己相对满意的品牌来降低购买或使用到次品的风险,安全性得到保障。一个熟悉的品牌,特别是著名品牌,是在长期市场竞争中,享有崇高声誉,给消费者带来了信心和保证,同时品牌能为消费者的身份代言,能满足消费者所期待获得的物质、功能和心理利益的满足。

总之,品牌能带给消费者以下意义:识别产品、节省时间成本、规避风险、满足精神需求等。

2.品牌对生产者的意义

当一个品牌知名度形成了之后,企业组织可以利用品牌的优势和效应扩大市场,通过品牌的继续发展促成消费者对品牌的忠诚,有助于其占领市场。品牌可以使企业的新品开发更加便利,节约新产品投入成本,借助成功或成名的品牌来扩大企业的产品组合或延伸产品线,推出新品。品牌是一种无形资产,企业等组织通过商标注册、专利等方式获得产权,保证其安全可靠地进行品牌建设,促进品牌发展。品牌还有助于企业抵御竞争者的攻击,保持竞争优势。品牌忠诚形成之后,就成为了抵御同行业竞争者的武器,也成为了其他企业进入的壁垒。

简而言之,品牌能为生产者带来消费者的品牌忠诚,助其占领市场、降低新品投入成本、保持竞争优势。发展品牌、对品牌进行系统的管理和建设对于企业或组织来说十分有必要。

四、品牌的分类

品牌一般分为产品品牌、服务品牌和其他类型品牌。

1.产品品牌

产品品牌是指有形的、实物的产品品牌,如可口可乐、甲壳虫汽车、肯德基等等。这种类型的品牌与某种特定的产品有较为紧密的联系,消费者将产品的特性与品牌本身联系在一起。产品品牌提供给消费者们个性化的选择,使其可以根据自身的需要选择不同的产品。例如,汰渍品牌给消费者"用汰渍没污渍"的印象,汰渍这一品牌与洗衣粉建立联想,这种类型的品牌就是产品品牌。

2.服务品牌

服务品牌是以无形的服务而不是以产品为载体的品牌。随着第三产业服务业的发展,服务品牌已经非常成熟和丰富,如南方航空、联邦快递、汇丰银行等。当然,无形的服务也是要以有形的产品成本为基础的,其一般与有形产品共同形成品牌。服务的质量、模式、技术、价格、文化、信誉等构成了服务品牌的考察要素。对于产品生产者来说,在现代社会仅仅提供优质的产品已经满足不了消费者日益增长的需求,生产者还需要提供良好的售前售后服务、按时送货、快速反应处理顾客的要求,服务要素变得越来越重要。

服务的无形性、不可储存性、不可分割性(服务的生产和传递给消费者是同时产生的)、可变性(人不能精确地控制每一次服务)等特点,使得服务品牌区别于一般的产品品牌。

3.其他类型品牌

(1)组织品牌。

组织是人们为了实现一定的目标,互相协作结合而成的集体或团体,如企业、军事组织、党团组织、工会组织等等。组织品牌就是指品牌以组织作为载体。对于企业来说,企业品牌是以企业作为载体来塑造品牌的,靠企业的总体信誉而形成。企业品牌传达的是企业的经营理念、企业文化、企业价值观念及对消费者的态度等,是产品品牌和服务品牌二者的衍生。比如联想,联想公司提供电脑、手机、打印机、智能数码等产品,并且提供了全面的全国连锁维修点,优质的产品和便捷良好的服务使其获得较高的销售量,并成功跻身世界500强。

对于公益组织来说,虽然其不能向"消费者"提供具体的商品和服务,但它需要向公益组织的成员及社会展现其在定位范围内所做的事情,展现良好的形象,当其品牌形成之后,更多的社会大众将加入其中,使其发展壮大。

(2)个人品牌。

个人品牌是以个人为载体的品牌。当个人达到一定的高度,他或她成为品牌是极有可能的。贝克汉姆、莱昂纳多·迪卡普里奥等名人都已成为一种品牌,消费者对他们个人的印象直接影响着他们的"品牌"。在第十一届慈善募捐中,股神巴菲特的午餐拍卖达到创纪录的263万美元,这就是其个人品牌的体现。个人品牌的运营和维护取决于个人对于自身的专业、形象等的维系。

(3)事件品牌。

事件品牌往往以大型事件为载体,如奥运会、亚运会、世博会等。事件品牌有大型事件作为依托,当奥运会举行时,全世界的目光都聚集在它身上,奥运会成为人们津津乐道的话题,这时候奥运会就成为一种品牌,拥有着巨大的价值。其他的事件品牌也一样,透过大型事件吸引了公众的注意力,以此产生了品牌效应。

第二节 品牌管理

一、品牌管理的内涵

我们已经知道了品牌是什么,并且知道品牌的重要意义,对于品牌的管理也就是一件顺理成章的事。那么什么是品牌管理呢?

管理(Manage)根据牛津词典的释义,意为做难做的事,处理问题,有金钱、时间、信息等意思。随着管理学学科的发展以及人们的生活实践,管理可以定义为决策、计划、组织、执行、控制的过程。今天,我们生活中越来越多地提到管理一词,比如时间管理、项目管理、绩效管理等,"管理"被广泛地应用于各种场合,以提高效率和效益。

品牌管理的概念通常用于企业产品上,即通过对品牌的计划、组织、实施、控制来实现企业战略目标的一种经营管理过程。品牌管理是对品牌的全过程进行有机的管理,品牌管理可以帮助组织存储良好的形象,并且还可以为组织实现增值、塑造形象和维护组织的权利。

二、品牌管理的内容

品牌管理的内容有品牌定位、品牌传播与营销、品牌维护、品牌创新、品牌延伸等。

1.品牌定位

品牌定位(Brand Positioning)是组织在综合分析目标市场与竞争情况的前提下,建立一个符合原始产品或服务的独特品牌形象,并对品牌的整体形象进行设计、传播,从而在目标消费者心中占据一个独具价值地位的过程或行动。

2.品牌传播与营销

品牌传播(Brand Communication)是组织通过广告、公关、销售、人际等传播活动,将品牌推广到目标群体的方式,在品牌管理过程中占据非常重要的位置。通过品牌传播,才能让更多人了解甚至使用某品牌,组织才能为实现自己的战略目标,聚集人气和资本。可以说,品牌传播是品牌管理环节中至关重要的一环。

3.品牌维护

品牌维护(Brand Maintenance)是组织为了对现有的品牌形象进行保护,保证该品牌所具有的市场地位、品牌形象及品牌价值不受到整体大环境的变化或者内部变动等的一系列影响,从而采取的一系列行动措施的总称。品牌维护是品牌管理过程中不可或缺的活动。

4.品牌创新

品牌创新(Brand Innovation)是指品牌拥有者根据市场环境的变化和消费群体需求的变化而不断调整和发展品牌的内涵和表现形式。品牌创新可分为技术创新、质量创新、商业模式创新和文化创新,创新的实质是为了让品牌具有创造价值的新能力。

5.品牌延伸

品牌延伸(Brand Extensions)的意思是新业务或新产品的品牌从原来的组织或产品的延伸,其中一些业务或产品可能共享同一品牌。组织通过品牌延伸,可以增添新产品的接受程度,降低成本和风险,还可以促进多元化的发展。

三、品牌管理的意义

1.品牌管理有利于提升组织知名度,培养消费者的忠诚度

当下是品牌的时代,随着社会经济的发展,人们的品牌意识开始形成和深化,并且倾向于选择有品牌的产品和服务。品牌管理有助于形成一定的品牌忠诚,品牌知名度的扩大可以吸引更多的人作出选择,有利于培养消费者的忠诚度。

2.品牌管理有利于取得竞争优势

在国内品牌同质化竞争愈演愈烈的情况下,做好品牌管理显得尤为重要。通过做好自己的品牌定位、传播营销品牌、妥善维护品牌等一系列品牌管理方式,组织能在竞争中取得优势。

3.品牌管理有利于组织形成内部动力

当一个组织的品牌形成并发展之后,能吸引到的不仅仅只是消费者,也会吸引到优秀的人

才加入其中。组织对组织成员的影响和组织自身品牌的强弱有很大的关系,组织的荣誉感会在强势品牌的影响下加强。当一个成员为自己服务的品牌感到骄傲的时候,其主观能动性会潜移默化地增强,从而会逐渐推动组织的发展。比如,每年华为公司在校园招聘中都受到了广大优秀学子的欢迎,进入华为公司后的员工也在"华为"品牌荣誉感下为其更好地服务,这产生了良性循环,促进了越来越多的优秀人才进入华为。

第二章

公益组织概述

本书的阐述主题是公益慈善品牌管理,我们已经知道了品牌管理的定义、内容和意义,而当实施品牌管理的对象从企业变成公益组织时,我们必须对公益组织的相关知识进行一定的梳理。

第一节　公益组织

一、公益组织的定义

公益组织是社会组织的一种,具有和其他社会组织的相似共性,但又具有自己的特性,下面从社会组织定义中了解公益组织。社会组织(Social Organization)是一个社会学的概念,对于社会组织的理解,有广义和狭义之分。郑杭生在《社会学概论新修》里面曾对社会组织作出了这样的定义:泛指一切人类共同生活的群体,包括氏族、家庭、秘密团体、政府、军队和学校等。这是社会组织最广义的理解。同时,他也作出了从狭义上的理解:人们为了实现特定目标而建立的共同生活的群体。当我们将社会组织作为一类特定的群体时,它指的是"由自然人、法人和其他组织为满足社会需要或部分社会成员需要而设立的非营利性组织,包括社会团体、基金会、民办非企业单位"[①]。我们也可以把这些组织称为非营利组织。在国外,社会组织可以理解为非政府组织、非营利组织、第三部门、公民社会、志愿组织、公益组织、慈善组织等等。

社会组织在我国被称为民间组织。在2006年10月党的十六届六中全会上通过的《中共中央关于构建社会主义和谐社会若干重大问题的决定》中,第一次全面、系统而完整阐述了社会组织的相关思想,明确提出要健全社会组织,增强服务社会功能,坚持培育发展和管理监督并重,完善培养扶持和依法管理社会组织的政策。后来,"社会组织"的概念在十七大报告中再一次被系统确认[②]。从此,国家民政部门在工作中开始启用"社会组织"这一新的概念,"民间组织"的叫法不再被沿用。民间组织已逐渐被约定俗成为公益组织。

王名教授为社会组织的定义建立了一个全景式的图示(见图2-1)。从政府、市场以及社会三个部分之间的关系来界定社会组织。他定义的广义的社会组织由四个部分组成:一是狭义的社会组织;二是虽然处于社会体系之中,但是被排斥在狭义的社会组织之外的广义社会组织Ⅰ;三是在国家与社会体系之间的广义社会组织Ⅱ,主要是指人民团体和事业单位,因跟国家体系的交集而被纳入党政部门之中;四是在社会与市场体系之间的广义社会组织Ⅲ,包括社会企业和市场中介机构,因与市场体系交集而纳入营利组织范畴。

我们谈论的公益组织是指致力于社会公共利益事业的社会组织,并具有公益性、非营利性、自治性、志愿性等特点的组织机构,主要指的是狭义社会组织的一部分,其主要活动是发展社会公益事业和解决各种社会问题。公益组织主要分为两类:一类是政府部门、事业单位、制度化的官办和半官办公益组织;另一类则是民间即草根公益组织。

---

① 孙伟林.社会组织管理[M].北京:中国社会出版社,2009:16.
② 王名.社会组织概论[M].北京:中国社会出版社,2010:8.

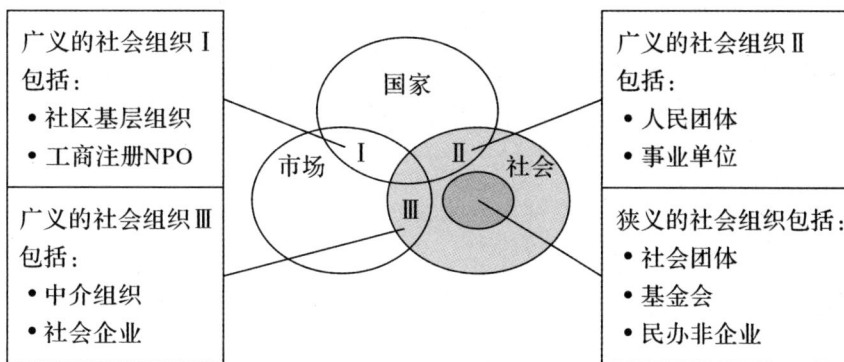

图 2-1 社会组织定位及定义基本图示①

二、公益组织的特点

美国学者莱斯特·萨拉蒙认为,社会组织一般应具有五个方面的特征:第一,正规性,即正式注册成立的具有相当规模的社会组织。第二,独立性,即政府背景较少,有自主的活动权限的民间组织。第三,非营利性,即不以营利为目的而是实现社会公益。第四,志愿性,即志愿参与性质是其开展公益活动的主旨。第五,公益性,即其开展各种公共活动与服务均是以公益为目的②。公益组织作为社会组织,具有社会组织的主要特点。

结合萨拉蒙等国外学者以及我国的基本情况,我们总结出公益组织有以下特点。

1.非营利性

非营利性是公益组织重要的特征。非营利性,顾名思义,即不以营利为目的。我们可以说公益组织的存在不是为了积累财富或者创造利润,而是为了实现社会的公共利益。公益组织的资产和产生的利润不得以任何形式转变为私人财产。这里有三层含义:首先,基于公益组织的公益产权性质,组织的资产不属于任何个人,侵占组织的任何形式的资产都是公然侵占公益资产,应受到法律制裁。其次,基于公益产权的公益组织资产在运作过程中产生的任何形式的利润都不得分红,因为公益组织作为公益资产的托管机构不具有剩余索取权,组织的利润无权用于成员或相关人员的分配。最后,当一个公益组织解散或破产的时候,它的剩余资产不能像企业那样在成员之间分配,而只能转交给其他公共部门继续用于公益或互益目的。这几点是由公益组织的公益产权性质决定的③。

2.非政府性

非政府性是公益组织区别于政府的一个属性。虽然公益组织和政府都属于社会的公共部门,但公益组织却不是政府机构或其附属部分,而是独立于政府的社会组成部分。具体来看,公益组织的非政府性包括以下三层含义:第一,公益组织的产生不是以国家职能而是以社会旨趣为基础的。政府的存在是为了履行国家公共职能,而公益组织的存在基础则不同于政府,公

① 王名.社会组织概论[M].北京:中国社会出版社,2010:9.

② 李亚平,于海.第三域的兴起[M].上海:复旦大学出版社,1998:33-35.

③ 吴锦良.政府改革与第三部门发展[M].北京:中国社会科学出版社,2001:76-77.

益组织是生活在社会中的、一部分有着公益慈善的兴趣、意志、志向、愿望的人自发组织建立的。第二,公益组织是独立自主的自治组织,它不隶属于国家的政治和行政体系,在体制和组织上独立于政府之外。第三,公益组织是有一定的竞争性的。公益组织在社会中运行和生存,必须要通过竞争的手段来获取生存所需的资源,这和政府有极大的不同,因为政府作为公共权力的拥有者和执行者,其资源和运作都是垄断性的,并不需要竞争。

3.公益性

公益,就是公共利益,公益性是公益组织的一个本质的属性。无论是公益组织内部的会员,还是参与活动的志愿者,他们所做的事情最终是为了实现社会公共利益,这是一种利他精神。

4.志愿性

公益组织的内在驱动力不是利润动机,也不是权力原则,而是以志愿精神为背景的利他主义和互助主义;正像企业是组织化的资本、政府是组织化的权力一样,公益组织是一种组织化的志愿精神[1]。这种志愿精神是公益组织非常重要的精神资源。公益组织的志愿性主要表现为以下三个方面:一是组织的志愿性。公益组织的建立是以自愿为原则的,其日常运作打理是以志愿为原则的,公益组织成员的参与是基于志愿的。更重要的是,公益组织的资源的来源是基于志愿性的社会捐赠。二是服务的志愿性。在发生重大灾难事件时,许多公益组织的反应迅速,为灾区提供志愿服务。在日本1995年发生阪神大地震之后,在我国台湾地区1999年发生"9·21"大地震之后,在美国2001年发生"9·11"恐怖袭击事件之后,在我国汶川2008年发生"5·12"大地震之后,都有一批批民间组织迅速、及时地开展救援活动,谱写了一曲曲志愿救助的动人凯歌[2]。三是活动的志愿性。公益组织发起的活动获得成千上万的公众的支持,这些都是公众的志愿精神的体现。北京地球村环境文化中心、绿家园志愿者网络、自然之友等公益组织,其规模都不过十余人,但是他们开展的环保活动却往往能够动员成百上千的普通百姓积极参与,形成影响巨大的环境保护公众参与潮流[3]。

三、公益组织的分类

1.根据活动领域划分

公益组织按照活动的领域来划分,有教育、扶贫、医疗健康、就业创业、灾害救助、国际援助、社区服务、环境/动物保护、文体艺术、志愿服务等领域。在中国,较为活跃且知名度较大的公益组织有壹基金、中国宋庆龄基金会、中国青少年发展基金会、中华环境保护基金会、李嘉诚基金会、中华慈善总会、中国扶贫基金会、中国青年志愿者协会、北京国际人员志愿人员协会等,这些组织关注青少年及儿童、助学、女性、贫困及人类生存状况、老年人、残疾人及特殊人群、心灵美德、生命健康、生态环境等方面的社会问题,引导大众参与,形成影响巨大的公益慈善公众参与潮流。

---

① 王名.社会组织概论[M].北京:中国社会出版社,2010:14.

② 张远芝,万江红,田大明.当前中国民间组织发展困境[J].理论与现代化,2006(3):51-53.

③ 萧美娟,林国才,庄玉惜.市场营销、筹募与问责理论与操作[M].北京:社会科学文献出版社,2005:117-118.

2.根据与政府之间的关系划分

从公益组织与政府之间的关系来看,公益组织可以划分为官方的民间组织、半官半民组织和纯民间组织。以基金会为例,在 2004 年颁布的《基金会管理条例》中,规定将基金会分为面向公众募捐的基金会(公募基金会)和不得面向公众募捐的基金会(非公募基金会)。公募基金会由政府及其部门发起,属于公共筹款型的基金会;非公募基金会由企业组织、社区或个人发起,不能在公共场所公开向社会公众募集资金。

3.根据地区划分

公益组织按照所属地区,可以分为境外公益组织和境内公益组织。而境内的公益组织根据行政地区划分,又可分为全国性公益组织和地域性公益组织。我国典型的全国性公益组织——中国红十字会,在省、市、县各个行政等级区域都有分会。而一些民办的地方性公益组织则是地域性的公益组织。

四、公益组织发展的意义

公益组织在国家和社会的运作过程中,有着非常重要的作用。

1.公益组织有助于社会的自我协调和治理

公益组织能够促进社会管理,它是社会管理中一支不可缺少的力量。它既不属于政府也不属于企业,它的第三方属性有助于弥补政府的某些失职,也有助于纠正市场的失灵。政府和市场并不是万能的,有一些领域是政府无暇兼顾,而市场又不愿意去做的,这时候公益组织就发挥了其功能。公民自发地形成组织进行自治,参与到社会治理当中去,这是公民社会的重要体现。同时,公益组织的公益性和互助性能够使得人与人之间实现自我帮助,调解了社会矛盾。因此公益组织的发展是有助于社会的自我调解和治理的。当前我国正处在经济社会转型的重要战略机遇期,公益组织的发展在许多方面发挥了不可替代的作用,是民生建设和社会事业的重要力量,是提升国家文化软实力的重要载体、完善国家治理体系的关键环节和实施大国战略的有效补充。尤其在经历 2008 年汶川地震救灾以后,我国社会服务事业的发展取得了长足进步。国家不断鼓励民间力量投入医疗、养老等产业,中央财政继续支持公益组织服务。随着各级政府审批权限的下放和公益组织与网络治理的兴起,特别是大量民间背景、公民自发成立的公益组织和社会服务机构积极涌现,其在社会基本公共服务补充供给及相关社会问题解决等方面发挥着越来越重要的作用,已经成为参与社会治理的重要力量。

2.公益组织能提供社会服务

除了政府提供了大量的社会公共服务外,公益组织也是社会公共服务产品的主要提供者之一,并且公益组织是对政府提供社会公共服务产品的重要补充。公益组织提供的社会服务有以下方面:环境保护、慈善公益、扶贫扶弱、公共卫生、城市和农村的社会发展和建设、赈灾救济、科学研究等。另外,许多公益组织与政府合作,加入政府公共服务体系当中,为公众提供更专业的并且值得信赖的公共服务。

3.公益组织能促进社会资源的有效配置和整合

作为人民群众自愿组建的公益组织,能够集合社会各方的力量,极大地聚集和整合社会资源,发挥到其应去的去处。在 2008 年汶川大地震时,各类公益组织如同雨后春笋般出现,它们出现的目的都是抗震救灾,社会资源得到极大动员,在救灾中发挥了重要的作用。而对于一些慈善基金会,其平时筹得的善款是一种资金资源,通过这种捐赠,公益组织得到充足的资源,然后再将其发挥到恰当的地方中去。这就是公益组织的资源整合的作用。

第二节　公益组织与品牌管理

一、我国公益组织发展的不足

我国的公益组织的发展还存在非常多的障碍和问题。

1. 在法律层面,管控多于鼓励,立法不完善

由于长期以来,我国一直采用计划的社会管理方式,尽管进入了社会主义市场经济的发展阶段,仍不可避免地采用了集权式管理方式。另外,建设社会主义和谐社会,需要稳定的环境,因此政府在一定程度上会担心一旦放松对公益组织的管制,将对国家安全及社会稳定造成一定冲击。故而我国在推动公益组织的成立、管理、监督等领域的思想偏重于管理控制。在我国,对公益组织的规范,主要依靠国务院颁布的三部行政法规,即《社会团体登记管理条例》(1998 年国务院令第 250 号)、《民办非企业单位登记管理暂行条例》(1998 年国务院令第 251 号)和《基金会管理条例》(2004 年国务院令第 400 号)。这三部条例立法层次较低,而且制定或修订时间都较早,相关规定已经不能适应实践发展需要,造成现实中公益组织发展无法可依的困境。例如,按照三部条例的规定,我国公益组织相应被划分为社会团体、基金会和民办非企业单位三种类型,其中基金会应取得社会团体法人地位。而从国际背景看,基金会和民办非企业单位应属于欧陆法系中的财团法人或者英美法系中的公益法人,二者都可以依法享受税收减免优惠。但我国现行的《民法通则》只承认企业、机关、事业单位和社会团体法人四种类型,造成基金会和民办非企业单位法人身份的困境。不恰当的法人地位给基金会等公益组织带来了税收减免等方面的问题,如国家税务总局 2009 年要求基金会把捐赠收入并入应税所得计缴 2008 年度企业所得税。该举措引发中国青少年发展基金会等五家基金会联名上书,认为自己都是在民政部注册的国家级基金会,完全符合《基金会管理条例》及其相关解释中关于捐赠收入和存款利息均不缴纳所得税的规定。问题的焦点是条例层次较低,不能对财政部、税务总局产生规制力[①]。

2. 公益组织定位不清

从外部看,整个社会对公益组织的了解是比较稀缺的,对公益组织的作用认识还不够到位。总体上,许多人还不了解发展公益组织的意义,没有把公益组织纳入社会体系当中,仍认为社会的参与主体就只有政府、企业和公民个人。从组织之间的关系来看,虽然我国的公益组织数量已达到 66.2 万个,但它们之间的合作联系微乎其微,各个组织都倾向于各自为战,甚少

---

① 葛道顺.中国社会组织发展:从社会主体到国家意识——公民社会组织发展及其对意识形态构建的影响[J].江苏社会科学,2011(03):19-28.

合作,协调整合的能力还有待提高,难以最大程度地调动所有的社会资源。从公益组织内部来看,一些公益组织没有明确的定位和规范的战略规划,在发展的过程中始终自我模糊,多个方向发展,并没有做好仔细的定位和规划。

3.公益组织与政府的关系尚未理顺

早期的公益组织的发展靠的是政府的扶持,这造成了其行政化倾向严重。同时,公益组织自主的主体地位缺失,大部分社会团体在业务上接受政府相关部门的领导,部分从机关法人转变而来的社团法人甚至保留着政府的性质,如我国目前正部级的学会、协会并不少见,但它们既不能像政府一样发号施令,也没有真正成为社会领域的行动主体[①]。

4.公益组织内部管理不规范

由于公益组织的志愿性和公益性,大部分公益组织的内部管理是不规范的,公益组织的工作人员的自律性和能力也无法保证,因此规则规章缺乏、财务混乱不透明的情况不在少数。这是其内部管理不够规范的表现。与企业的以效率优先、高效规范地进行管理的方式十分不同,公益组织缺乏一定的营利性的激励,多数情况下效率十分低下。

5.公益组织还处于发展的初级阶段

公益组织的各种能力仍处于全方位的落后状态。第一,项目运作能力、项目策划与执行、评估和落地都存在不足;第二,财务管理能力欠缺;第三,公共关系能力,即公益组织和政府、企业、社区、公众、媒体以及其他利益相关方打交道的能力欠缺。公益组织传播的短板在公共关系方面。公益组织的利益相关方,并不只有公众,还有志愿者、捐款者、企业、政府等,这些都是其价值品牌传播对象。因此公共关系很重要,也是短板。而这种短板主要体现在和利益相关方的互动并不是特别顺畅上。造成这种短板有以下三个原因:①缺乏公共沟通意识;②没有相关专业的人才;③缺乏相应资源。

二、公益组织品牌的价值[②]

相比商业企业,公益组织拥有更加多元化的利益相关方。品牌管理帮助公益组织响应和关注组织的利益相关方,可以帮助公益组织协调与利益相关方之间的互动关系,从而给各利益相关方对组织的认知带来积极的影响。

1.组织识别

对于公益组织来说,品牌的首要功能就是清晰刻画和传达组织使命。优秀的品牌是代表组织形象的标志与符号,公众通过对组织品牌的认识来建立对组织形象的感受及对组织价值的理解。品牌有助于公益组织向其利益相关方传达清晰、一致的组织定位。同时,品牌的构造能够有效地帮助公益组织实现差异化,在公众心目中形成独特的定位与印象,提升组织的可见度,提升组织使命的社会认知度,从而实现其独特的社会服务职能,获得公众的关注与认同。

---

① 葛道顺.中国社会组织发展:从社会主体到国家意识——公民社会组织发展及其对意识形态构建的影响[J].江苏社会科学,2011(03):19-28.

② 周如南,陈敏仪.社会组织公共关系[M].北京:中国社会出版社,2016.

2.信任促进

强有力的品牌可以增强公众对公益组织的积极评价,形成差异化的优势,加强与多元利益相关方的情感沟通,从心理层面起到游说捐赠者与志愿者的作用,形成品牌认同感与忠诚度,培育受众对组织的信任以长期保持合作关系。品牌可以把外在的、功能性的关系转变成内在的、理解性的协同。通过建构品牌,社会组织能够在人们心目中创造一个对组织有利的知识结构,在受众心中建立一个与品牌相关的正向联结,从而提升组织服务获得社会认可的程度。

3.资源获取

公益组织拥有强有力的品牌,将更容易影响公众,也更容易筹集资源,从而提高组织的整体竞争力。有关于品牌个性与个体捐赠间关系的实证研究表明,品牌个性能够为评价社会组织的多方面绩效提供有效线索,从而能够影响个体捐赠者对社会组织的整体感受以及是否捐赠的决定。高识别度的品牌有助于提高组织对资源的吸引力,争取与留住组织的捐赠者与志愿者,这不仅有效地降低了组织的募款压力与吸收人力的成本,并且能使组织提高资源的利用率。

4.管理优化

品牌化可以促进公益组织管理方式的变革和优化。一方面,品牌对组织使命的传递,不仅面向资助者、服务对象等外部公众,也面向组织内部的成员与志愿者。品牌促进成员与志愿者对组织的认同,强化他们共同的价值观和组织身份,使他们为了一个事业凝聚起来,朝着一个共同的使命努力。另一方面,品牌建构是一个长期的开发与学习的过程,可以培养成员的专业能力,并且完善组织的管理方式以配合品牌战略的进行,促使组织的管理朝着专业化迈进。

三、公益组织的品牌管理

我们已经知道品牌在市场中的重要性,而在对公益组织的介绍当中我们也可看到公益组织的发展需要借鉴企业的发展。品牌的诸多价值使其能够成为非营利组织的一个强大工具(Ritchie,1998)。宝洁公司的营销经理曾经说过:"多数的非营利企业都已经拥有了品牌,但问题在于它如何定义、表达及管理这个品牌,并创造竞争优势。"让公益组织与品牌管理相结合是促使公益组织长远发展的一条路径。

公益组织的品牌管理主要有促进信任、获取资源、优化管理等意义。公益组织不同于企业等营利性组织,其非营利性、志愿性、公益性等特点使得品牌管理对它的作用少了营利的色彩,从某种程度上,公众对其信任的情况也更为复杂。比如壹基金等慈善组织,公众在是否捐助款项时要考虑到这个慈善组织是否可信,能否确保自己捐助的款项不会被贪污或滥用等等。这时,品牌尤为重要,倘若慈善组织的品牌十分强大,如红十字会等,公众在捐款或参与活动时忧虑会少一些,信任会多一些,反之则然。

在本书当中,会遵循着公益组织品牌创建→维护→提升的思路,对公益组织品牌管理作出介绍,从公益组织的品牌战略、品牌传播、品牌资产维护等方面进行阐述,通过将公益组织和品牌管理相结合,为公益组织的发展提供较为详细的方式,以促进其在中国社会发展中起到更加积极的作用。

第二篇

公益慈善品牌创建

第三章

公益组织CI战略

第一节 公益组织CI战略概述

一、什么是CI战略

Corporate Identity System,译成中文是企业识别系统,简称为CIS或CI,属于市场经济的产物。CIS包括企业理念识别、行为识别和视觉识别三个子系统。CI是把企业文化、经营理念、管理行为融入现代商业策划设计和企业管理活动中,使之系统化、规范化、标准化。对内统一经营观念,规范行为识别,强化员工的凝聚力和向心力,形成自我认同,提高工作热情,降低经营成本;对外传播企业理念和树立品牌形象,使社会公众对企业确立牢固的认知与信赖,避免认同危机,提高沟通的效率和效果,以取得更大的经济效益与社会效益[①]。

二战后世界经济复苏,各种企业如雨后春笋般出现,各类产品如潮水般涌入市场,企业的成长突飞猛进,重塑企业形象显得尤为重要。美国一些大型企业开始将企业形象视为崭新而具体的经营要素,并使其成为企业传播的有力武器,成为企业发展的一种无形资产。针对此,当时美国的商业设计界确立了一个新的研究领域,即CI。CI可帮助公众直观地识别与认知企业与产品,并提升企业形象。随着经济全球化,企业急需从众多同类中脱颖而出,才能从激烈的竞争中赢得市场,这就要求相关的设计规划应该在系统性、规范性的基础上尽可能突出品牌个性。因此,塑造形象的首要任务就是建立个性化、系统化、规范化的企业识别系统,简称CIS。

汶川地震之后我国公益慈善事业蓬勃发展,公益组织的数量与规模不断增加。在市场化的浪潮下,公益组织之间的竞争也日趋激烈,一些卓有远见的公益组织在参考现代企业管理科学、采用先进的品牌管理手段的同时,也开始建设自己的CI。我国的公益组织品牌宣传是由政府部门、社会公共机构、企业、媒体等单位,以及公益组织自身来发布的,它不以营利为目的,是谋求社会公共利益的宣传形式。公益组织的发展离不开良好的品牌建设,国际一些知名的NGO,在品牌的初创、成长、成熟与发展阶段,都非常注意CI战略的建设与品牌发展的管理。但是,国内重视CI战略的公益组织非常有限,拥有完整CI的公益组织屈指可数[②]。总体来说,虽然公益组织在中国发展迅速,但在品牌推广方面,除了"希望工程""壹基金"等知名的公益品牌外,其他更多的公益组织亟待寻找品牌的力量,建立起完整的CI战略,重视自身品牌的建设和推广,从而增加其公益品牌的知名度和美誉度,让更多的利益相关方参与其中。

二、"美式"、"日式"与"中式"CI

在不同的时期与不同的地区,CI有不同的内涵。目前CI大概划分为三种类型:"美式"、"日式"与"中式"。美式CI主要是对组织视觉系统的标准化、系统化的规范设计,通过标志、标

---

① 陈洪涌.CIS策划教程[M].上海:复旦大学出版社,2010:1.
② 王炎磊.公益组织的品牌视觉形象设计[D].昆明:昆明理工大学,2013:20.

准字等视觉信息来沟通组织理念和文化、统整企业形貌，达到社会大众认知、识别的目的[①]。可以看出，美式的 CI 以视觉设计为主，不参与组织理念、行为等系统的设计。中国香港式的 CI 大体上也与美式的相同。20 世纪 70 年代，日本导入 CI，"日本 CI 之父"中西元南将日式 CI 定义为"把设计与企业理念、经营方针结合起来，以创造美感型企业为目标的 CI"。日式 CI 强调以组织理念为中心，目前中国台湾地区在 CI 上的应用与发展倾向于采用日式。

1987 年，武汉油脂化学厂（今武汉日化集团）成为中国第一个导入 CI 的企业，其 CI 的设计者、中国著名 CI 战略专家贺懋华随后创建"中式"CI 体系。当时，他以企业为主体，将"中式"CI 定义为企业为达到商业目标所特别构筑的企业发展总体规划战略体系[②]。他认为，"美式 CI 在于沟通客观事实，日式 CI 在于自我表现，中式 CI 则在于创造企业优势"[③]。中式 CI 丰富而具体，它由三个要素构成，即理念识别（Mind Identity，MI）、行为识别（Behavior Identity，BI）与视觉识别（Visual Identity，VI）。

三、CI 的构成要素

MI 是组织最高层的思想系统和战略系统，包括组织使命、愿景和宗旨、组织经营哲学与方针策略等。MI 是组织的灵魂，是 CI 设计的根本依据和核心。行为系统和视觉系统的设计都必须充分体现组织的精神实质和内涵。

BI 是组织运行的所有规程策略，包括行为方式、管理方法、机构设置、公关手段、文化活动等。行为系统是动态的识别形式，它规范着组织内部的管理、教育以及对社会的一切活动，实际上是组织的运作模式。通过这种运作模式，既实现了组织的理念，又产生一种识别作用，即人们可通过组织的行为特征去识别认知这一组织。

VI 是组织视觉识别的一切事物，包括组织标志、名称、商标、标准字、标准色、事务用品、传播媒介、交通工具、制服等。VI 是静态的识别符号，是 CI 最外露、最直观的表现，也是 CI 中分列项目最多、层面最广、效果最直接的向社会传递信息的部分。

MI、BI 与 VI 共同构成了 CI。CI 不仅具有紧密的关联性，而且具有很强的层次性，如图 3-1 所示。

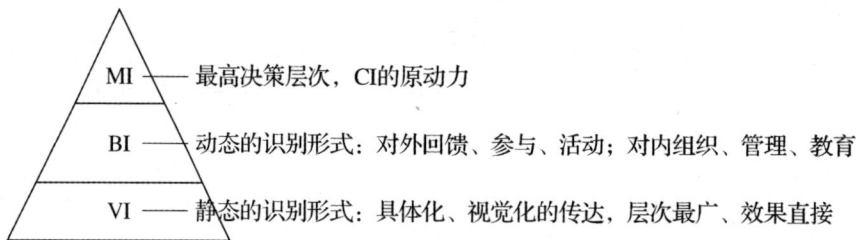

图 3-1　CI 的层次性

① 余明阳，陈先红. CIS 教程［M］. 北京：中国物资出版社，1995：3.
② 贺懋华. 中国型 CI 战略［M］. 香港：和平图书有限公司，1994：32.
③ 贺懋华. 中国型 CI 战略［M］. 香港：和平图书有限公司，1994：36.

四、公益慈善 CI 的特点

1.系统性

组织要从构成 CI 的三个部分的有机联系上系统地把握 CI。因为导入 CI 是一项有机的系统工程。CI 是软件系统(包括 MI、BI)和硬件系统(VI)的集合,是基本系统和应用系统的集合,所以 CI 各部分都必须在组织统一的目标、宗旨、精神、文化等指导下规范化、标准化地表达出一个系统整齐划一的形象,这是 CI 的生命所在。正如《CI 战略》的作者易丹教授指出:"CI 的开发与实施是一个有机的系统工程,将 CI 等同于包装设计或一项广告作业都有其片面性。在强调 CI 的视觉或包装性质时,我们不能忘记,它的成功开发和实施实际上是与组织的内在结构、运转机制和精神文化最紧密相关的。因此,策划作为沟通视觉系统与这些因素之间的关系的工作,就显得十分必要。CI 的策划针对组织,也针对开发机构。它将为 CI 作出提供信息、目标、概念、框架和工作进度的诸种指标,为视觉系统向组织内部和外部的各种因素接近提供条件。它将 CI 的各个部分有机组合,形成整体。"①这使我们更清楚看到,组织与 CI 开发机构应该保持高度的沟通和共识,真正把 CI 工程作为一项改革工程、管理工程、经营工程和文化工程。必须强调指出的是,由 CI 策划与塑造出来的优秀组织形象,决不是平面包装和零敲碎打的文化艺术赞助活动所能替代,而是由组织哲学、文化、政治、经营、美学理念综合构成的结构符号体系。作为一个有机整体,它是外在的、可见的、可触摸的。但是,它又是内在的、不可见的、变化的。

2.整体性

CI 的整体性具体表现于两个方面:一方面是 CI 是 MI、BI、VI 三者的整体性。CI 应以组织理念为灵魂、精髓、核心,向行为规范、视觉达传设计扩展,三者交相辉映,形成一个有密切内在联系不可分开的整体。但是,一些组织在导入 CI 的过程中只注意外观设计,如统一标志、采用标准字、标准色等,而忽视组织文化建设。这样的 CI 使组织个性定位和外在包装错位,削弱 CI 的生命力。另一方面是组织内外活动的整体性。因为 CI 导入的过程是对组织形象进行调整和再创造的过程,它必然引起组织内思想观念的更新,组织理念的重新整合和定位。CI 导入使组织文化客观化、感性化、视觉化,而这些都必须取得组织内部成员的理解、支持和合作,并依靠他们积极向社会传播,最终获得社会公众的广泛理解、支持和认可,使组织以整体性形象矗立在公众的心目之中。CI 的实施就是要将组织的理念、文化、组织管理、发展战略、服务、社会责任等各种实体性和非实体性信息统一整理,并将这些信息与组织标志、标准字、标准色等形象化信息相结合,进而把这些统一的、多层次的、多方面的信息经过系统的、科学的全面策划,并在灵敏有效的集体监控之下通过组织内外的各种媒介,以各种形式和各种活动,对社会公众做完整性传达,以便获得社会公众的认同、依赖和支持。

3.差异性

CI 的根本目标是全方位塑造鲜明的组织形象,它归根结底是一种组织求得生存发展的差

---

① 易丹,吕澎.CI 战略[M].长沙:湖南美术出版社,1993.

异性战略。CI的差异性是CI功能发挥的重要条件,也是CI的最基本特征,这种差异性不仅表现在组织的标志、标准字和标准色等与其他组织的差异,还表现在组织的文化、定位、传播、机构设置等差异。创造与竞争对手之间的差异是取得CI成功的关键所在。组织的品牌形象经过差异性设计之后,不仅有利于公众的识别与认同,也有利于表现本组织与其他组织在服务上的差异,从而使组织的差异性战略形成一个统一的强有力的整体。

4.动态性

CI的设计和导入是一项复杂的系统工程。它牵涉到组织运作的方方面面,既是组织外在"形象"的更新,也是组织内部"灵魂"的革命。因此,CI并不是一次性的短期行为,而是一项长期的工作。国外NGO的CI的导入及实施周期一般是10年,就算只是CI的导入部分,一般也需要两三年左右。在这一期间,组织的内外环境,比如经营战略、运作方式、品牌定位、服务定位及组织机构设置等都可能发生一定的变化,因而组织的形象也不可能是固定不变的,作为塑造组织形象的CI也就不可能功成一役,而应随着组织内外环境的变化不断地进行。此外,随着时代的变迁,社会文化与社会环境也会发展改变,外部氛围对公益组织的影响甚大,公益组织的CI需要不断地与时俱进,才能适应发展。CI的设计和导入是一个只有起点而永无终点的螺旋上升过程。

五、公益组织 CI 的功能

1.管理功能

在开发和导入CI的进程中,组织最终应当制定CI推进手册,作为组织内部的规章制度让组织全体成员共同遵守执行,这样才能保证组织识别的统一性和权威性。通过总结和提升组织的历史、信仰、所有权、技术、人员素质和战略规划,从而确定组织与众不同的身份,保证组织自觉朝着正确的发展方向进行有效的管理,从而增强组织的实力。

2.识别功能

CI系统的开发和导入,能够促使组织形象与其他同类组织区别开来。今天,国内的公益组织行业发展迅速,各类公益组织林立,唯有导入CI树立起特有的、良好的组织形象,从而提高组织的非品质的竞争力,即软实力,才能在日益剧烈的竞争中脱颖而出,独树一帜,取得独一无二的地位。这样利于在受众心目中取得认同,建立起品牌的偏好与信心。

3.传播功能

CI系统的导入和开发,能够保证信息传播的同一性和一致性,并使传播更经济有效。视觉识别系统的建立,使得组织各部门可遵循统一的设计形式,应用在各类设计项目上,一方面可以收到统一的视觉识别效果,另一方面可以节约制作成本,减少设计时无谓的浪费。尤其是编制标准手册之后,可使设计规格化、操作程序化,并可保证一定的设计水准。在CI识别系统工程运作过程中,统一性与系统性的视觉要素计划,可加强信息传播的频率和强度,产生倍增的传播效果。

4.文化教育功能

组织导入CI后应当最大限度地发挥其文化功能,使组织处在一种最佳的生存环境之中。

具体说:一是增强文化整合功能,增强组织的整体性、统一性和凝聚力,使组织运转有序,协调统一。二是文化导进功能,推动组织的进步发展,包括提供知识更新认知,为组织吸收最新的理论、科学、技术,协调组织的内部管理,提高组织管理水平。

第二节　公益组织 MI

一、公益组织 MI 概述

MI 是 CI 的基本精神所在,也是 CI 运作的原动力。MI 是得到社会普遍认同并体现组织自身个性特征的、促进并保持组织正常运作及长足发展而构建的价值体系;MI 是当代组织信息传播的识别性的内核,不仅是要求组织内部成员明了并掌握的行为准则,也是通过传媒向社会公众宣传且希望得到社会公众认同的识别内容[①]。组织理念以组织的价值观为基础,以组织系统为依托,以组织成员的群体意识和行为为表现,形成一个组织特有的管理思想和作风。组织理念系统主要包括四项基本内容:组织使命、组织精神、组织价值观和组织目标。其具体的表现形式为信念、口号、标语、守则、座右铭以及组织高层人员的精神等[②]。

MI 在整个 CI 中占有十分重要的地位。具体而言,CI 包括理念识别、行为识别和视觉识别。三者在 CI 中相互联系,相互促进,不可分割,共同塑造组织独特的形象,推动组织的发展。而 MI 在其中占据核心和灵魂的统摄地位,因为 CI 正是将组织理念和精神文化,运用整体的传播系统,特别是视觉传达设计,传播给组织内部与组织外部的相关方,使其对组织产生一致的、统一的认同感和价值观。MI 是 CI 开发实施的一个关键,能否成功开发一个完善的 CI 系统,主要依赖 MI 的建立和执着。只有把这一思想体系扩展到动态的组织行为活动和静态的视觉传达设计之中,才能完美地创造独特的组织形象。

二、公益组织 MI 的组成

1. 组织使命

组织使命是组织依据什么样的社会使命进行活动的基本原则,具体而言,即组织"为什么而存在,应该本着什么目的,用什么样的方式去运营"。组织使命是构成组织理念识别的最基本的出发点,也是组织行动的原动力。只有树立明确的使命感,才能满足组织成员自我实现的需求,持续地激发他们的创造热情,才能赢得公众更普遍更持久的支持、理解和信赖。明确了组织使命实际上也就是明确了组织存在的意义。

2. 组织价值观

组织价值观是组织及其成员对其行为意义的认识体系,它可以调动成员的上进心和荣誉感,促使成员达到思想和行为的统一。组织价值观是组织成员在日常的工作中、在共同的组织目标下形成的,它反映出组织的全体成员对于组织本质及其体系的根本观点和态度,作为一种

---

① 杨金德.CI 基本原理[M].北京:中国经济出版社,1996:175.
② 余明阳,陈先红.CIS 教程[M].北京:中国物资出版社,1995:49.

意识形态,它对组织行为产生一系列重大影响。它调节和控制着组织成员的情绪、兴趣、意志和态度,决定着组织成员的信念和判断标准,规范着组织成员的行为,影响着组织管理和运作的目标,它对组织的规章制度可起到补充的作用。

3.组织精神

组织精神是建立在共同价值观和共同信念的基础上的,具有本组织特色的集体意识,这种意识包括共同的理想追求、价值准则、思想作风、道德情操、工作态度、行为规范等。组织精神不是自发形成的,而是通过领导者的引导、宣传、教育、示范,成员的积极参与、配合,在长期的实践工作中逐渐形成的。它将组织的使命愿景、方针目标、管理方式、发展规划等化作一种意识,这种意识一旦为组织全体成员所接受,组织就有了向心力和凝聚力,所以,组织精神是整个组织活动的灵魂。许多成功的公益组织都有自己独特的组织精神,比如韩红爱心慈善基金会的组织精神就是"扶危济困、赈灾救援",其一系列百人援助的活动都在践行这一精神。

4.组织目标

组织目标是一个组织在未来一段时间内要实现的目的或要达到的预期效果,是组织的管理者以及组织中一切成员的行动指南,是组织决策、效率评价、协调和考核的基本依据。组织目标为组织确立了明确的方向,可以调动组织成员的积极性。任何一个组织都是为一定的目标而组织起来的,目标是组织的最重要条件。无论其成员各自的目标有何不同,但一定有一个为其成员所接受的共同目标。公益组织通过设立一定的目标,鼓励公益组织的成员为实现一个一个的目标而不断努力。

三、公益组织 MI 的功能

1.导向功能

MI 规定组织行为的价值取向。正确的有特色的组织理念,可以使组织成员潜移默化地接受本组织的共同价值观,使成员结成一个强有力的集体,为一个共同的目标作出奉献。MI可以给组织确立宗旨、目标,并作为指导思想而成为组织各项规章制度建立的依据和理论基础。

2.凝聚功能

公益组织作为一种承担社会使命的部门,其全体成员在理念方面的有序化和一体化程度,反映了组织凝聚力和活力的程度。组织理念包含着组织使命、宗旨、精神、价值观等内涵,是对成员进行教育的重要内容,使成员在精神和感情上与组织结下牢固的关系,显示共同的意志、目标和要求,使组织产生一种强大的向心力,使成员有一种信赖感和归属感。反过来,这种凝聚力、向心力和信赖感、归属感又会转换成强大的力量,促进组织的发展。

3.辐射功能

成功的组织理念具有强烈的时代性和社会性,它不但对本组织发挥巨大的作用,而且会通过各种传播媒介渗透和影响其他组织,提高了组织的知名度,塑造良好的组织形象,是组织生存发展的基础。

4.识别功能

MI 自身具有统一性的识别功能。同时,它还有统摄、指导力量,使 VI、BI 都能体现出与 MI 的一致与协调。MI 作为信息化时代的识别性内容,自身体现着个性,以此来与其他组织相区别;从另一个方面讲,恰当的理念实际上是组织领导人个性、气质、心理特征的延伸。所以,理念包括自身的独特性,而这种独特性又通过各种识别手段加以强化,使其个性、独特性更成为在传播过程中易于识别的内容。

四、公益组织 MI 的应用

1.标语、口号

标语、口号的内容和形式基本相似,是将组织理念识别的核心内容精炼成箴言、警句,言简意赅地加以表达。标语可用之于横幅、墙壁、标牌上,陈列于各处,四下张贴使组织成员随时可见,形成一种精神氛围。口号是用生动有力、简洁明了的句子,呼之于口,使之激动人心。

2.广告、广告词

广告与广告词是形成组织形象的有效形式之一,且可以根据不同时期、不同地域、不同环境加以灵活改变。广告常常是引人注目的一种传达方式,而精心设计、朗朗上口的广告词更是能使受众对组织产生深刻的印象,并成为组织理念最为容易被人记忆与传达的外在表现。

3.组织歌曲

组织可以把组织理念的相关内容谱成组织的歌曲以传唱。歌曲一方面以通俗易懂、朗朗上口的词句和优美流畅的旋律起到感染人情绪的目的,另一方面又可以达到松弛、放松、愉悦人的目的。优秀的组织歌曲能够激起人们的感动与激情,聪明的组织会利用音乐这一艺术形式向组织内外部的相关方进行巧妙的理念灌输,使人从中受到教育和鼓舞,产生认同感和共有的价值观。

4.条例、手册

组织可以把组织理念和组织精神确立的价值观念和行为准则列为若干条例,作为文件、规则在组织内部公布,使之具有某种制度性的作用和效力,帮助和促进成员把组织理念落实在行动中。

五、公益组织 MI 的制定

1.清醒明确的定位

组织在进行理念定位之前,要对自己所处的外部环境和组织在这一环境中所具有的特点有比较深刻的了解,即进行针对组织本身的研究与调查。组织只有准确地把握了自己的情况,才能精准地定位。只有在调查的基础上对组织理念的内外部条件有一个客观而完整的认识和评价,才能为组织理念宣传提供可靠的保证和坚实的基础。

组织理念的定位和构筑必须注意三大问题:第一,必须考虑组织领导者的个性特征。组织理念作为组织成员共同认同的精神和价值观,必须具有广泛而深刻的群众基础,但无法否认的是,组织理念很大一部分是组织领导人自身个性的延伸,组织的定位与领导者的关系十分密切,有力的组织理念常常源于组织领导者崇高的个人理念。第二,必须考虑时代特点和社会特征。公益组织是一个开放的社会群体,它不可避免地受到时代和社会因素的影响,因此在为组织理念定位时,需要把时代和社会文化、理念等因素考虑进去,并且时常与时俱进,使组织的理念不断地适应时代和社会的需求。第三,必须强调组织的个性与议题特色,组织要达成怎样的使命与目标、组织要造福哪些人群、组织要解决哪些社会问题……在构建组织理念时,要认真思考组织理念的识别词汇是否能高度概括组织的发展方向与个性。

2.重复渐进的实施

对组织理念的传播要充分利用重复渐进的策略,多角度、多层次、多途径、反复多次地传递组织的理念识别信息才能达到预期的效果。

凡属涉及比较重大思想问题的说服活动,往往不可能一次完成,而要有一个由浅入深、循序渐进的过程。在前进的过程中出现反复是正常的,不要怕反复,小反复也是前进,前进三步,倒退两步半,还是在前进,在反复中前进。必要的重复,是因为把企业理念重复提出可以增强说服的效果,帮助成员改变态度和行为。但渐进不是重复,渐进强调的也是变化,是说明观点、抒发感情的需要。单纯的过多的重复容易使人感到单调乏味,引不起兴趣,影响说服的效果,而渐进则是在内容、观点、本质一致的情况下,运用不同的信息来表现,令人有新鲜感,易于注意,易于理解,易于接受。

3.形式多样的方法

教育与激励是渗透组织理念最常用的方法,尤其是在 CIS 导入的初期,采用灌输的教育方式比较有效,比如把组织理念凝练成标语、口号或格言、座右铭等,以便于人们背诵、记忆。同时,以匾额、条幅、海报、巨型壁画等形式把抽象的理念用形象化的方式体现出来,在组织的办公场所中悬挂张贴,也可以达到直观的教育效果。

心理学家赫茨伯格提出了"双因素理论"。他把组织中影响成员积极性的有关因素分为保健因素和激励因素。保健因素包括金钱、安全、工作条件、管理和政策;激励因素包括工作本身、赏识、责任、提升和成就感。虽然这种划分方法并不是很科学,因为有时候金钱、安全等因素也可以成为激励因素,但是满足成员较高层次的需要显然更为重要。

具体地说,激励的方法主要有以下几种:

(1)目标激励。

组织设立一个目标,经过成员努力即可达到。这样就能振奋成员的精神。目标的设立,一定要具有可行性。目标太高,成员就会产生可望不可及的消极观望情绪;目标太低、唾手可得,就会养成成员懒惰、不思进取的习性。只有那些可以切实可行,又需付出艰辛努力才能达到的目标才能有效地激发成员的工作热情,并在实现理想的追求中,逐步贯彻组织的理念。

(2)民主激励。

民主管理是把每个成员都当作组织的主人,让他们提出建议、参与管理。实行民主建议制度,可以使成员产生"被组织需要"的感觉,使成员主动发现问题、思考问题,切实与组织融为一体,不再对组织的决策、大政方针麻木不仁、不闻不问,反而会主动发现组织缺点与不足,并倾尽全力加以改善。这样,组织理念就自觉地在其行为中体现出来。

（3）情感激励。

感情是组织成员最基本的心理需求。充满人情味的同事关系可以增加成员对组织的归属感。情感激励就是要注意感情投资，培养成员爱组织如家的"家庭感情"。这种家庭感情的建立来自于组织对成员的关心爱护。比如组织领导向成员祝贺生日，向成员发贺年卡或节日慰问信等，都可以使成员对组织产生一种亲切感。

第三节　公益组织 BI

一、公益组织 BI 概述

组织的理念识别是CI的核心，是CI架构的前提因素，是进行信息传递的原点。而当组织的理念确定之后，就要通过各种传播媒介，运用多种传播方式和手段把信息传递出去，使社会公众认识组织、了解组织，对组织产生认同感，从而逐步在公众心目中树立组织的良好形象。组织理念信息的传播主要通过两种手段，一种是静态的视觉识别系统，另一种是动态的行为识别系统。本节所介绍的行为识别，基本意义在于将组织的内部机构、教育、管理、制度、行为等及对外的新闻宣传、公关、广告等活动都理解为一种传播符号，通过这些因素与符号传达组织信息、塑造形象。

行为识别是一种动态的识别形式，也称为行为或活动统一化。组织的各种活动要充分体现出组织理念，这样才能塑造出良好的组织形象，才能使组织形象具有统一的内核。行为识别要在理念识别的统摄指导和制约下进行。理念是行为识别的基础和原动力，它规划着组织内部的管理、教育以及组织对社会的一切活动。组织的行为识别应具有两个特点：一是统一性。首先表现在组织一切行为要与组织的理念保持高度一致性，不能相违背。其次，组织的一切行为应当做到上下内外一致，即全体成员以及组织各部门所开展的一切活动都需要具备为塑造组织良好形象服务的意识，任何与这一目的相违背，都会有损或者破坏组织形象的统一性。二是组织行为识别的独特性。公益组织要在日益剧烈的竞争中取胜，就应当在组织理念的指导下，使组织的行为识别体现出与其他组织不同的个性，而这种独特的个性，正是社会公众识别该组织的基础，否则就容易陷入无差别的境界，组织就容易淹没在众多同质化服务的海洋之中。所以，组织应当注意创立自身活动的独特性、差异性，因为广大受众正是通过这种独具个性的活动来认识组织的。

二、公益组织 BI 的特征

1. 实践性

BI与组织的具体活动有着密切的关系。任何行为规范或制度的提出，都离不开对组织发展历史和所在领域的分析研究。也就是说，行为识别系统的设计并无统一模式可供套用。领域不同，BI的设计也就不同，如环境保护组织和慈善募捐类组织就不同，前者注重的是号召大众参与到环境保护的一系列活动中，后者注重的是获得社会大众的信任，筹集更多善款。

2.规范性

对于公益组织来说,一个具有高度识别性的行为识别系统,必须是一套描述准确、标准量化的行为规范。因而,行为规范必须要有详细的要求和相应的考核办法,而不应该太过笼统地概括。通过公益组织 BI,可完善发展一个职能全面、职责清晰、制度科学、流程顺畅、人岗匹配、运行高效的管理平台。因此,不断完善和落实制度与流程,是公益组织行为识别系统建构的支撑结构。

三、公益组织 BI 的内容

1.对内行为识别

(1)组织架构。

对内行为系统的建立需要根据组织的架构而定。无论是扁平化的组织结构还是垂直的组织结构,都应视具体的情况而建立公益组织的 BI。建立 BI 的过程中,需要以组织结构的稳定性为前提,确保公益组织平稳运行。同时,要分工清晰,做好考核和协调。另外,还要处理好行为识别系统的规范或制度与现有规章制度间的关系。公益组织 BI 设计必须充分考虑公益组织的架构。

(2)教育与培训。

①职前培训。

凡是择优录取的新成员,在上岗前都必须接受为期三天的职前培训。训练重点为组织管理,特别是重视组织理念的灌输,以及体系介绍,比如人事管理、活动管理等,使新进人员对组织各项管理制度与规范有一个初步的认识。

②专业培训。

专业培训师组织聘请专家、教授等专业人士讲课,在组织内部举办短期的培训班,采取讲授、讨论、角色模拟等方式,向成员集中强化组织的理念,补充和完善与职务相关的管理知识;又或者确定一个主题或情境,学员一起研讨,制定方案,找出解决问题的方法。

③业余培训。

业余培训即自修自学,通过规定必读的书目来促使成员增长知识和提高技能水平。这种方法最经济,但必须制定严格的检验制度予以配套执行,确保成员自觉认真地学习有关知识,提高业务水平。

2.对外行为识别

(1)公关活动。

公益组织 BI 的公关活动主要有以下三点:

①收集信息。收集组织成员、社会大众对组织的评价,一些公益组织可聘请监督机构对组织的运行进行监督。

②传播。通过举办多种活动,扩充组织的成员,通过微信微博等新媒体对公益组织的形象进行良好的宣传。

③沟通。维护好公益组织和媒体之间的关系,与其他组织、企业和政府进行合作与沟通等。

(2)广告活动。

广告活动是指通过报纸、杂志、电视、电影、网络、新媒体、广播、路牌等广告方式宣传公益组织的理念、宗旨等信息。广告活动的进行并不意味着要耗费大量的金钱成本和时间成本,与政府、企业合作来进行推广已成为趋势。

(3)组织活动。

组织活动是对外行为识别的一个重要内容,公益组织的存在本身就是为了实践活动,通过组织良好、特色鲜明的活动,公众能对公益组织加深印象。比如世界自然基金会的"地球一小时"活动,号召家庭及商界用户于每年三月的最后一个星期六当地时间晚上 20:30 关上不必要的电灯及耗电产品一小时,以此来表明自己对应对气候变化行动的支持。这个活动是 2007 年开始的,到如今已历经了十余年,成为广为人知的一个环保行动。组织活动的开展对公益组织的 BI 是十分重要的。

第四节　公益组织 VI

一、公益组织 VI 概述

VI 即视觉识别,具体是指围绕品牌形象开发的一整套视觉识别系统工程。VI 通过具体化的、视觉化的形象系统将品牌理念与精神传达出去。VI 的执行贯穿于品牌的整个运营之中。品牌的理念、精神,组织运营的方针、策略等主体性的内容,通过视觉传达的方式,受众能一目了然地了解品牌信息,并对组织产生好感。

VI 并非简单的视觉表现手段,它是建立在视觉传播理论、视觉传达设计和视觉传播媒体控制管理的基础上的一项系统的、科学的、复杂的传播工程。将组织的信息概括、提炼、抽象并顺利转换成组织视觉符码,是整个传播工程的关键。组织形象概念具有与之相对应的设计概念。这个设计概念是一个有机的组合体,它由各种具有共性的相关的要素组成,组成的结果带有鲜明的和典型的个性特征。要达成组织识别,使视觉形象各要素符合组织的个性,还在于选择合适的设计题材和造型要素,形成统一的、有机的、有生命力的设计系统,并结合科学的媒体策略,形成有效的、长期的传播。

二、公益组织 VI 的要素

1.标志

标志有三种类型。第一种是字体标志,是指以特定的、明确的字体或字体变形、排列、衍生出来的图案,一般采用组织的名称,简洁而有力,不仅传达了组织的名称信息,而且具有图形标志的功能。第二种是图形标志,是指通过几何图形或象形图形来表示的图案,形象生动,寓意丰富,具有较高的意境。第三种是文字与图形组合的标志,集字体标志、图形标志的优点于一身,是最广泛采用的一种类型。

2.标准字

标准字即依据组织的属性、精神理念等因素而特别设计的组织专用字体。标准字必须是专用字,应依据组织的特质或其他因素,充分发挥形意字——汉字的可塑性和表现力[①]。标准字和普通字的差别主要表现在两个方面:一是造型外观不同;二是文字的配置方法不同。标准字通过字间的幅宽、笔画的配置、线条的粗细搭配等多方面的造型设计,来丰富和增强文字的表现力。

3.标准色

标准色是指组织选用某一特定的颜色或某一组色彩系统作为所有视觉媒体的同一色彩,以此表现组织精神理念。色彩是给人知觉感应最快、最直观的,标准色在组织品牌视觉传达的整体设计系统中具有强烈的识别效应,可以有效加深公众对组织的印象。不同的色彩具有不同的象征意义,能表达不同的性格和情绪,对大众心理也产生不同的影响。表3-1是一些常见颜色的象征含义及案例。

表3-1 常见颜色的象征含义及案例

颜色	象征含义		常搭配议题	案例
	褒义	贬义		
红	活力、激情、热烈、奔放、斗志、光辉、积极、刚强、欢乐、喜庆、胜利	危险、灾害、爆炸、愤怒	医疗、救援、扶贫	无国界医生、红十字会、友成基金会、免费午餐
橙	明亮、华丽、热情、温暖、辉煌、向上		教育、社会、创新	麦田计划、米公益
黄	光明、活力、希望、富有、忠义、高贵、豪华、威严	枯败、没落、颓废	发展、教育	南都公益基金会、满天星青少年公益发展中心
绿	生长、和平、复苏、舒适、成长、天然、希望、生命、青春、自然、安全、健康		环保	自然之友、阿拉善SEE
蓝	永恒、冷静、理智、深远、准确、勇气、忠诚、沉稳、豁达	悲凉、忧郁	救援、科技、社会创新	蓝天救援队、壹基金、益云社会创新中心

① 贺懋华.CI设计指南[M].北京:科学出版社,1997:59.

颜色	象征含义		常搭配议题	案例
	褒义	贬义		
紫	庄严、奢华、高贵	苦、毒、恐怖、荒淫、丑恶		
白	朴素、纯真、高雅、光明、真实、洁净、神圣	寒冷、严峻、苍老、衰亡、阴险、失败、虚无		
黑	庄重、肃穆、沉着、坚固、力量	凄惨、恐怖、绝望、死亡、邪恶	社会创新	芯世界社会创新中心
灰	温和、平淡、谦虚、中庸	沉闷、忧郁、悲哀、空虚	研究、咨询	社会资源研究所

由于色彩具有很强的表现力,对人的注意力、潜意识、态度甚至行为都会产生很大的影响,因此组织应该根据色彩的象征意义,谨慎设计自己的标准色。标准色及其组合的设计应该具有显著的特色,在符合大众心理的基础上,突出组织风格和个性,反映组织理念。在设计标准色时,要订立用色规范,对色彩的搭配、色度、误差宽容度等作严格详细的规定,以便统一管理。在标准色设计出来后,应调查其效果,作为以后改良、更新的参考。另外,标准色作为组织的固定色彩记号,可以选择单一的色彩,也可以选择颜色组合,但组合中的色彩最好不超过三种。

4.组织造型

组织造型,俗称"吉祥物",是指组织为表达组织个性、体现服务特点而选择或创造的某一特定的人物、动物、植物或器物,是 VI 中最生动有趣的视觉符号。组织造型往往能突破组织标志的严谨刻板,给公众以活泼可爱和有亲切感的印象。比如壹基金在"公益映像节"中设计"粉红飞象"并赋予它"飞到灾区为小朋友放电影","化身一只存钱罐,让爱积少成多"的行为特征,来传达活动的人情味。

组织造型尤其需要具备趣味性和可塑性,可加之以动作、表情、活动情节等各种变化、延展,并灵活应用在各类场合,甚至可以开发漫画、玩具、贴纸等"周边",丰富组织的文化表达,提升亲和力。

三、公益组织 VI 的应用

1. VI 的使用场景

组织的视觉传播是无时不在,无处不有的。组织的 VI 要渗透进组织日常运营的方方面面,从而发挥传播的效果。VI 的应用主要在于以下几项内容(见表 3 - 2):

表 3-2　VI 应用的主要内容

类　别	内　容
办公用品	工作证、出入证、名片、名牌、证件、证书、笔记本、便笺纸、草稿纸、信封、信纸、告示纸、介绍信、表格、文件袋、其他各种用途的文具等
产品包装	包装用封缄、粘胶带、粘贴标识、各种产品容器、包装纸、包装袋、包装盒、各种产品标签、外观和各种产品设计标牌徽章等
广告传播	宣传单、宣传册、海报、资料、旗帜、各种视听软件、各类媒体广告等
建筑环境	组织名称与标志招牌、大门/部门/入口提示、室内参观提示、活动式招牌、各种指示板、路标招牌、指示用的各种标识等
服装制式	各种成员制服、工作服、有组织标志的外套、伞、臂章、徽章、工作帽、领带、手帕、领带别针以及其他便服（如运动服、T 恤等）
接待用品	会客洽谈用品（如家具、茶具、餐具、室内装饰品）、礼品、贺卡、车辆等
出版印刷	组织办的各种内部报刊、行业刊物或印刷品、年度报告书、调查报告、组织出版物（如书籍等）

2. VI 的设计原则

（1）统一性原则。

VI 视觉要素是综合反映组织整体特色的重要载体，是组织形象外在的符号化的表现形式，它必须能使人感受到组织的精神、个性与内涵，传达组织的理念，因此 VI 的设计必须与MI、BI 所传达的信息统一，将组织的理念尽可能地向受众充分展现出来。VI、MI、BI 三者之间的任何不和谐都会造成混乱，很难实现 CI 的预期效果，甚至会起到消极的作用。VI 的统一原则还要求在较长时间内，VI 设计的要素应保持一定的稳定性。此外，在应用 VI 时，时时事事处处都要严格遵守规范，不任意更改 VI 的文字、图案、结构、色彩等，否则会破坏 VI 的一贯性。

（2）艺术性原则。

视觉识别是通过视觉传达完成的，从一定意义上来讲，VI 是一种视觉艺术，艺术追求内容美与形式美的完整统一，而公众进行识别的过程实际上是一个审美的过程。因此 VI 设计应该根据艺术形式美的规律，充分运用秩序、对称、平衡、韵律、调和、比例等美学原则。在进行VI 设计时，还要考虑社会心理的变化因素，把对未来趋势的预测融合于设计之中，使 VI 具有前瞻性。另外，公益组织的 VI 设计要符合大众的社会心理和禁忌，不同的图形和色彩在不同的国家和地区有不同的意义，这就要求设计师对该地区的大众文化有一定的了解。尤其是在一些国际性的组织品牌设计中，需要在了解不同文化背景的基础上准确地把握视觉设计的形式。

（3）个性原则。

好的 VI 不仅有传达组织理念的作用，同时也能令公众对组织形成深刻的印象，突出组织的品牌个性，并易于启发组织内外的受众的联想。完整的 VI 设计开发需要从印象与机能两方面着手：就印象基准来说，VI 设计要符合时代的行为特征、传达独特的存在感；就机能标准来说，VI 设计要可读性强，体现出与其他组织的差异性和识别性。公益组织 VI 设计的成功，不仅要有先进的设计意识和宣传理念，也要结合本组织的特点，在设计中加入个性化的元素，结合实际的需要进行独创，使设计形态鲜明，让人过目不忘。因此，设计者要对自己设计的内容中的思想观念具有深刻的理解和独特看法，用心观察和感受生活，挖掘新颖、独特的创意理念，把抽象的感念化为具体的表现，从而使人难以忘怀。

（4）思想性原则。

公益组织 VI 设计的价值导向功能，是用倡导或警示等方式来传播某种公益观念，促进社会精神文明建设。公益组织的 VI 设计及推广是为社会公众创作发布的，它倡导的是一种观念。在社会生活中，公益组织的价值导向和教化功能最终要由每一位社会成员参与才能完成，所以它主要是某种思想的传达。因此，只有具备思想深度的设计才能吸引人、感染人，激发公众的参与[①]。公益组织的 VI 一方面要显示它所代表组织的行为和倡导的质量，另一方面也要体现设计师本人对公益内涵和精神的理解。思想性原则要求公益组织的 VI 设计要把思想性和艺术性结合起来，融思想性于艺术性之中，在创意中明确公益组织品牌的思想理念，不断提高和加强其思想深度。公益组织的 VI 不仅要带给人们充满视觉张力的形象，更多的是让蕴含着的社会意义带来受众的思考。

（5）情感化原则。

公益组织的 CI 设计需要创意，而最佳的创意理念就是以情感人，要注重情感的沟通。公益组织与商业组织不同，它不是推销一种商品，主要是表现一种美好的愿望或情怀，以促进人与人、人与社会之间的和谐。因此，公益组织的 VI 设计理念要紧扣大众心理，并通过富有创意的形式表达出来，从而体现触动人心的创意和强大的感染力，影响人们主动地加入其中，让人们在情感共鸣中自觉地形成积极参与的观念和行为方式。此外，公益是为了促进人与社会的和谐发展，这一目的正是要体现公众的内心诉求和社会共识。"攻城为下，攻心为上"，公益组织应注重以情感人，由于情感能够直接刺激受众的感官系统，具有明显的煽动性和刺激性，所以情感化的视觉设计形式要亲切自然，色彩要选用适当，以便于拉进公益组织和受众之间的距离，迅速地打动人心，从而有效地吸引公众参与其中，促进组织的发展。

（6）大众化原则。

首先，公益组织的 VI 设计不以营利为目的，是为社会和公众切身利益提供服务的视觉形式。其目的在于强化其品牌理念，它不是设计者的私人表达，而是大众空间中的艺术，所以更要考虑广大的受众群体，在设计形式上要通俗易懂、简洁新颖，适合社会大众的直观接受能力、审美意识、情感接受程度。简洁精炼的图形比文字更容易传达信息，使人记忆。在标志的设计过程中，要做到构图凝练、美观，在宣传推广方面，要简约朴实，能使受众清晰地理解其主题，吸

---

① 张明新. 公益广告的奥秘［M］. 广州：广东经济出版社，2004.

引更多人的关注。其次,公益组织的 VI 也旨在呼吁、倡导人们加入到公益行动之中,所以在设计中要注重广大受众的内心诉求,把与生活息息相关的片段用视觉设计的形式表现出来,从而增强受众的认同感。

3. VI 的设计步骤

VI 的设计步骤如表 3-3 所示。

表 3-3　VI 的设计步骤

确立规划设计目的的计划 | 设计项目系统分类 | 确立设计执行单位 | 编制工程提案	→	组织现状调查 | 组织决策层访谈 | 成员访谈调研 | 视觉设计现状调查 | 同业设计现况资料搜集 | 现场勘查、拍照、测绘、记录 | 世界设计资料搜集、趋势分析	→	形象系统模拟设计 | 组织理念总结提炼 | 确立形象定位 | 确定设计方向、原则、题材 | 形象概念视觉化、系统化 | 形象概念模拟计划 | 模拟方案遴选	→	基本设计系统 | 标志 | 标准字 | 标准色 | 组织造型 | 基本组合模式	→	应用设计系统 | 办公用品设计 | 产品包装设计 | 广告传播设计 | 建筑环境设计 | 服装制式设计 | 接待用品设计 | 出版印刷设计	→	形象识别手册 | 基本设计规范手册 | 应用设计规范手册 | 印刷制作监理 | 实施指导	→	宣传活动规划

第五节　公益组织 CIS 战略的案例分析: 以壹基金为例[①]

四川雅安"4·20"地震后,中国官方公益慈善机构和民间慈善组织遭遇冰火两重天的境

---

① 黄浩,宋瑜.CIS 理论指导下的非营利组织形象塑造——以壹基金为例[J].中国报业,2013(10).

遇。中国红十字总会新浪官方微博在地震后最初几天中,粉丝数从15万飙升至23万,每条微博都跟有成百上千条转发和评论,但几乎以负面评论为主。而纯民间的慈善组织,却得到了广大公众的积极响应,短短两周就收到160余万公众总计超过2.5亿元现金的捐款,远远超过红十字会的受捐额。从网络舆情分析来看,民间慈善组织在舆论上占有很大优势,这也说明了其具有很高的公信力。高公信力体现着积极正面的组织形象,由此为契机,激发了以壹基金为代表的非营利组织形象塑造的研究。

组织形象主要指社会对组织的整体看法或评价,也是组织的表现与特征在公众心目中的反映。形象是组织的外在表现,组织形象对组织的意义主要诉诸人们的心理。美国组织传播学者凯瑟琳·米勒认为,创立和维护组织形象是为使大众头脑中形成一个描述性、评价性,令人产生倾向性心理的印象。一旦公众对组织形成不好的"第一印象",这一"首因效应"会影响人们对该组织的进一步认知,而且改变人们的第一印象将很困难。组织形象并不是通过有目的的活动创立、维护起来的,而是组织所在环境的成员根据大量各方面信息形成对组织的认识。在说服传播中,组织本身是信源,它对传播效果有着重要影响。因此,组织形象传播是组织外传播的主要内容之一。目前企业组织形象的塑造和传播已经形成了较为完善的系统,而其他类组织的形象传播,特别是非营利组织的形象传播,研究尚较欠缺。

非营利组织(Nonprofit Organization,NPO)是不以营利为目的、主要开展各种志愿性的公益或互益活动的非政府的社会组织。近年来,我国非营利组织发展迅速,据民政部统计显示,截至2011年年底,全国各级各类NPO总数达46.2万个,其中社会团体总数发展到25.5万个,基金会总数发展到2614个左右,NPO的数量依然在以每年10%~15%的速度增长。

壹基金成立于2007年,起初是李连杰与中国红十字会合作设立的"中国红十字会李连杰壹基金计划"。2010年12月,深圳壹基金公益基金会成立,是中国第一家民间公募基金会。壹基金自成立以来致力于传播公益文化、搭建公益平台,以推动公益事业的发展,参与了南方雪灾、汶川地震、南方水灾、台湾风灾、玉树地震、云南干旱、雅安地震等灾难救助及灾区重建工作,成为我国非营利公益组织中比较有影响力的一支。而壹基金也成为有效利用各种资源,促进公益事业发展较为成功的一家。2009年零点调研的"壹基金在捐款人心目中的其他形象"显示:做实事的(88%)、容易参与的(83.8)、相对专业的(67.7%)、时尚的(59.3%)、知名度高的(74.1%)、有号召力的(76.4%)、平民的(82.9%)、独立的(84.6%)。由此可见,壹基金在社会上具有较高的公众形象,也符合其自身的定位:"透明、公信、专业、可持续"的公益组织。本书将以壹基金为研究对象,通过CIS理论对其组织形象塑造进行分析研究。

CIS系统是由MI(理念识别)、BI(行为识别)、VI(视觉识别)三方面组成,其中MI是整个系CIS的核心。组织所有的视觉设计与行为活动都是围绕着MI展开的,成功的BI与VI的标准,才能将企业的独特精神准确表达出来。在组织形象的塑造和传播中,需要综合运用各类传播媒介,形成组织和公众之间的和谐互动,使组织形象深入人心。下面将分别以壹基金的组织愿景、战略、标志及活动项目为例,分别从MI、VI、BI三方面来阐述分析壹基金组织形象塑造特点。

一、理念识别(MI):崇高的愿景展望和明确的组织定位

组织的理念识别,是指组织长期运转所形成的组织共同认可和遵守的价值准则和文化观念,以及由组织价值准则和文化观念决定的组织发展方向、思想和战略目标。崇高的愿景和明确的定位被视为一种沟通设计,即这是什么样组织,其产生的原因和所代表的价值是什么? 不同公益组织关注的社会问题不同,即使是红十字会也不可能面面俱到,样样都做,这样的结果只能毫无特色。

壹基金倡导着"壹基金·壹家人"的公益理念,把自己定位于一个公益的平台,旨在联合组织社会各方力量开展公益活动。壹基金让自己肩负着"传播人人参与的公益文化;搭建公信透明、可持续发展的公益平台;充分发挥公益组织救灾与防灾的积极作用,为各种自然灾害提供人道主义救援;推动中国公益事业专业化和规范化的发展"的宗旨,践行"尽我所能,人人公益"的愿景。单从"人人"二字便可看出壹基金的愿景及广泛的目标群体。正如壹基金发起人李连杰所说,在他心目中壹基金是个乞丐,祈求全世界 67 亿人类心中都能拥有那种善良、那种责任、那种爱。涓涓细流必将汇成江河,滴滴清泉终会击穿青岩,壹基金正是抱着这种理念和梦想,借助群体的智慧和力量去造福社会,传递美好。

二、视觉标识(VI):醒目的标识设计和严格的使用规定

组织视觉标识是组织理念的视觉化展现,通过组织 logo、标识、形象广告等方式向大众表现、传达组织理念。壹基金标志设计中的阿拉伯数字"1"代表着每一个社会个体、每一份爱心及每一份希望。文字与图案元素构成了其标志,图案围绕着数字"1"构成了一个笑脸。选用笑脸标识作为 logo,寓意为借助公益活动的力量对社会进行积极的影响,推动社会个体内心的善良,让施善者和被帮助者脸上都能洋溢着最纯真的笑容,就像是那句话"只要人人献出一点爱,这个世界将如此美好"。笑脸代表着友好和善意,这样的标识也更容易被公众所接受和识别。标识采用浅蓝色为主调,给人一种纯净感,彰显了其公开透明的宗旨。在色彩心理学中,这种纯净的蓝色也传达出一种美丽、理智、安详、自在的感受,是种安抚色,能够让人的心情感到放松自在。另外,标识简洁的造型和突出的中英文字也使其在众多公益组织形象标识中脱颖而出,让人眼前一亮,再次邂逅时也会让人感觉亲切,记忆犹新。

壹基金对于其视觉标识的使用有严格的规定。官方网站发布的《壹基金 VI 使用说明》中规定其标识在不同环境条件下的使用有着不同的标准要求。比如"在不同明度背景下的应用规范为:在低于等于 40% 深度的背景下,标志为标准色;在高于等于 50% 时为反白"。而对一些可能对品牌带来不利影响的错误使用情况也有严格要求,比如"不能拉伸""不能倾斜""不能与其他信息结合使用""不能滤色"等;在报纸、杂志、PowerPoint 演示、易拉宝等展示媒介上对壹基金 logo 的字体、位置等都有严格的区分和要求。由此可以看出,壹基金对其形象标识的重视程度可见一斑。

三、行动识别(BI):积极开展"一个平台+三个领域"战略

行为识别是理念识别的行动表现,包括在理念指导下的组织成员对内和对外的各种行为,

以及组织策划的活动行为。壹基金根据其"壹基金·壹家人"的公益理念及"尽我所能,人人公益"的愿景,积极发展"一个平台＋三个领域"战略,即搭建透明的壹基金公益平台,专注于灾害救灾、儿童关怀、公益人才培养。在具体战略实施过程中,壹基金各个团队创新性地对项目进行开发设计,开展参与度高、互动性强、覆盖面广的一系列活动,既有效地推广了组织形象,又进一步传播了公益文化,使更多人受益。2012年,壹基金直接受益人共计102176名,其中灾害救助53531人,儿童关怀28500人,公益支持20145人。

"海洋天堂计划"源自电影《海洋天堂》,是壹基金在儿童关怀领域的主要代表性项目。每年4月2日是国际自闭症关注日,壹基金"海洋天堂计划"通过线上线下的方式发起"蓝色行动"活动,倡导社会关注自闭症儿童。在2012年的"蓝色行动"中,壹基金通过线上线下平台发布2个研究报告,举办3场研讨会、5次蓝色快闪、7次蓝色画展,在8城市13地标建筑点蓝灯,举办9场讲座,在46个城市参与蓝色徒步快闪活动,进行127次倡导互动,共103家公益机构积极参与,110万网友参与线上关注自闭症话题讨论,2246万人参与腾讯摇一摇,摇出招行支持蓝色行动。活动不仅向公众传播了"关爱自闭症儿童"的公益理念,也让更多人知道壹基金,关注壹基金,参与到壹基金的活动中来。

壹基金在其组织形象塑造传播过程中,充分结合CIS理论,从组织理念(MI)的准确定位,到组织形象标识(VI)的精心设计和严格使用,再到相关推广活动(BI)的创新策划和实施,都体现出一个公益组织应具有的积极、专业、透明等特点,拉近了与公众之间的距离。另外,壹基金在对其形象进行对外传播过程中,借助线上线下等多渠道传播平台,采用新颖有趣的多种手段对大众进行公益知识的普及和公益行为的倡导,使越来越多的人开始关注公益,关心公益,投身到公益事业当中。壹基金通过专业的团队在大众心目中树立起一个积极正面的形象,提升其公信力,这对我国无论是官方还是民间的各非营利组织来说具有一定借鉴意义,对我国发展全民公益事业也有积极的推动效果。

第四章

公益组织品牌定位

第一节　公益组织品牌定位概述

一、公益组织品牌定位的定义

余明阳和杨芳平在《品牌定位》一书中这样对品牌定位下了定义：企业以消费者、竞争对手和企业自身为主要维度，以行业、市场等要素为辅助维度，从产品、价格、渠道、包装、服务、广告促销等方面寻找差异点，塑造品牌核心价值、品牌个性和品牌形象，从而在目标消费者心中占据有利位置。公益组织固然不同于企业，因此，公益组织的品牌定位和企业的品牌定位在许多方面都会有所不同。在企业品牌定位的基础上看公益组织的品牌定位，我们可以这样来定义公益组织品牌定位：公益组织的品牌定位是为公益组织设计形象和价值的行为，创造差异并且要让社会知道这种差异，公益组织最好拥有自身发展的定位模式。

AIESEC是全球最大的由青年自主领导的非营利组织，致力于让青年学生发展自身领导力，是一个提供全球大学生跨国商业实习/文化交流、实践性领导力岗位锻炼以及全球学习机会的国际平台。中国妇女发展基金会，简称"中国妇基会"，1988年12月由全国妇联发起成立，是全国性公募基金会。许多公益组织都会有自己的定位，不可否认的是，越来越多的公益组织为了在激烈的竞争之中生存下来，必须要做好品牌的定位，否则将会被同质化的其他公益组织驱逐出市场。

二、公益组织品牌定位的意义

1. 公益组织品牌定位能够确立公益组织的品牌个性

对于社会大众来说，公益组织这么多，为何他们要参加某个公益组织？资金筹集的组织数不胜数，为何他们要把自己的钱捐给某个慈善团体而不是其他团体呢？而许多公益组织失败的原因可能在于，社会大众并不知道这些组织是什么，有什么作用，和其他的公益组织有什么区别。这些失败的公益组织没有很好地进行品牌的定位，以至于其在激烈的非营利事业中无法坚持下去。公益组织的品牌定位能够确立其品牌个性，使其在纷繁众多的公益组织中有属于自己的特点和个性，而这种个性就是使公益组织发展的要求。

2. 公益组织的品牌定位有助于公众作出适合自己的选择

公众要参与到公益组织当中去，或成为会员或只是活动参与者，都需要对公益组织作出自己的判断，也就是说，公益组织的品牌定位是公众的判断标准之一。例如，一个青年大学生在面对AIESEC和壹基金的时候，他可能更加倾向于加入AIESEC。不同的公益组织的定位可以让不同的人选择不同的方式去参与，这方便并且丰富了社会大众的社会参与生活。

3. 公益组织的品牌定位是品牌传播的基础

品牌定位和品牌传播是先后的顺序，只有先做好品牌的定位，给公益组织规划好发展方向，才能进行品牌传播，将某个特定的公益组织不同于其他公益组织的方面传播给受众。公益组织的品牌定位是让社会公众熟知了解进而加入到其中，而只有通过品牌传播才能将公益组织的品牌展现出去,二者之间有着密切的联系。因此,品牌的定位是非常重要的,它将会影响公益组织品牌的发展。

4.公益组织的品牌定位对于公益组织的整体运行十分重要

品牌定位给公益组织带来更强的竞争力,能使其在激烈的竞争中占据一席之地,而这种定位历久弥新,可以培养组织成员或参与者的忠诚度,获得社会的信任。成功的定位还能积累品牌的资产,为公益组织的品牌管理和建设打下坚实的基础,并且能促进品牌的推广和延伸,有利于公益组织的良好运行。

第二节 公益组织如何进行品牌定位

一、公益组织品牌定位的参照维度

公益组织如何确定自己的位置?我们不妨回忆一下,在数学里面,我们是如何描述一个点的位置呢?我们为它建立了坐标,二维的 X 轴 Y 轴,三维当中可能还会多一个 Z 轴,通过建立坐标轴的方式,我们就可以确切地描述这个点的位置了。公益组织的品牌定位也是这样的一个过程,我们需要为它建立几个坐标轴,这样才能方便我们对其进行描述。这个建立坐标轴的过程就是寻找参照维度的过程。这里仍然借鉴余明阳和杨芳平二位对品牌定位的参照维度的划分,但从公益组织的角度去进行分析。这样的参照维度,主要有五个。

1.宏观环境的维度

社会的宏观环境包括了政治、经济、文化、科技等等,自然的宏观环境就是自然环境。许多公益组织的产生和发展是社会问题不断显露,公民自觉担起社会责任而来的。伴随着全球经济快速发展、人口数量急剧上涨所带来的全球变暖、环境污染、物种灭绝等问题,1961 年,世界自然基金会(World Wide Fund for Nature/World Wildlife Fund)成立,致力于保护世界生物多样性及生物的生存环境,减少人类对这些生物及其生存环境的影响。在改革开放以后,中国经济高速发展,许多人走出农村,到城市中去务工,产生了大量的农民工群体,随之而来的,出现了大量的劳工问题,而我国的工会发挥的作用十分有限,这时候劳工 NGO 组织就出现了。

公益组织的出现被赋予了使得这个社会更加美好的使命,这也就意味着宏观环境的这一参照维度是极为重要的。公益组织可以通过参照宏观环境之中出现的问题来进行品牌的定位,通过与大环境的结合,能更有力地定位出符合社会发展需要的品牌。

2.行业的维度

行业的维度要考虑的是行业现有的组织之间的竞争、新进入者的威胁、替代组织和服务的威胁等。对于公益组织而言,行业的竞争无疑是十分激烈的,每一个领域都逐渐有更多的组织进入和发展,而对于在某个行业公益组织来说,做好自己的品牌定位,需要挖掘自己与行业其他组织的不同。行业的发展周期、行业的竞争态势,都是公益组织需要考量的方向。

3.消费者的维度

当然,公益组织的消费者其实更应该说是参与者。人,才是品牌定位的最关键的要素。为了吸引更多的人加入到公益组织当中或者参与到公益组织的活动当中,"迎合"人的需求才是最重要的。公益组织与营利的企业不同,企业可以通过市场调研、产品销量等来获取消费者的具体要求进而予以满足,而公益组织提供的更多的是公共服务,服务的质量和专业性等都是影响公众的要素。因此,公益组织的品牌定位需要吸引目标公众,必须充分把握公众的心理,才能做好公益组织的品牌定位。

4.竞争者的维度

竞争者是竞争当中一面很好的镜子,透过这面镜子,我们可以看到自己与对手的差别,可以看到对手的优点,从而加以学习,也可以看到对手的缺点,从而加以自省。竞争者亦敌亦友,是良师更是益友。公益组织在品牌定位的过程中,不可避免地要参照竞争者的品牌,要看到优点,更要看到不同点,创造出属于自己的个性,这是体现品牌定位价值的地方。

5.公益组织自身的维度

公益组织的品牌定位,还需要参照公益组织自身。无水之源、无木之本是不可能长远发展的,公益组织不能脱离自身的情况而企图一蹴而就。在品牌的定位过程中,公益组织需要考虑到自身的财力、人力、物力,以及有何种资源等,所有的因素对于公益组织的定位都是重要的。比如,创立者有某些方面的知识,可以培训更多内部的人懂得这种知识,进而传授给组织的会员和参与者们,那么这时候公益组织的定位就可以倾向于提供这种专业的知识指导。简言之,公益组织在定位的过程中要了解自身的情况,了解自身软硬实力,有利于更好地进行科学的品牌定位。

二、公益组织品牌定位的策略

现代营销学之父菲利普·科特勒及其高足艾伦·R.安德里亚森在《非营利组织战略营销》一书中提及了组织应该如何定位。在这里,我们借鉴其整体框架,即组织定位应分为以下四种:市场领导者、市场挑战者、市场追随者、市场补缺者,但具体的阐述我们将结合中国的实际情况加以阐释。

1.市场领导者的策略

对于某个较为成熟的市场来说,必然有市场的领导者,市场的领导者必然是占据了较大的市场份额,有一定的忠诚的追随者。例如,在慈善领域的中华慈善总会和壹基金等。这些组织在慈善事业的发展过程当中属于领导者,凭借多年的积累走到了领导者的地位。但这个地位并不是永恒的(除了依靠政府发展的公益组织),公益组织在市场的发展当中,稍有不慎,就有可能失去自己的优势地位。而随着市场的发展,新的竞争者不断涌入,市场的领导者必须重新给自己的品牌定位,让自己的品牌能适应市场的变化。

能走到领导者的地位,肯定有其过人之处,公益组织可以找 20 个组织成员及参与者来进行访谈,找出该公益组织的优势所在。在进行品牌定位时,就可以继续保持自己的优点,以此稳固原来的"市场份额"。同时,公益组织必须紧随时代发展,结合新技术、新趋势、新问题,对原有品牌进行补充性的重新定位,通过这样的方式增加"市场份额"。

2.市场挑战者的策略

这种市场挑战者明确了自己在行业之中位于第二、第三或更后面的位置,但其仍然拥有一定的实力,可以对领导者发起一定的挑战。这时候可以选择这样一些策略:①提供更专业的服务。对于一些劳工 NGO 组织,组织成员提供专业的劳工法律知识咨询有利于吸引更多的劳工寻找其进行援助。②提供更方便的服务。对于公益组织来说,如果人们在生活当中就能做公益,这种便捷性会让更多的人参与到其中。例如腾讯和微博的运动捐步的活动,通过每日走路,将步数捐赠出去,达到某个数字,组织方就会做一些公益活动作为捐步的奖励。这样的方式十分方便,更容易获得支持。③降低运营成本。阿里巴巴公益基金会依托阿里巴巴的平台资源,在支付宝 APP 中设置"教育公益"的板块,用户点进去便能进行捐赠,降低了运营成本。④密集广告。"微公益"通过微博的热词、热搜等打足"广告",让更多微博用户知道有各式各样的爱心项目,用户通过一系列的点击捐款。

3.市场跟随者的策略

市场的跟随者的品牌定位并不是要抢夺市场的份额,而是要通过跟随其他公益组织的发展来发展,这样的公益组织不在少数,因为其没有必须要获取极大的利润的需求。只要能维持生存,公益组织就能继续发展。这样的跟随者可以模仿发展得好的公益组织的具体做法,也可以与之保持某些差异但与之合作,还可以部分模仿部分创新。

4.市场补缺者的策略

大部分的公益组织可能位于市场补缺者的位置,一些地区性的公益组织的建立就是为了补充地域上的缺陷。这时候,公益组织的定位点必须明确,向公众展示自己到底补充的是哪方面的缺陷,是地域、特色服务、专业知识抑或是其他,将自己的补缺点作为自己的定位点,这种方式有利于补缺的组织获得需要这些服务的人群。

总的来说,公益组织的品牌定位需要根据自身的战略定位来进行策略的选择。当然,这样的策略未必是完全正确的,公益组织也可以通过属性、文化、项目活动类别、服务质量、情感等定位方式进行定位。简而言之,公益组织要通过多个维度的对比参照,选择适合组织发展的战略和策略,进行品牌定位。

三、公益组织品牌定位的原则

公益组织在进行品牌定位时,一定要把握以下几个原则。

1.结合目标受众需求的原则

公益组织为何要进行品牌定位?其意在为目标群体留下印象并作出选择。因而,公益组织在进行品牌定位的时候必须考虑到目标群体的参与感受、体验心理等,进而满足其需求。在进行定位之前,要考虑到目标群体的特性,通过一定的访谈调研了解其心理和需求,在定位时作出科学的决断。

2.符合公益组织实际的原则

一切从实际出发,公益组织的品牌定位也是如此。如果定位过高,那么公益组织的能力或许不能够跟得上其定位,好高骛远,做力所不能及的事情不利于组织的发展;如果定位过低,那么不利于公益组织高效地运作和发展,造成资源的浪费。

3.差异化的原则

差异化原则在前面的章节也有提及,最重要的是要与竞争者保持不同,这样的不同哪怕是细微的差别也是一种机遇。阿里巴巴公益基金会的定位是"以环境保护作为公益方向,将企业平台模式及资源融入公益领域,让公益项目得以保持持续、健康发展,通过电子商务生态体系帮助全球中小企业和创业者得到生存和发展,不仅授之于鱼更是授之于渔"。这样的定位使其与其他非公募基金会不同,这也使其能够发挥更大的公益作用。

4.稳中求变的动态更新原则

品牌定位必须根据宏观环境来进行,而宏观的环境是在不断变化的,因此,品牌的定位也必须根据大环境的变化来作出相应的调整。万宝路从女性香烟到牛仔男性香烟的重新定位是根据时代大环境的变化来进行的。公益组织亦然。当然,根据宏观环境的变化而动态地变化并不是意味着要全盘否定,动态地更新也不意味着要快速地不断地变化,品牌一旦建立,要推翻重来是一件消耗极大成本的事情,这也对组织的发展不利。稳中求变,动态更新,是公益组织品牌定位的原则之一。

第五章

公益组织品牌传播

第一节 公益组织品牌传播概述

一、传播的概念

谈公益组织品牌传播,不可避免要讨论一下什么是"传播",虽然古汉语也有与"传播"类似的概念,但是如今我们所谈论的传播却不是由古人所用的概念演变而来,传播概念来源于西方,在 20 世纪中叶才引入中国。传播一词对应的英文单词是"communication",很多传播学的入门读物都会提及这个单词的起源,"communication"一词起源于拉丁文的 communicatio 和 communi,几经演变,最终成为普遍使用的"communication"。如今不管在西方或是中文语境,传播已经成为日常用语,司空见惯。其词意也有十几种,诸如"交流、通讯、通信、书信、传达、沟通、交通、消息、表达、联系"等。不管从词源考究还是从现在使用的意图来看,它既有单向的意思,也有双向的意思。就中文字面上来理解,很容易陷入"传"和"播"的单向传递思维,这也导致不了解传播学科的人陷入这一狭隘的理解,从而作出不符合实际的决策。刘海龙在其《大众传播理论:范式与流派》一书谈到,"从词源上看,对传播有两种不同的理解,它既可以是'操纵式的传播',也可以是'分享式的传播'"。前者更具传播主体为主导的单向思维,后者更具参与对象为中心的互动思维,两种理解所指导下的操作手法也各不相同。

1. 刘海龙的定义[①]

《大众传播理论:范式与流派》是一本在大陆传播学学科颇受好评的教材,刘海龙并不像其他教科书的写作者,给"传播"下一个定义,而是用一章的篇幅从六种话语来讨论"传播",在他看来,下定义"无非是为了使用的方便,是一种个人化的研究策略"。这种策略会导致自相矛盾,各种定义也没有本质上的真伪,所以他认为没必要采取其中的一个定义,排除另一个定义,一旦择其一而论之就好比在沙地上建高楼,必然给接下来的讨论埋下隐患。况且传播作为一种社会现象和历史现象,以及传播现象本身的复杂性,要求我们根据不同的发展阶段来理解传播的内涵,规定它的功能。本章节对公益组织品牌传播的讨论也不试图给"传播"下一个定义。结合刘海龙的话语研究和郭庆光在传播学经典教材《传播学教程》中对"传播"特点的描述和介绍,会比直接扔出一个定义更有助于大家在不同传播环境、不同的传播目的,找到更对应的理论启发。

刘海龙从传播是传递、传播是控制、传播是游戏、传播是权力、传播是撒播、传播是共享和互动六种话语来试图回答"传播是什么"。结合刘海龙的论述做以下介绍:

(1)在传播是传递的话语体系下,发展起来的最为经典可能也是大家最常用的拉斯韦尔的 5W 模式,此时人们普遍将传播理解为谁、说了什么、通过什么媒介、传到了谁那里、产生了什么效果。这是一种线形的过程,加之当时"枪弹论"的盛行,似乎一切都在传播者的掌控之中,即使后来的学者提出传播的过程会有干扰和反馈,但是这一话语体系下,人们容易陷入以传播主体为中心的一厢情愿。以为只要正确的信息能够抵达正确的传播对象,那将取得预期的传

---

① 刘海龙. 大众传播理论:范式与流派[M]. 北京:中国人民大学出版社,2008.

播效果。"我"传达的内容是否被真正理解，我与传播对象是否能达成一致的认知是传播是否成功的关键。在这一话语体系下，一旦传播不产生预期效果，传播者往往陷入消极状态，认为是传播对象没办法理解自己，以至于寻找不到共鸣者，不是我不好，一切都是传播对象的不是，这种现象至今仍大行其道。

（2）在传播是控制的话语体系下，传播者认为自己可以通过一些手段操纵传播对象，让他们改变态度，采取符合传播者假设的行动。此时，如果方法得当，传播对象就是一群可以任你摆弄的客体。这也是一种以传播者为中心的传播思维，并且以传播效果是否达到传播者的目的为传播成功与否的唯一判断标准。不管是商业领域还是政治领域的很多宣传逻辑皆源于这种传播认知。但实际上，受众并非一个靶子，传播内容也并非子弹，若想实现长久的沟通并获得共识性的良好效果，必须考虑到受众的主动选择，以及双方的平等地位。公益组织做传播往往涉及价值观与理念的倡导，比如消除对残障人士的刻板印象、不歧视少数群体、遵守交通规则、禁止在公共场所吸烟、维护妇女权益等等。很多时候需要尊重传播对象的自主和自愿意志。

（3）在传播是游戏的话语体系下，传播是一种主观的游戏，认为"传播是传递""传播是控制"的传播者会把功利性放在第一位，视传播为实现外在目标的工具。认同传播是游戏的传播者关注人在传播过程中的内在体验和自我，强调人们在传播中的主观经验。但是传播是游戏并不是对传播信息理论的否定，"而是提醒我们，传播不仅是外在的、工具性的，不能仅从信息的、实用的、效果的角度来思考传播，还要关注个人在传播过程中的主观感受、自我的存在与发展"。

（4）在传播是权力的话语体系下，传播隐藏着权力博弈，有着控制与反控制。有别于"传播是控制"话语在传播中目的明确，对传播对象直接操纵，"传播是权力"话语认为我们的文化和语言中隐藏着不平等关系。"这些关系往往以'常识''同意''习惯''文化'甚至客观中立的'知识''真理'的形式出现。"这往往是一种无形的权力之网，"每个人要依靠这种权力形成的'意识形态'才能认识世界或形成自己对世界的解释"。

（5）传播是撒播的话语体系下，传播者与传播对象完全处于平等地位，传播者不必强求传播对象要按照"我"的意图来理解传播内容，传播对象可以自由解读文本。

（6）传播是共享和互动的话语体系下，"传播是彼此平等的交流和对话，在其中传授双方获得互相理解和共识"。有别于"传播是传递""传播是控制"利用隐形的操作手法，"共享和互动话语"相信可以通过传播获得共识，大家共享着一些东西，认同着一些东西，最终达成传播目的。

沿用刘海龙的话语研究论述，我们看到了传播发展的不同话语体系，你可能是其中之一或者几个的信奉者，在你信奉的话语体系下，将作出与之相符的传播实践，也将产生不同的传播效果和社会影响力。

2. 郭庆光的定义①

与刘海龙不同，郭庆光在他主编的教材《传播学教程》一书，给出了传播的定义，他在《传播

---

① 郭庆光.传播学教程[M].北京：中国人民大学出版社，2011.

学教程》一书中认为"传播"是"社会信息的传递或社会信息系统的运行",并对传播的特点进行了梳理,认为传播有以下特点:①传播是一种信息共享活动;②社会传播是在一定社会关系中进行的,又是一定社会关系的体现;③从传播的社会关系性而言,它又是一种双向的社会互动行为;④传播成立的重要条件之一,是传授双方必须要有共同的意义空间;⑤传播是一种行为,也是一种过程,还是一种系统。

从五个特点来看,基本强调了传播是人与人之间的互动与沟通,在这种互动与沟通中实现传授双方之所以进入"传播"的目的。

从传播概念讲起,若直接给出一个定义更符合我们惯常的认知逻辑,但这却是狭隘的。相比之下,通过这种不同理解的列举,或许让读者不知所云,但是更符合"传播"这一不断变化的现象。正如刘海龙在界定传播时总结所言,"没有任何一种传播的话语可以解释所有的传播现象,我们需要多角度地观察一个现象,这样才能尽可能地摸出一头大象来"。传播到底是什么,如何从事公益组织品牌传播,每个读者会有自己的答案。

二、传播环境与思维的演变

前文谈到,传播是一种社会现象、历史现象。很难给传播下一个本质的定义。我们理解传播也不能仅从它的定义这一角度。从媒介的变迁、传播环境的变化来理解传播,将让你在传播渠道的运用与组合上以及制定传播方案时更加得心应手。

随着社会的发展,新的媒介不断出现,使得传播环境也不断发生变化。以人类发展轨迹来看,媒介的历史发展脉络,可划分为符号媒介、语言媒介、文字媒介、印刷媒介、电子媒介和网络媒介。印刷媒介出现以前,人类通过符号、语言和文字记录及传递信息,传播范围有限,信息承载量与今天的信息时代相比只是沧海一粟。印刷媒介的出现让信息得以更大范围地传播。随着报纸、杂志以及后来广播、电视等大众媒介的出现,触达人们的信息数量与广度进一步扩大。

为了方便讨论,根据媒介特点不同,将传播划分为不同的时代。现将以互联网及数字信息技术为基础的新媒体出现之前称为大众传播时代,而将之后称为新媒体时代。

大众传播时代,以报纸、杂志、广播、电视为主要媒介。渠道有限,相对可控。掌握渠道就意味着拥有了喉舌,可以面向社会的大部分人传递信息。由于这些媒介往往掌握在少部分人手里,如几家传媒集团,在我国则隶属各级党政单位。由于版面有限,根据不同的传播目的,传播内容往往有严格的把关。想进入这些媒体,获得报道并非易事。此时的传播媒介环境往往是单向的传递告知,仅仅是让传播对象知晓和了解,传受双方的互动并非像如今的传播环境那么简单。因此,在这个传播时代,传播者往往重视渠道的获取和内容的策划。

随着互联网的发展,互动逐渐变得更加便捷,尽管在以资讯提供为主的门户时期,读者已经可以在看完一篇文章后立即发表自己的看法。门户时期可视为大众传播时代向新媒体传播时代的过渡。社交媒体的出现,在信息量和传播速度上远超以往任何时代。特别是国外的Facebook、Twitter 这类社交媒体,YouTube 这类视频媒体,以及像维基百科这一众包型的百科平台。国内也先后涌现了诸如校内网(后来的人人网)、微博、微信的社交媒体,优酷、土豆等视频媒体,以及百度百科等网络百科平台。社会化网络平台不断涌现。

这一时期就是所谓的新媒体时代,也是一些学者所说的所有人向所有人传播的时代。北京师范大学的学者何威将这种基于互联网的传播称作"网众传播",与无网时代的传播相区别,那些活跃在网络的网民,有了另一个称呼,即"网众"。随着智能手机的普及,人们不再需要面对一台电脑才可上网,一部智能手机即可随时随地畅游网络,实现了移动互联。一开始称网络世界为虚拟世界,如今随时随地置身互联网,社交网络让我们彼此相连,很多原本需要面对面才能解决的事情,通过网络可以轻松解决,此时时间与空间的界限变得模糊。虚拟世界与现实世界的划分已经显得不那么贴切,互联网与移动互联网已经成为了我们生活不可分割的一部分。2016年被称为VR(虚拟现实)元年,有些传播学者开始猜测,VR技术的出现将颠覆目前的信息传播世界。

每一项新媒介的出现均让传播产生变化。文字媒介出现以前,人们只能通过符号做标记,或者口口相传;文字时代人们得以借用抽象文字的记录,防止了口语传播容易失传与失真的状况;造纸术与印刷术的发明和改进,让传播范围得以扩大,人们接触信息的门槛进一步降低;广播的出现延长了声音的传播距离;电视的出现集文字、声音、图像等多媒体于一身,让传播变得更加生动形象。互联网及移动互联网的出现让人们不再仅仅是传播的受众,也是传播的主体,人与人的连接、信息的数量与传播速度远超以往任何时代。我们发现新媒介的出现并没有让旧媒介消失。人们根据不同的需求可选用不同的媒介。

在大众传播时代,传播者更多需要考虑的是如何获取媒体渠道,进而策划传播内容。但是新媒体时代已经没办法凭借一篇新闻稿打天下。人们有了更多的信息获取渠道,有限的注意力被分割,就是所谓的碎片化时代。人们会习惯经常使用一些媒介,而少用或不用一些媒介。有人还坚持看报纸、看电视、听广播。但是有些人会把更多的时间放在社交媒体上,不看或者少看报纸、杂志、电视,或者不听或少听广播。不同媒介的划分还只是粗糙的划分。不同媒介本身也会有区别。比如广播及电视的不同频道,也分国家台和地方卫视以及更下一级的划分,报纸也有诸如以普通市民为主要读者的都市报,以及党政机关部门为读者的人民日报等分化。互联网和移动互联网的划分更为细化和垂直。单就国内的社交媒体来说,就有微博、微信这种大众化的平台,文艺青年聚集的豆瓣,职场社交的脉脉,地理位置社交的陌陌等等。

媒介的多种选择迫使公益组织需要认识到不同媒介的特点、不同媒介的使用人群,以及在什么情况下会使用,以便在进行传播行动的时候,根据传播目的、不同的传播目标群体,选择不同的传播媒介及其组合。

不同的平台只能影响某一类人群,这既是机遇也是挑战。机遇在于,传播者可以精确地找到所要影响的那类人群聚集的平台,并精准投放。挑战在于,人们分散在不同的媒体平台,整合传播和全媒体全渠道的铺设,需要更多方的媒体沟通,统一传播目的需要针对不同的平台推出不同内容和表现形式。此时对传播者的媒体认知范围、资源调动能力、沟通协调能力、内容策划能力、各种媒体平台的传播规律的把握等方面都有了更高的要求。如果说大众传播时代传播者要取得媒体把关人的准入权,那么新媒体时代传播者要虏获社交媒体用户的芳心,因为每个社交媒体用户即是一个传播者,他们的主动转发才会使得传播内容在社交媒体这张由无数用户织成的传播大网中传播开去。

整合传播不仅体现在媒介渠道的整合运用上,同时也体现在传播者的动员上。在品牌话语体系中,我们称之为"品牌触点",简单来说就是传播对象通过什么接触到品牌。以公益组织来看，其品牌触点如图 5-1 所示。

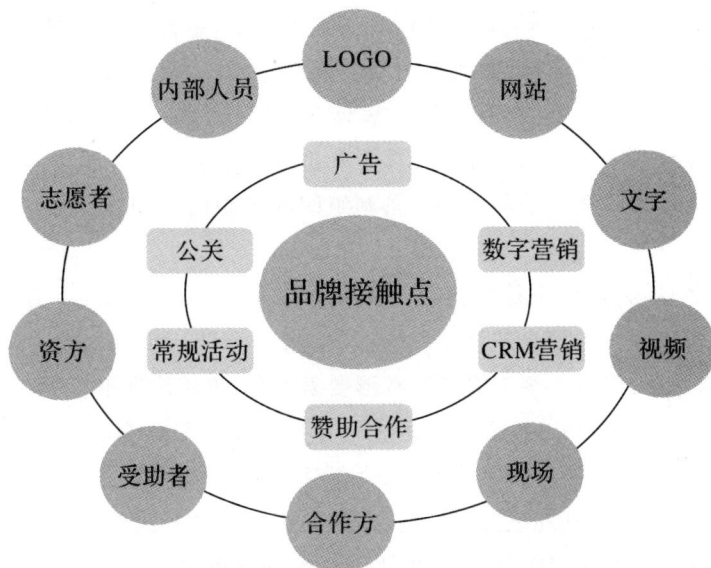

图 5-1 公益组织品牌触点

公益组织品牌触点不仅包括组织所能触达的媒介，也包括组织的利益相关方群体。

总而言之，新的媒体出现并不意味旧媒体的消失，如今我们所处的世界拥有众多媒介。不同的媒介有不同的使用人群，使用的场景也会不一样，相同媒介自身也会再进一步细分，不同细分领域拥有不同的受众对象和受众特点。公益组织品牌传播要根据传播目的、目标群体采用不同的媒介和媒介组合。我们将目标对象接触到品牌的介质，称为品牌触点。品牌触点不仅仅是报纸、广播、电视、社交媒体等媒体介质，还包括组织的利益相关方，例如：组织内部成员、志愿者、捐赠人、合作方、受助者等。公益组织进行品牌传播时要采用整合传播策略，运用不同的媒介渠道，调动每个品牌触点的积极性以实现品牌传播目的。

三、不同品牌内涵下的传播策略

"传播"有不同的定义和内涵，"品牌"概念也是。何为品牌？想必每个读者的内心装着不一样的答案。华东师范大学公共管理学院的张冉对国外非营利品牌现有文献进行研究梳理，并写成《国外非营利组织品牌研究述评与展望》一文，得出"非营利组织品牌内涵研究大致沿用品牌信息观、品牌个性观和品牌资产观三个路径进行"的结论。不同的品牌观，意味着对品牌理解不同，这将直接影响品牌传播内容以及相对应的传播策略。

以下引介张冉在《国外非营利组织品牌研究述评与展望》一文中对三种品牌观的梳理总结[1]。

1. 品牌信息观

在品牌信息观下，品牌被视为非营利组织宗旨、价值观等方面信息的传播和交流手段。

---

① 张冉. 国外非营利组织品牌研究详述与展望[J]. 外国经济与管理，2013(11).

Robin 等(1998)指出品牌是一种能够让非营利组织借助与组织精神一致的信息与所有受众进行有效对话的简洁陈述。持品牌信息观的代表性学者指出,慈善组织品牌不仅是一种身份识别,更是一种传播和交流手段,因此具有两个基本属性:一是工具性,即品牌能够做什么,这与慈善组织的事业相关;二是标志性,即品牌代表什么,这与慈善组织的理念相关。Hankinson(2000)指出,品牌是使得非营利组织能够让社区和世界即刻了解其名称、标志、标识、个性和承诺的一种组合。因此,信息观下的品牌是非营利组织向组织内部和外部传达组织有关信息的工具。

同时,一些学者认为,价值观是非营利组织存在之基础,因此,向外界有效传达组织的理念、宗旨等核心信息而非一般信息才是品牌的本质功能。Helen 和 Stephen(2007)指出非营利组织品牌除了包含标志、设计等视觉要素与有形要素以外,更应体现组织所持有的价值观及所追求的事业。Stride(2006)指出,企业品牌的主要作用是反映和影响消费者需求,而非营利组织品牌则能有效投射出组织的理念。换言之,企业品牌是消费者需求的内容反映,非营利组织品牌则是组织宗旨与使命的理念表达。因此,品牌被视为非营利组织宗旨和价值观的信息投射,是有效传达组织理念的天然工具。例如,Tam(2003)指出组织工作背后的激励与热情是清晰表达一个品牌的良好基础,并且那些应该被传达的内容是工作的重要价值,而非独立的信息、标准或标语,这一观点与非营利组织特征是相匹配的。可以说,在信息观下,品牌成为受价值观驱动的非营利组织传达组织信息的工具,并可能带来高效的管理实践,同时,品牌所传达的是一组综合性信息,不仅包含有形要素,如标识、名称等,而且包含无形要素,如宗旨、价值观等,并以无形要素为核心。

2. 品牌个性观

国外学者认为,非营利组织品牌充满人类特性,并且与营利组织品牌具有不同的个性,品牌个性研究开创者 Aaker(1997)认为品牌个性是品牌所呈现出的一组人格特质,并构建了由真诚、刺激、胜任、教养和强壮构成的品牌大五模型。在 Aaker(1997)模型的基础上,Aaron 等(2006)以澳大利亚会员制体育组织为对象展开了实证研究,修正了品牌个性模型,新增(创新)维度,并认为品牌个性给组织提供了品牌再开发、品牌定位及其他市场策略诊断工具。关于非营利组织品牌个性的研究,最具代表性的是 Sangeant(2008)基于英国九家大型慈善组织的个体捐赠者进行的调查研究,该研究从个体捐赠者视角构建了一个由内至外包含组织个性、事业个性和部门个性三个维度的慈善组织品牌个性概念模型。其中,组织个性包括绩效、情感、激励;事业个性包括人类服务、信念和等级;部门(指非营利部门)个性包括善性和进步性(参见图5-2)。其中,部门个性中的善性涉及照顾他人、有同情心、提供支持、公平、遵从伦理、诚实、值得信任和乐于施助等方面,进步性则主要指变革、探索、响应和参与等方面。事实上,非营利组织领导者可以通过品牌个性培育和开发来实现组织在非营利领域竞争地位和能力的提升,因为品牌个性为非营利组织通过差异化来获取竞争优势提供了有效途径。例如,Sangeant 等(2008)基于非营利品牌个性模型的实证研究表明,品牌个性对非营利组织品牌差异化和外部捐赠者对非营利组织的捐赠行为具有直接影响。Haigh 和 Gilbert(2005)的研究也表明,非营利组织品牌不仅通过名称,更重要的是通过其所具有的独特个性来获取身份,并且人们是依据对非营利组织品牌个性所产生的情感而不是理性标准来进行经济决策的。

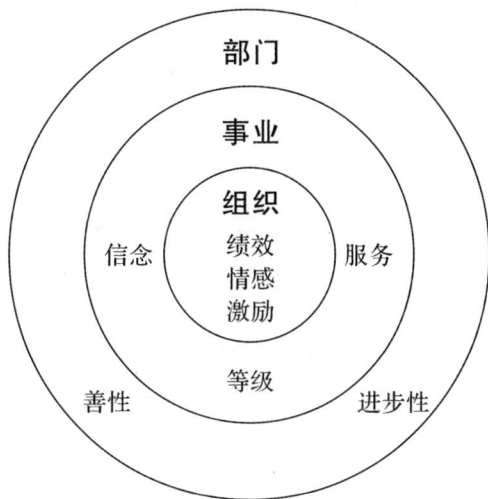

图 5-2 非营利组织品牌个性概念模型

3.品牌资产观

在品牌资产观下,与营利组织一样,品牌被视为非营利组织的一项核心资产,非营利组织应对其进行管理和经营并实现保值与增值。Judd(2004)指出与企业一样,非营利组织需要品牌这种重要资产,并且无论组织规模大小对品牌这种资产的管理都应被视为组织的优先事项。非营利组织品牌资产研究的代表性学者 Faircloth(2005)从资源提供者视角通过实证研究构建了非营利组织品牌资产概念模型,认为非营利组织品牌资产由品牌个性、品牌形象和品牌意识构成,参见图 5-3。

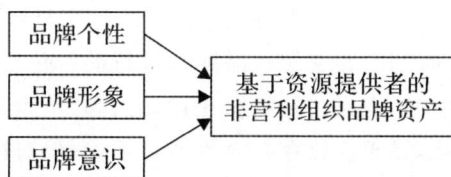

图 5-3 非营利组织品牌资产概念模型

可以看出,相比信息观和个性观,资产观是一种更为综合的分析视角,是一种将品牌各类信息和个性等进行资产化的观点,此外,一些学者从经济学视角展开了非营利组织品牌资产与组织相关产出间关系的探讨,以期通过优化品牌资产管理来提升非营利组织的筹资(顾客满意度等组织绩效。例如,Mark(2005)以慈善组织为对象展开品牌资产研究并指出,非营利组织可以通过管理与建构品牌资产来让需求和成本曲线分别向上和向下移动,这将导致组织利润和顾客剩余价值的增加,因此,品牌资产被视为评价慈善组织需求曲线位置和未来现金流的有效工具。同样 Faircloth(2005)通过实证分析发现,品牌资产建构是非营利组织应对资源稀缺的有效手段,非营利组织可以通过建构品牌资产来影响资源提供者的支持决策。

三种不同研究路径,对品牌内涵的侧重点不同,这或许是为了学术探讨的一种便利。在公益组织品牌传播实践来看,品牌是信息传达的一种工具,要具备个性以区别于其他组织,在个性定位的基础上,不断对内对外沟通将不断塑造公益组织的品牌,在这种不断的积累与沉淀过程中,品牌渐成一种资产。人们听到品牌名称、看到品牌标志、接触品牌所做的事情、感受到与品牌所倡导的价值观与理念所能联想的关于品牌的美好印象以及从此产生的美好体验与信任,都将成为品牌资产的重要组成部分。

第二节　公益组织品牌传播特点及创建

商业作为人类社会的一个重要领域,较之公益,发展更为成熟。随商业实践发展起来的理论知识、积累的实战经验远在公益之上。两个领域、两种形态,互相之间交流碰撞,借鉴优秀思想与成果发展自身,并无不妥。特别是作为后起之秀的公益,多借鉴身为前辈的商业也是情理之中,这种学习与发展能力自有人类社会以来便已存在,也是人类社会不断走向文明的重要力量。

"品牌"概念引入公益领域即是这种跨界学习的一例。"品牌"概念本是生长和发展于商业领域,至今不管在理论知识还是实战经验均有丰富成果。随着公益的发展,有些人慢慢意识到公益组织也需要建立品牌,他们希望在公益领域,也能像商业领域一样建立一些优秀品牌以更好地完成公益使命。为什么要说这种学习就是市场化呢?公益组织就是学着建立一个公益品牌罢了。在这种跨界学习中,由于公益与商业的诸多区别,也没有办法照搬传统的商业组织品牌建设以及传播理论与经验,范式也会不一样。结合前人的一些研究,笔者做了粗浅的梳理。

1.品牌传播的目的:并非你死我活

商场如战场,商业领域的竞争虽不见硝烟战火但往往却是一场你死我活的生死拼杀。其品牌传播只为确立竞争优势,抢占竞争对手的市场份额,能将其挤出市场当然更为大快其心。在某些国家,商业广告主甚至可以在法律允许的范围内百般刻意矮化竞争对手。

当公益引入"品牌"概念时,当公益在塑造品牌和进行品牌传播时也要如此这般吗?公益曾因无竞争、效率低而屡遭诟病。但是公益组织在建设品牌,奠定其竞争优势,获取有限的社会资源时便也将竞争一并引入,是否应该存在竞争尚且不论,但可以确定的是,公益组织品牌间的竞争不是你死我活,而是在于通过清晰的品牌定位吸引精准的合作伙伴,获取运营资金,创造社会信任并防止同行业其他组织在爆出丑闻后其品牌外溢殃及整个行业。

以商业组织品牌传播目标的这些不同点中,很重要的一点是:与商业组织的逐利自私不同,由于公益组织具备社会使命,并作为其存在的唯一理由,使命完成便是公益组织的终结之时。同为社会使命而存在,同行业中甚至同样致力于解决同一个问题。那么公益组织间更有结为战友而非敌人的特有基因。因此哈佛大学豪泽非营利组织中心的 Nathalie Laidler-Kylander 提出公益组织品牌 IDEA 理论,其明确指出,与商业组织不同,公益组织要乐于提供指南并分享其品牌资产,"慷慨地分享声誉,推动伙伴的品牌""能够进行有效的团队合作、与其他组织的品牌共同运作、分享空间和信任并促进个体利益集体化"[①]。

---

① 张冉.国外非营利组织品牌研究详述与展望[J].外国经济与管理,2013(11).

2. 品牌传播的对象：类型多元，难度更大

商业组织的目的是让消费者购买其产品和服务，最终实现营利，往往征服消费者即可，因此商业组织品牌传播的对象相对单一。虽然也会涉及渠道商、合作伙伴、政府与媒体等对象的沟通，但是这些对象并不是其生死存亡的关键所在，而且往往处理好与消费者关系的这一关键命脉，这些要么随之而解，要么已经无足轻重。而公益组织却是另一番光景。

Helen 和 Steven(2007)研究发现，在非营利背景下，有效地管理品牌比仅满足捐赠者需要更为复杂。为了真正有效，非营利品牌需要关注诸多组织目标，包括有关事业本身的教育与传播、形象和声誉建设等。并且，服务目的的多样性是非营利组织建构具有一致性的品牌的最大挑战之一，非营利组织不仅要直接服务于受益者，而且要致力于其他大量支持性活动，如教育、拥护活动[1]。

Laildler-Kylander 等(2007)指出非营利品牌至少要关注个人捐赠者、机构捐赠者、员工、志愿者、受益者和潜在合作伙伴六种利益相关群体，并同时反映后向筹资活动和前向项目活动。并且，多元利益相关者的关注也使得非营利组织难以清晰界定品牌目标，并带来品牌建设困难。Helen 和 Steven(2007)进一步指出，如何向不同受众群体传达多元化信息是非营利组织品牌化面临的一个重要挑战[2]。与企业不同，公益组织所面对的这些利益相关方一旦有所缺失，将危及其工作的正常推进。比如资方不捐款便无运作资金；政府的不认可，公共政策便不会改变；受益对象的不接受，公益组织的使命便未达成等。因此其品牌传播往往不得不考虑到多个利益相关方。

除了因利益相关方多元而产生多元信息传达的困难外，公益组织品牌传播还有一个尤为突出的难题。企业的品牌传播是增强消费者的倾向性，往往无须让对立的人产生改变，例如无须去让一个没有购车需求的人买下一辆车。而公益组织做传播（特别是很多倡导机构）却往往要让传播对象直接改变观念或行为，这是一种180度的转变。比如让吸烟的人放弃吸烟、让不遵守交规的人遵守交规、让歧视性少数群体的人不再歧视、让人们改变对残疾人的刻板印象等。如果说商业组织的竞争对手是同类企业，那么公益组织的最核心的竞争对手是受益对象的现有观念及行为。传播的过程即是公益组织所持有价值观与受益对象所持价值观的一场博弈。

3. 传播内容与渠道，以传播对象为中心

Stride(2006)指出，企业品牌是消费者需求的内容反映，非营利组织品牌则是组织宗旨与使命的理念表达[3]。在商业领域，通过市场调研，进行市场细分，寻找到目标消费群体并洞察其需求，激发其欲望。往往存在迎合目标消费者，甚至操纵目标消费者，穷极手段让其产生消费行为。

但是，于公益组织而言，往往有其坚守的理念和价值观，没办法在价值观上极尽迎合之事，也会尊重利益相关的志愿与自主精神，因此在传播内容的处理上也与商业传播不同。再者，前

---

① 张冉.国外非营利组织品牌研究详述与展望[J].外国经济与管理,2013(11).

② 张冉.国外非营利组织品牌研究详述与展望[J].外国经济与管理,2013(11).

③ 张冉.国外非营利组织品牌研究详述与展望[J].外国经济与管理,2013(11).

文谈到,由于公益组织的利益相关方多元,与商业传播一个传播对象、一致的传播内容、传递一致的品牌定位与信息不同,公益组织面对多个传播对象,以不同的传播内容,传递不一样的品牌信息。这就要求公益组织要理清不同的传播对象与目的,以其为中心,定制不同的传播内容并传递不一样的品牌信息。

在传播渠道的选择上,由于公益组织面对的传播对象多元,所以面对不同的对象往往需要选择不同的传播渠道以便精准沟通。

比如,若要影响政策的制定者,那么传播渠道就应该选用那些以政府官员为对象的媒体,并且在不同渠道、面对不同受众,公益组织所要传播的内容也要做相对应的处理。举个例子:"壹基金成立的初期阶段,需要让政府和专业人士充分了解组织的具体运作。在对外传播时,其选择《环球慈善》《公益时报》等在政府部门有发行的专业媒体,让政府知道我们开展的项目。为了增加权威性也会有意选择上央视的采访。面对这样的专业媒体以及党报等政府媒体时,壹基金会突出其规范化的背景,始终会强调'中国红十字会',以塑造机构合法化的形象。比如在《公益时报》等媒体上,对于壹基金的报道,均使用了'中国红十字会李连杰壹基金计划'的名称,强调主管部门。同时报道内容都与项目、活动有关。会讲得专业些,有深度一些,要讲具体项目和公益理念。"[①]

"作为一个新的公益组织,需要增加机构品牌和社会大众的联系,赢得公众的认同。其选择一些面向大众的市场媒体来进行品牌传播。比如在 2008 年汶川大地震期间,李连杰接受了《南方都市报》《南方人物周刊》等媒体的专访。这样的媒体上机构名称会使用'李连杰壹基金计划',突出壹基金作为草根组织的独立性,以获得社会大众的认同。传播内容也不是突出项目,而是突出宣讲自身的成长、慈善的理念等等。传播的内容会突出人物性格,故事性会多一些,和受众的情感沟通会多一些。这样受众会比较容易接受壹基金的公益理念。"

另外,由于公益组织的公益属性,很多商业机构需要花重金购买才能获得的渠道,公益组织往往可以低价甚至免费获取,除了关注各渠道的合作政策外,很多时候需要公益组织以联合共赢的姿态主动出击、大胆谈判并在获得使用权后完美执行。

第三节　公益组织品牌传播方案的制定

前两节介绍了不同话语下对传播的不同理解、不同研究路径下对品牌的不同界定,梳理了如今的媒介环境以及探讨了现如今的公益组织品牌现状、特点与对策。从宏观与中观探讨,旨在让读者具有更为宏阔的思维与视野。这节从制定传播方案着手,旨在给公益组织品牌从业者一个可行的传播方案策划框架。短平快的工具包可以帮助从业者摸清方向,快速上手。但是要做好公益组织品牌传播,还需要从业者对传播的理解、对品牌的理解、对每个时期的媒介环境的准确把握以及对整个公益组织发展大背景、现状与趋势的敏锐洞察。

制定一个传播方案可分为以下三个主要步骤:①明确传播目标,包括明确这一传播方案所要传达的核心信息、所要传达的目标群体、对目标群体的倾听与洞察;②制定传播策略,包括传

---

① 心创益 2015 年发布的《中国非营利品牌报告》。

播渠道的选择与组合、内容形式、传播时机的选择以及传播计划关键部分的测试;③传播测评,包括要测评什么,如何进行测评,何时进行测评,要如何使用结果。

一、明确传播目标

以目标与结果为导向,往往可以提升组织的运作效率。在公益组织品牌传播方案的制定上,也应该以目标为导向。在每一次组织品牌传播活动前,明确传播目标。是要在服务对象那里提升品牌知名度,还是在政府方提升美誉度,抑或是在机构捐赠方或小额公众捐款人那里提升品牌忠诚度,或者是三者都想要,还是仅仅是增加品牌与公众的互动而已,等等。每一次传播方案制定前,需要有很明确的传播目的。

不同的传播目的,直接导致所要传达的核心信息不一样,目标群体也将不同,所采取的倾听途径和洞察方式也将随着改变。

1.明确核心信息

不管是品牌信息观、个性观,还是资产观,当制定一个传播方案时,都需要明确传播所要传达的核心信息。换句话说,就是品牌想传达什么样的信息给目标受众,塑造怎么样的形象。一家为公益组织提供传播服务的组织,例如"CM公益传播",当它想拓展传播咨询和传播整体解决方案设计服务时,会努力塑造其在公益传播领域的专业形象,比如有高校公益传播研究所的学术力量支持,有知名公益传播实战人士的加盟,并且有着专业负责任、执行力强的团队以及已经拥有了很多服务经验。拓展传播咨询及传播整体解决方案的市场是品牌传播的目标。在这一目标下,塑造其专业的服务者形象即是所要传达的核心信息。如果一家救灾组织想要保持甚至增加筹款量,这即是其品牌传播目标,为了实现这个目标,它可能就要向募捐对象展示其财务的透明、救灾的强大执行力和良好效果这些核心信息。

不管是什么组织,只有在其明确了品牌传播目标,才能进一步明确所要传达的核心信息,确定核心信息时以如何能更高效地实现目标及节约成本为主要考量标准。要实现这两点并不是传播主体一厢情愿,必须要明确目标群体并以其喜闻乐见的形式,通过能够最大程度触达他们的渠道沟通甚至有时同一个传播目标,针对不同群体,所要传达的核心信息就不一样。一家服务农村社区的社工机构,想要进入都市女性的世界,获得其捐款和参与志愿活动,可以更多传达该社工机构的介入,可能如何帮助到当地的妇女,增加其收入及社会地位,以及由于她们收入和社会地位的增加如何影响到孩子的成长和教育这一核心信息可能会让更多都市女性产生共鸣并产生捐款及志愿行动。如果这家组织想要在大学生群体增加品牌知名度和影响力,传达"来到农村、体验生活、增加阅历并且可以跟着组织一起改变乡村发展,组织的成员具有丰富的理论修养和实战经验可以帮助志愿者更好地成长"这一核心信息会更有吸引力。

每家组织都有自己的宗旨、使命、价值观和业务定位,很多大方向上需要坚守并且不断强调以深化品牌形象。但是并不是总以自己为中心,以自己的语言和方式自说自话,而是在确定传播目标后就要明确所要沟通的目标群体。

2.明确目标群体

传播的"大众论"一度产生过广泛影响,这一认知框架下,受众被认为是同质化、无差别的。

随后"分众观"逐渐受人关注并认可。分众观认为"受众并不是同质的孤立个人的集合,而是具备了社会多样性的人群",具有不同的人口统计学特征、社会群体归属特征以及心理学特征上的个体差异。由于这些特征的不同,他们会受到这样那样的制约、限制与影响。对大传播也有不同的需求和反应,面对传播活动,受众也不是完全被动的,在媒体接触以及所使用的社交媒体平台及使用深度上,内容选择、接触和理解上具备自主性和能动性。郭庆光在《传播学教材》一书中提到,"分众不仅体现在受众的结构之中,大众传播媒介的发展也呈现出专业化和分众化的趋势"。如今看来这已不是趋势,已经是一个事实,不同喜好的人,一般情况下都能找到属于自己的媒体及社区。

不管是受众本身的特征有差异还是媒体环境的分众事实,传播负责人已倾向于相信,每个传播活动并不在大众那里完全起作用。每一个传播活动应该有自己的某一目标对象或某些目标群体。回到公益组织品牌传播上,之所以要明确传播目标群体,是因为每个品牌传播目标的达成可能涉及多个群体的沟通,不同沟通对象需要采取不同的沟通渠道、内容和形式。

比如一家专注于服务农村留守儿童的组织,它既想吸引大学生在暑期或其他空闲时间能够成为该组织的留守儿童支教团队,为这些孩子们带去知识和素质教育;同时也想吸引城市的中产阶级参与捐款;动员外出的留守儿童父母和村子里的年轻人返乡发展,在建设家乡的同时,发展经济、增加收入同时照顾到家里的小孩;这家组织还需要找到这些孩子并让孩子们知道组织的存在以及可以为其提供哪些服务,并吸引孩子们来享受这些服务;它还可能涉及政策倡导,让政府制定政策保障这些留守儿童的权益(如教育、健康权等);它也可能需要政府、企业、基金会的拨款和资助来提供服务和进行项目管理与运营。面对这个不同的目的和对象,该组织所要传达的核心信息和传播策略将会不一样。为了提高品牌知名度和满足品牌现实需求的目的,这家组织需要把这些利益相关方都列出来。此处涉及一个难点,怎么让同一个品牌信息传达给不同的对象,或者说怎么让不同对象对一家组织有大体一致的品牌认知。

3. 对目标群体的倾听与洞察

在不同的传播话语体系下,看待受众的角度并不一样,重视程度也不同。不论何种话语,开展传播活动时都不能忽略"受众"这个传播的核心要素之一。因此对受众的研究也是传播研究与实践的一个重要环节。这一方面,受众为中心论的信奉者尤甚。

以受众为中心要求,传播者在明确传播目标与目标群体时,要对目标群体进行研究,除了人口统计学上的界定外,更要理解他们的价值观、兴趣爱好、个性、信息获取方式与渠道等其他尽可能多的方面。甚至通过民族志或虚拟民族志,深度融入,产生洞察。倾听目标群体的需求与好恶。以受众为中心,可以弱化传播主体自以为是,以自己熟悉的语言,自说自话,没有同理心,传播内容与方式难以抓住受众的注意力,更难以和受众实现共鸣,最终实现传播目的。这个观点的信奉者,在制定传播方案时,对目标受众进行事先研究之外,也会将传播计划先小范围地在目标受众那里进行测试与获得真实的反馈,并将反馈作为评价该传播方案适合有效及适合大面积执行的依据。在计划执行中,会对目标群体的反应进行监测并将监测结果作为计划是否按规划继续推进,或者有所调整,甚至终止计划的依据。另外,在传播结束后还需要进行整体评估,因为他们认为目标群体是决定一个传播计划成功与否的衡量标准。如果没有达到预期的效果,就要进入下一步的受众研究,如此循环。对目标群体的倾听与洞察在这里受到了非常大的重视。

二、传播策略

明确传播目的与目标群体,并对目标群体有了充分的倾听和洞察,接下来将进入传播策略的制定阶段。传播策略包括以下四个核心部分,即:传播渠道、内容形式、时机选择、传播计划关键部分的测试。

1.传播渠道

第一节谈到了传播环境的变迁与现状,以及整合营销在品牌传播中的重要性与必要性。但是现实中,要做到整合营销并非那么容易。因此在资金有限、渠道有限的情况下,唯有在明确传播目标和明确目标受众之时再确认最适合的传播渠道。公益组织掌握的传播渠道一般可以归纳为下面几种。

(1)自有渠道。

顾名思义,自有渠道是指公益组织自己能够支配的传播渠道,包括公益组织的刊物(月刊、季刊、年报等)、网站、社交媒体账号、组织的场所、组织内部人员等。根据不同的传播目的和渠道的载体属性可以选择不同的自由渠道。刊物等纸质渠道,由于版面有限及需要花费预算,往往将最重要的信息纳入其中,而把其他不重要的信息尽可能地剔除掉。组织网站要做到活跃及互动性强是件难事,很多资本雄厚的商业机构尚且无法实现,就公益组织而言,能够将其作为一个信息展示平台及联系平台即可。但是要注意进行 seo 的优化,以便让主动搜索者可以尽可能快速地找到。至于社交媒体,这是许多人号称的新媒体赋权,因为草根们有了自己廉价的传播渠道。但是不同的社交媒体有其不一样的信息要求和传播规律,这个就需要组织传播负责人的了解和熟悉。但是不可否认的是社交媒体是组织和受众们亲密接触的有效渠道。除了这些渠道外,公益组织也不要冷落了组织的场所,以及内部人员,在前文谈到,这些都是组织的品牌触点,所以也要充分地利用及动员起来。关于内部成员如何成为传播渠道这又涉及内部建设、品牌文化的认同与归属感问题了。简言之,要想让内部人员成为主动的传播者,需要找到一群志同道合者并使每次的传播内容可以令其感到骄傲而愿意转发传播。

(2)合作伙伴。

公益组织都肩负社会使命,所以比起商业机构,它们更可能形成联盟、形成合力,这种合力可以带来很多好处。传播渠道的共享即是其中一个。这就要求公益组织不能一味地埋头工作,也要抬起头来整合并维系资源。除了同行业的联合及渠道共享,还应该开发跨行业的渠道支持。比如拥有渠道方的捐赠人的渠道捐赠、长期合作的媒体等等。

需要注意的是在一切合作的渠道中,公益组织应当考虑到不同渠道的内容需求,有针对性地在不损害自身所要传达的内容上,制作符合该渠道的内容选择标准的传播作品。唯有这样才能实现长期愉快的合作。

(3)付费渠道。

根据一些传播需要、公益组织可能涉及需要购买付费渠道。在经费有限的情况下,可选择的余地不多。这就要求公益组织需要有准确的渠道选择,将有限的经费用到刀刃上。我们前文谈到,每个传播计划都有其想要影响的目标对象,所以渠道的选择也要根据传播目标以及目标对象来定。并不是流量越大的渠道越适合。另外,有别于商业的购买规律,很多时候公益组织可以跟渠道拥有方大胆谈判,以获取更优惠的价格,需要注意的是,这种谈判不是用道德绑架,而是应该找到一个共赢的方案,比如突出渠道方的赞助者地位并尽可能地把它的这种赞助行为在其他组织能够掌控的渠道上进行披露与传播,甚至可以和赞助方一起商议捆绑传播方案。

2.内容形式

内容为王曾一度被广为认同,甚至现在,还有很多人以这句话来强调内容的重要性。信息时代,最不缺的是信息,也就是内容,每天在不同渠道上产生不可计量的信息内容。每天每个人或主动或被动地接收到诸多信息,这些信息能够吸引注意力并留下深刻印象,进而让人们产生行动的实在有限。大部分情况,公益组织的传播活动,没办法像人际传播那样,以人对人的形式进行沟通,而是需要借助各种承载信息,表达组织理念、价值观以及其他传播意图的传播内容,并通过良好的渠道及渠道组合跟目标群体进行沟通。所以是否能进行良好沟通,实现传播目标,传播内容及其形式显得十分重要。一般看来,内容是一个相对的概念。如果在一个门户网站上,不管视频、文字或是图片都是这个门户网站的内容,单独把视频、文字、图片进行比较,那么它们就是一种内容形式(媒体形式),而视频中承载的信息是内容,文字、图片所传达的信息也是内容。不同的内容形式有其特点,它们既可以单独作战,但更多时候是以组合形式存在。现在不断涌现的新媒体新工具也促使不同内容形式进行组合。比如集图片、文字、声音、互动于一体的 H5 等。不同的传播内容及内容组合会带来不同的结果。这里介绍几种常用的传播内容形式。

(1)影像。

影像又可以简单分为视频与图片,其中图片又可再细分为照片、插画、海报、gif 图、图标等。影像对传播者的技能要求比较高,但是一旦能够创作好的影像,往往带来深入人心的传播效果。影像往往以其直观感性的特点吸引我们,比如深入人心的希望工程的大眼睛姑娘照片(见图 5-4),让许多人参与了捐款和志愿活动,从而改变了诸多如大眼睛姑娘一样需要帮助的贫困地区的孩子的命运。

除了简单的图片以外还有深入人心的海报,比如 WWF 的很多公益海报。

目前公益宣传片、纪录片也不断受到重视,并涌现了一些拍摄公益视频的专业服务机构。需要特别提到的是,在公益影像中,信息图表是一个在很短的时间内能让人们比较有效并直接了解关键信息的方式。与一长串的数据或一部纪录片相比,信息图表能言简意赅地表达所要传递的信息,并引起人们的关注。所以在采用影像内容形式时,不用一味追求海报或视频的酷炫,有时可以采用图表的形式来表达。

(2)文字。

一个组织的传播上(沟通),文字处于不可或缺的地位,大部分时候一家组织需用文字来记录、表达并传递很多信息。落到公益组织的品牌传播上,文字内容形式可能体现为新闻稿、推

图 5-4 大眼睛姑娘

广软文、宣传单页的文字内容等。就如前文提到的,每一种内容往往不是单独存在,而是以组合的形式存在,哪怕是一篇新闻稿,往往也需要搭配照片,而搭配图片往往可以辅助信息的表达以缓解阅读疲劳。在文字形式方面,目前提得最多的是讲故事,虽然讲故事的形式有很多种,包括用视频和图片,但是文字作为更早的媒介,人们运用它来讲故事比影像看似更为易得。那么如何讲故事呢?

一个有效故事需要必备以下元素:确定目标、丰富细节、诉诸感性。细化下去,一个有效的故事一般包括以下五个步骤:①明确你的目的;②明确你的受众;③决定你需要的是哪种故事;④寻找故事线索并联系被访者;⑤整合素材。

公益组织要创作故事,一般有以下几种可参考的故事类型:①迎难而上的故事;②组织发展的故事;③构建联系;④关于起源的故事;⑤说出你的故事;⑥本地故事;⑦团队故事;⑧创新的故事;⑨关于改变的故事;⑩关于"问题"的故事。

公益组织故事的创作,最大困难在于故事的收集。所以公益组织要发展收集故事的组织文化,把讲故事当成组织的一部分。了解组织的优势,是一家公益组织拥有好故事的关键。"讲故事能够真正地传递一个组织的努力,让人们感性上认识到你们的工作,它也是一个能通过花时间学习和掌握到的工具。它就来源于你的过去并能帮助你更好地走向未来。"

(3)声音。

声音传递信息早于文字,在如今的传播环境中,声音可单独使用,但一般情况下是作为一种传播媒体融入在一个传播内容中,比如视频的配音等。通过语调、语速和声音的成熟与否可以传达不一样的感觉和基调。大型的纪录片可能运用成熟稳重的男声,一个针对年轻人的宣传片的配音会用年轻诙谐的口气。

虽处新媒体时代,但是以声音为主的广播现在仍有其市场与价值。"广播是靠声音来传播的。声音的魅力在于,它不仅传播了信息,还对这些信息融进了传播方的认识,从而对人们理解、接受信息提供帮助,加以引导。主持人主持节目的风格,对节目的把握,能大大增强节目的吸引力。他们对稿件的再创造、再提高,能对听众认识、理解、接受信息产生很大的影响。以声音为传播特色,其魅力还在于,无论受众年龄大小,文化程度高低,广播适合所有的人。广播还有可移动性和便携性。人们可以随时、随地,很方便地从广播中了解最新的信息。"但是它也有其劣势:①选择性和保留性差。传播效果稍纵即逝,耳过不留,信息的储存性差,难以查询和记录。②线性的传播方式,即广播内容按时间顺序依次排列,听众受节目顺序限制,只能被动接受既定的内容,选择性差。③广播只有声音,没有文字和图像,听众对广播信息的注意力容易分散。

(4)综合。

影像、文字、声音是很基础与核心的传播媒介。但是很多时候它们并不单独出现,而是更多以组合的形式出现,形成一个多媒体综合体。最简单的如文字与图像组合成的海报,声音、文字、影像组合而成的影视作品。随着新媒体新工具的出现,不同媒体下还会有不同的方式,比如微信公众号的文章可以单纯文字,也可以图文并茂,根据需要还可以插入视频、音乐以及gif图。根据传播意图和传播者所具备的传播技能将会产生不同的传播综合作品。早先的微博,则可以单独发表140字以内的博文,也可以发表140字以内的博文加上配图,或加上视频、文章链接。除此之外还可以制作长微博(图文并茂),以图片的形式插在一条博文下面推送出来。随移动互联网发展而来的H5则不仅可集文字、图片、声音于一体,还具有互动效果,将传播推上了又一新高峰。但是技术的发展远不限于此,随着VR(虚拟现实)的发展,更为身临其境、更具互动性的传播方式可能将颠覆现有传播理论和实践。

因此,如今的技术环境下,可供选择的内容形式是丰富的,也是动态发展的,作为一个公益组织的品牌传播官,应当了解并熟悉这些工具的使用及其特点与效果,推出更为综合也更为吸引人的传播内容形式,配合传播目标的达成。

(5)线上线下活动。

除了以上介绍的传播内容形式,公益组织往往也会以活动的形式传达品牌信息。而这些活动可简单划分为线上和线下以及线上线下的结合。

活动相较于其他传播内容形式,需要耗费的人力物力一般会更多。除了前期的策划、过程的执行,还有后期的评估传播都需要大量的资源投入。线下活动形式多样,如品牌发布会、新闻发布会、艺术展、街头行为艺术以及线下活动线上直播,借助新技术、新工具的线上线下活动。比如,由阿拉善SEE生态协会等组织联合主办,牛一力等人策展的"水美中国"环保公益系列活动之"我为家乡水办个展"创意展览。在2016年的春节在线上以一个H5征集网友"我为家乡水出头的照片",自动形成海报。展览邀请著名企业家王石、冯仑、马娅等来自阿拉善SEE企业家群体、新锐粤商代表、美业企业家、知名创意设计师、NGO环保人士、媒体代表等50位各领域大咖为家乡的河流湖溪代言并做成海报,成为线下展览的一部分。线下展览还由牛一力等创意界人士策划艺术装置,如广州展区的《One Zhu Jiang 水美装置》的作品,使用了453 颗水滴模拟出珠江的形状和走势。线上线下活动的传播效果往往比单一的传播活动更为有效,但是将耗费较多资金,所以也就往往成为大型组织才能负担得起的传播内容形式。但是有时候通过巧妙的手法也能起到价低效果好的线上线下传播活动。

3.时机选择

一个传播计划要想最终成功,除了目标明确、找对并充分了解目标群体、进行有效的渠道组合、制作足以触动人心的传播内容,以及经受住测试的考验外,要做的是给这个计划找一个合适的实施时机。这个时机选择大体上可以有两个考量,一个是内部需要,一个是外部影响。

(1)内部需要。

一家组织处在不同时期会有不一样的传播需求。一家正在成立或刚成立的组织为了打开知名度,需要在成立的过程中及正式成立之时有所行动。如果一家组织改变定位或者修改 logo、口号,乃至增加服务方向,为了在目标群体那里修正以往的既定品牌认知,这家组织也需要在品牌传播方面有所行动。另外,在取得了某些巨大成就,如获得行业类的大奖,在行业内开辟了某一新纪元,或者突然遇到危机公关事件时,在这些情况下为了提升或保住,甚至扭转品牌美誉度也需要在传播方面有配套的传播计划。

举一个组织筹备与成立之初的品牌传播行动的例子,社会价值投资联盟(深圳)(以下简称"社投盟"),是 2017 年 9 月才正式注册下来。在它筹备的这段时间并不是沉寂的,而是有很多品牌活动,组织会不定期邀请社创领域的资深人士做线上分享,社投盟将这个线上分享活动命名为"盟思",筹备阶段会有很多进展和动态,社投盟团队定期梳理这个进展和动态并以"盟动"为名在社会价值投资联盟核心群及其他线上渠道进行发布,这一做法不仅给了内部成员以品牌信心与归属感,同时对外进行了品牌沟通,不断吸引创始会员机构和外围关注者。另外,社投盟还会定期在几个拥有目标群体和潜在目标群体的微信群里投放社创领域的知名人物的语录和思想,在分享思想经验的同时也是一种品牌沟通。除了这些线上行动,社投盟也开展了一系列的线下活动。比如,慈展会期间开展"'投向美好未来'——社投盟启动仪式暨国际峰会",并在本次论坛举行"社会价值投资联盟(深圳)以及中国社会价值评估中心的启动仪式",邀请社投盟创始机构解读"社会价值投资",同时也邀请到国内外嘉宾,从政府、学术界、投资、事业等多角度探索"社会价值投资"及"价值本源"。这个正式对外公布联盟成立的时机选择也非常合适,因为慈展会是中国大陆国家级的公益慈善盛会,在慈展会的这几天全国各地乃至一些海外友人都会汇集深圳,在这一时刻宣布正式成立并举办相关研讨会,显然比其他时刻会得到更多人的关注,于品牌知名度十分有利。

可见组织内部需要下的时间选择,很多时候是可预期的,因此往往在制定一个传播计划时就已经十分明确的事情,就是在这些节点的前后实施传播计划以实现品牌传播目的,如果说内部需求是可控的并且往往清晰可见,但是为了让这些既定的传播目标实现,往往会受到外部因素的影响,所以在选择更为具体的传播时机时,外部因素往往也将产生重大影响,乃至成为关键因素,同时在可控程度上一般也是极低的。所以在落实一个传播计划除了关注到可预见的外部因素外,还需要做好预案应对一些突发的、不可控的因素。

(2)外部影响。

需要强调一点,外部因素不都是对组织的传播具有破坏性的,很多时候它也是有益的因素,甚至是极好的传播节点。比如在世界水日、世界环境日、地球一小时国际环保日,从事环保相关的公益组织可以利用公众关注这一议题之时借势营销,一般情况下将取到事半功倍的效果。外部因素中这种借势营销,除了在节日上可做,还可以在行业大事上。像前文提到的社投盟选择在慈展会上举办组织的启动仪式,宣告成立也是借了行业大事的势头。另外,其他社会热点往往也是借势营销的好时机。

碰到社会热点懂得借势营销固然是好,如果并非借势而是偏要在这个时候实施品牌传播活动,而这个传播活动又跟热点丝毫没有关系,在活动的吸引力不足以压过现有的热点时,传播活动的信息一般会容易被现有热点的信息洪流所淹没,从而使此次传播活动的效力低于其他时机。另外,借势也要考虑到品牌契合度及具备良好的信息处理技巧,不然会弄巧成拙。因此在实施一项传播活动时,不管面对可预期的节点,还是面对不可预期的突发社会热点,都会受到或多或少,或正面或负面的影响。面对势头强盛、信息流巨大、人们注意力被牵引的情况下,要么巧妙借势,要么应该避开这股势头,将传播活动提前或者压后。其实,在制定一项传播计划之时应该把传播预案一起设计进来,类似于遇上不可控的突发热点,如果没能借势,就要通过传播预案或当时的监测评估进行下一步的传播活动调整。

4.传播计划关键部分的测试

执行一个传播计划往往要耗费一定的资金和人力等成本,这种耗费有时候是巨大的,一个传播活动的实施也将带来或大或小的影响,而这个影响也许不全是正面的,一旦产生负面的影响,越是耗资巨大、传播面广的传播活动,这种负面影响也会随之扩大。因此,在一个传播计划落实前,进行小范围且可控的测试将是一个降低风险和浪费的可行方法。菲利普·科特勒等人直接把没有做传播测试当成一种错误,"营销活动的计划和执行过程中可能犯的第二个错误,就是没有对计划中的关键部分在目标受众中测试。计划者可能认为他们在倾听阶段已经获得足够的信息,并且已经足够智慧地将这些捕捉到的信息转化为一个有效的行动方案。但是目标受众是决定行动方案成败命运的人,他们通常不会像计划者预期的那样对行动方案作出反应"[1]。为了节约时间与金钱,赶上选定的好时机大范围沟通,要为传播计划关键部分的测试预留时间,以便进行充分的测试、统计测试数据及评估是否需要对原计划进行调整。

三、传播测评

一个具有战略意义的品牌传播活动需要高效、准确地向目标受众靠近并产生效果。在这整个过程中需要有一个配套的监测与评估系统,尽可能多地把整个活动纳入可控的范围之内。从这个监测与评估系统中所获得的数据将对公益组织这一系列的品牌传播具有修正与指导意义,传播负责人可以从这些数据中了解传播活动是否按照预期的计划进行,是否需要做出调整等,这些不仅对本次传播活动非常有益,对接下来的战略规划也具有非常重要的意义。有别于

---

① 安德里亚森,菲利普·科特勒.战略营销:非营利组织的视角[M].王方华,周洁如,译.北京:机械工业出版社,2010:64.

商业机构,公益组织的大部分资金来源于组织外部,即所谓的资助方。当然,传播预算也来自于此,怎么证明拿出有限而宝贵的资金进行品牌传播活动并使其有价值的呢?如何应对外部评估和赞助者这一疑问,又如何能够让资方继续愿意支持公益组织的品牌传播活动而不是直接把资金投入公益一线?那么针对每一次的品牌传播计划建立并实施一套评估系统也是必不可少的。如今社会价值投资(或称为社会影响力投资)在国内也是逐渐进入视野,这些投资人比起慈善资助人更为注重数据,也更在意了解他们的每一次投资所能产生的影响力,包括社会与环境影响力以及经济效益,因此每个公益组织重视数据的获取和呈现,以及对每一次行动进行评估是十分重要的。在公益行业管理经费的多寡尚且有所争论,更毋论"公益组织品牌传播"这一公益领域的边沿板块。唯有拿出每一次的传播效果评估报告,让数据说话,才能让资方信服并愿意将一心想投入目标服务对象和核心项目的有限资金预留出一部分品牌传播预算。

在一个传播方案中往往把测评放到最后,所以一谈到传播测评,往往受板块排序的影响,误以为测评是整个传播活动最后的工作,这只是一种误解,测评并不是在活动结束后才来一次性统一复盘,而是在传播方案制定之时,在传播计划付诸实施之前就要同时进行,所以传播评估应该是伴随传播活动的全过程。菲利普·科特勒等人在《社会营销》的第四章中有两处涉及测评:①前测研究。他们认为,"进行一个传播方案时要对一堆可用的策略与战术进行评估,以确保所选的方案不至于严重缺乏不足,同时透过前测研究结果对这些策略与战术进行微调的工作,以使它们能够对目标对象发挥最大效力"。②监测与评估研究。他们将测评直接拆分成监测与评估。将监测与评估定义为"用来了解计划究竟如何进行的方法,目的是希望计划可以更有效率与效能",并对监测与评估分别作了界定,其中"监测计划包括计划结果的持续性测量,其比较基准是事先建立的基础资料或与目标有关的标杆资料"[1]。可见测评中,监测是贯穿整个传播计划的,并需要参照系。而认为"评估研究通常指一个专案或计划的单一、最后评估"。

菲利普·科特勒等人在《社会营销》的第十四章"展开评估与监测的计划",用一整章的篇幅来讨论测评[2]。这也将回答我们一些关于测评的疑问,这也是一个评估与监测计划的关键要素需要能够回答的问题:要测量什么?如何进行测评?何时进行测评?要如何使用结果?下面我们根据这些疑问一一介绍。

(1)测量什么?

前文提到,测量包括结果测量与过程测量,测评贯穿于传播计划的整个过程。菲利普·科特勒等人在书中谈到,"结果测量的指标包括行为的改变、行为意向的改变、知识与信念、对行动的觉醒意识、对行动元素的回应、顾客满意度"。而过程测量的指标包括政策与硬件结构的改变、传递与频次、媒体首页、目标对象的整体印象、宣传品的派送、外部资源的参与率与贡献度、计划与行动执行的评估。

(2)如何进行测评?

---

① 菲利普·科特勒,等.社会行销[M].台北:五南图书出版股份有限公司,2013:73.

② 菲利普·科特勒,等.社会行销[M].台北:五南图书出版股份有限公司,2013:303.

对传播活动的测评,将会用到诸多研究方法,一个营销负责人应该对研究方法熟悉并会使用。这些方法需要包括菲利普·科特勒等人在书中谈到的,"测量的方法包括量化与质化的技术方法。量化的技术包括电话访问、邮寄问卷与个别采访;质化的技术包括焦点团体、非正式访谈、民间清谈资讯、观察研究、控制团体、外部与内部的记录与资料库。一般来说,结果测量会需要对目标对象实施调查;过程测量则比较偏向使用记录或资料库"。需要提到的是,受当时媒介发展的影响,现如今除了邮寄问卷这种高成本又不环保的做法,其实发放网络问卷会更为便捷。在观察研究中,依托现有发达的互联网及社交网络,完全可以采用虚拟民族志、潜伏网络环境或社区进行低成本又能及时参与互动的观察方法。

(3)何时进行测量?

测评时机对于整个测评计划是非常重要的,菲利普·科特勒等人认为测量的时机包括"在行动发动前测量、在行动执行期间测量、行动后测量",也就是我们一再强调的测评工作必须贯穿整个传播计划。

计划发动前的测量,有时也称基础测量,"当计划有特定的目标要达成,赞助者需要基础测量的资料作为评估的基准,这项任务通常是艰巨的,因为除了需要基础测量的数据外,还需要行动后的结果评估数据来做比较,有些更精细的计划甚至需要期中的测量,期中评估的主要目的是为了追踪行为改变的过程。计划执行中的追踪测量,有时候是一次,有时候则长达一年",有时候则贯穿整个传播活动的全过程。

(4)要如何使用结果?

测评下来将会获得一些数据与结果,这些结果并不是让这些数据与结果被束之高阁,最终使耗费资源与时间的测评结果派不上用场。所以在完成评估与监测前,应该思考一下究竟需要哪些资讯?谁会需要那些资讯?为了什么宗旨?《社会营销》一书中给出了如下三点建议:

①与主要的赞助者讨论,需要使用哪些资讯,为了什么宗旨,这些资讯对我们下一次的行动是否有帮助,是否可以满足更大的期待,是否能够确保日后稳定的基金来源,或者其他理由。

②阐释结果时最好准备一下,以便让观点更周全。目标是否达成需要包括许多计划元素的执行与决策的回顾,结合《社会营销》一书的介绍包括:a.选择目标群体(他们是否是最佳人选);b.目标(是否够实际);c.产品平台(行为是否清楚、可执行);d.价格(知觉的好处是否大于知觉到的代价);e.通路(是否便利);f.推广讯息(是否切中要害);g.推广管道(是否是正确的媒体组合);h.执行活动(是否做了所有我们所说要做的事情)。

③获得主要赞助者对于评估技术、报告形式、对象与时间点的共识[①]。

菲利普·科特勒等人在另一本书《战略营销:非营利组织视角》中介绍,在市场营销的过程中,从目标受众开始(倾听)并且始终围绕着目标受众以估计营销活动的预计结果(测试)和实际结果(监督)。这相当于一个不断循环的过程,不断地向营销活动的监督者反馈。因此测评在这个过程中是一种循环和反馈[②]。

这种循环和反馈具体表现为,"监测数据可能建议重新回到倾听阶段或计划阶段。因为它

---

① 菲利普·科特勒,等.社会行销[M].台北:五南图书出版股份有限公司,2013:303.
② 菲利普·科特勒,等.社会行销[M].台北:五南图书出版股份有限公司,2013:63.

可能显示主要的细分目标受众并没有'接收到'我们的营销信息——他们没有认同活动原本想要让他们认同的利益。他们可能认为这样做成本太大,或者对这样做很感兴趣但是并不落实于行动。这些结果都表明营销经理并没有真正了解目标受众,如果他们想成功就必须回头去'深入'倾听。但是,如果问题的关键在于营销计划的各部分没有配合好,没有互相协调,那么重新倾听没有必要了。如果问题在于关注重点偏移:对一些目标受众关注太多,而对于另一部分目标受众则关注太少。在这种情况下,营销者必须回到计划阶段。需要注意的是,无论是退回到倾听还是计划阶段,营销经理都必须测试他们的新想法。一旦营销计划进行得顺利,营销人员都会自然地认为他们真正地、确实地了解目标受众。并且很'肯定'目标受众将会做什么反应。在营销领域曾经发生过太多可怕的案例,使我们不得不相信这种想法会有效地破坏一个本来计划得很好的营销活动——一个营销活动会因其对中期项目测试的关注,而受益颇多"[1]。

第四节 互联网时代的公益组织品牌传播[2]

以互联网为终端的一整套技术,彻底改变了信息传播和人们沟通的方式,带来了社会结构深层次的变化,对社会价值观、生活方式产生了冲击。它席卷了政治、经济、文化等社会各个方面,将会带来一场传播革命。互联网的普及,特别是移动互联网的兴起,使公益组织的品牌传播有了全新的形态、功能和价值。大数据的利用,也给公益组织的品牌传播更多的发展机会。

一、互联网技术发展带来公益组织品牌传播的质变

互联网的普及为公益组织的品牌传播提供了高效、便捷、多元、低成本的工具。互联网的信息传递速度之快、资源共享度之广是传统媒体不可比拟的。互联网赋予了每个人创造并传播内容的能力,以微博为始的社交媒体出现后,人们对话题的关注度精确到了秒,其即时化信息生产在一定程度上确保新闻热点和社会焦点能够达到真正的实时更新。以互联网,尤其是以移动互联网为基石的新媒体作为一种参与式的互动传播媒介,改变了传统媒体时代自上而下的传播模式,不仅公益组织自身能够作为传播主体发布信息,参与者和普通公众也可以参与传播的过程,扩大了传播的参与基础。同时,在互联网时代,传播媒介更为多元,反馈更为迅速;传播的目标从劝说和教育变成倾听、沟通对话和动员鼓励。

大数据的挖掘使得公益组织的品牌传播趋向专业。众所周知,大数据时代,数据作为和人、财、物比肩的资源,正在成为公益组织的财富和创新的基础。通过数据的挖掘和析出,组织可以精准掌握受众的人口学特征、媒介使用习惯与网络心理,即可针对受众的特点深入制定组织在传播倡导、筹资营销等方面的技巧和策略,为品牌的传播决策提供全方位、多层面的参考,使传播行为更具针对性,传播效果更具精确性,传播资源得到更进一步的整合和利用,传播的导向判断和趋势把握也变得更加有据可依。大数据的应用使得公益组织针对受众"定制"个性

① 菲利普·科特勒,等.社会行销[M].台北:五南图书出版股份有限公司,2013:64.
② 周如南,陈敏仪.互联网时代的公益传播新趋势[J].新闻战线,2016(15):50-51.

化的传播方案成为可能,划时代地打破了以往公益组织在传播与营销资源上的弱势局面。

二、互联网时代公益组织品牌传播的全新特征

互联网以强大的社会动员力与凝聚力全方位推进公益组织的品牌传播发展。而移动互联网的普及更使得品牌传播的主体及传播渠道与以往相比发生了巨大的变化,其独特的平台属性颠覆了传统媒体时代的传播方式,为互联网时代的公益组织的品牌传播带来了全新的特征。

1.公共化

互联网具有自由、开放、互动、社区化的特点,能够促进以社交媒体为基础的社会网络的形成。在品牌传播的过程中,公益组织作为传播主体,主要表达的是公共利益需求,而互联网则不仅是公众表达意见和见解的平台,也是公众监督公益行为的渠道。从对公益组织信息由认知、接受到自主传播、付诸行动再到监督、管理的过程中,公众的公民意识及参与热情获得了提升,公民的参与感使其对公益组织的品牌留下更深刻的印象。

2.多元化

互联网实现了公益组织品牌传播平台的多元化。一个正当社会热点的活动往往不仅能成为许多网络媒体的报道热点,也能吸引传统媒体的关注和支持。在这个过程中,社交网络、即时通讯等多平台之间的信息充分互动,涵盖人际传播、组织传播、大众传播等各种传播形态,传统媒体与网络媒体相互设置议程,共同推动事件的发展,体现了传播渠道的多元化与各平台之间的互动连通性。在这个过程中,公众依托互联网形成的个体力量的汇合与政府、企业、传统媒体以及公益组织的力量形成对接与整合,集结线上线下的资源,实现各种传播媒介的整合,促进了多元传播主体的互补。

三、互联网公益组织品牌传播的动员结构

新媒体低门槛、互动性、参与性的特点使得它在推动公益实践发展方面具有得天独厚的优势。它调动起每个个体的积极性,汇集民众的力量,将来自民间的、广泛的热情和诉求展露无遗。"免费午餐""大爱清尘"等种种成功的公益项目其开展和推进过程中,互联网发挥了不可替代的作用,在快速汇集公民的公益意愿和捐赠的同时,也让全民公益的理念和文化得到了最广泛的自动传播。加之大数据的支持,使得资助方与受助方的需求得到收集、分析与汇总,以往在传播链上细枝末节的地方如今可以被关注。

第一,以意见领袖为中心。互联网是一个信息开放的环境,具有一呼百应的号召力,为公益组织的品牌传播提供了适宜生存的土壤。由意见领袖发起倡导的、点对点的直接公益是互联网时代公益传播的一个显著特点。这些意见领袖包括著名学者、企业家、社会精英、影视明星等,他们以社交网站等新媒体为平台,通过自身的影响力和社会关系,迅速吸引普通民众的关注并进而参与到具体的公益活动中。通过意见领袖引领的对各种活动的关注,公益组织的品牌得以慢慢渗透发展。

第二,自下而上由民间推动。互联网时代的公益组织的品牌传播充分利用了新媒体的大众性、草根性、即时性、参与性,极大地促进了公益组织活动的平民化、常态化,使得这些活动更

像是一种生活方式,推动了民间组织事业的发展。近来,新媒体作为一种社会化程度高、成本低廉的新兴媒体形式,给公益组织的品牌传播提供了一个全民参与的渠道,发挥出极大的社会动员力。

四、互联网平台公益传播的案例[①]

1. "99公益日"

在上百家企业、公益机构、明星名人的共同跨界发力下,通过线上线下的多元化渠道,"互联网＋公益"的大生态也爆发出了空前的力量。2016年9月7日至9月9日,第二个"99公益日"延续了2015年的辉煌。通过腾讯公益平台,"99公益日"爱心网友捐款3.05亿元,共有677万人次参与捐款,为3643个在筹公益项目献出力量。加上腾讯公益基金会的1.9999亿元配捐和企业的1.01亿元配捐,总计善款金额超过6亿元,刷新了国内互联网的募捐纪录。与2015年3天逾200万人次捐赠1.27亿元相比,2016年的捐款金额达到上一年的2.4倍,参与人次达到上年的3.3倍,可以看到,爱的力量正呈几何级放大。

通过互联网的连接,更多元、更多层次的力量也正在加入公益中来。

其一,更多交互新玩法,"指尖公益"更有趣。和2015年相比,迈入第二年的"99公益日"在交互上有了更多的玩法。基于移动化支付、社交化场景和趣味化互动的各种跨界联动,提供了更多的令人眼前一亮的"指尖公益"方式。时下最火的"虚拟现实"技术,就和公益有了亲密接触。在"99公益日"线下体验区,一个"名画扫一扫"的展区吸引了来往观众驻足围观。打开手机里的"微信—扫一扫—封面",参观者会惊奇地发现名画动了起来,蒙娜丽莎用灿烂的微笑呼吁关爱兔唇患儿,被雾霾遮蔽的梵高星空则倡导大家为大气环保项目捐款。在业内看来,这是一次"技术＋艺术＋公益"的新尝试。一方面通过互联网的连接力,公益可以融入用户生活,为用户践行公益提供更多可能。另一方面,从用户的兴趣点出发,去触发不同领域的用户群体参与公益,则可以让公益触达用户生活的方方面面。

其二,企业深度参与,更大程度激发联动效能。2016年的"99公益日",企业的多维度接入,是互联网公益生态的又一次演进。滴滴出行除了捐赠数百万的善款外,还开放全平台渠道资源为公益发声;肯德基则发动线下5000家门店,推出370万个"公益全家桶";COCO都可、太平洋咖啡则把传统的线下捐款箱变成了"电子捐款箱",顾客完成支付后,选择"随手捐",就可以与企业合力捐一元钱……企业参与公益的方式也正在变得多元而丰富。

其三,借助社群动员聚合更多力量。"99公益日"的筹款过程其实也是一个社会动员的过程。通过在朋友圈发起的"一起捐",不少用户纷纷变身社交网络里的平民英雄,其中最极致的网友总共动员了7541位好友,为公益项目筹款共超过169万元。对社交媒体使用,能够大大地提高公益项目的资源动员能力,尤其是腾讯乐捐特有的"一起捐"机制,能够有效地发挥社会关系网络中强大的人际传播能力,以超线性增长的速度带来捐助人数的提升,从而大大提升项目的资源动员能力。

---

① 周如南,陈敏仪.2016中国公益报道与公益媒体年度观察[M]//张志安.中国新闻业年度观察报告(2016).北京:人民日报出版社,2016.

2. "蚂蚁森林"

2016 年 8 月,蚂蚁金服对旗下支付宝平台的 4.5 亿用户全面上线了个人碳账户"蚂蚁森林"。用户依靠步行、地铁出行、在线缴纳水电煤、网络购票、网上缴交通罚单、网络挂号等行为节省的碳排放量,将被计算为虚拟的"能量",用来在手机里养大一棵棵虚拟树。虚拟树长成后,蚂蚁金服和公益合作伙伴阿拉善就会在地球上种下一棵真树。

从 2016 年 8 月上线到 2017 年 1 月,蚂蚁森林的用户超过 2 亿人,累计种树 111 万棵。未来一年,还将有数百万棵梭梭树和胡杨林落地生根。这是一次传统公益互联网化的新尝试。"蚂蚁森林"定位高,基于公益、环保和场景更为具体的"碳交易"主题,为用户开设一个"碳账户",用户持续不断使用就相当于持续不断在做公益。据蚂蚁金服方面测算,如果每个人完成 3 个一次:每天一次 1 公里内步行上班代替其他交通方式;每月线上缴一次水电煤气费;每周在超市等使用 5 次支付宝消灭纸质单据,能够实现人均每天减排量 142 克。如果所有支付宝用户都能这样行动起来,每年完成的减排总量可以折合为在中国东北地区新造约 4.1 万平方公里乔木林一年的林业碳汇量,造林面积相当于小半个大兴安岭的面积。另一方面,蚂蚁森林将严肃的传统公益充分互联网化,简单有趣,操作门槛很低,用户不需要阅读复杂的操作说明,以社交互动小游戏的形式就能完成所有流程。

量化公益行为增强了用户黏性。"碳账户"这个概念着重突出了用户碳减排的公益价值,它被设计为一款"蚂蚁森林"公益行动:用户如果有步行、地铁出行、在线缴纳水电煤气费、网上缴交通罚单、网络挂号、网络购票等行为,就会减少相应的碳排放量,可以用来在支付宝里养一棵虚拟的树。用户创造绿色能量→蚂蚁森林花钱向公益组织买树→用真实的树购买绿色能量,在这样一个链条里,用户付出了绿色行为,也收获了真实的公益效果。每个人的绿色生活,都能够拥有自己的碳账户并积攒下所谓能量,这些能量都是可量化的、具备实际价值的。也正是这个原因,使人们总会挂念着自己的小树苗,期盼着小树苗能够尽快积累,能够变为一棵正式的植物被种植下去。而在这种微小的责任感和成就感驱使下,蚂蚁森林的用户开始有意无意地在更多的情景下使用支付宝,尤其是在"蚂蚁森林攻略"中提到的地铁出行、在线缴费、网络购票等能减少碳排放量的行为。

以游戏的方式运行的支付宝个人碳账户平台,正是通过"群众路线",汇聚广大消费者和小微企业的力量,让人人都能参与绿色公益和绿色金融,成为绿色生活的践行者,具有"从 0 到 1"的重大意义。用户通过绿色出行、绿色消费的日常行为获得帮助虚拟树苗成长的绿色能量。在获得能量的同时,实现了节能减排的目标。而这些低碳减排贡献经过科学的测算量化之后,又通过线下实体种树的形式来进一步改善环境。这种对环境产生二次正效应的方式,使得老百姓对互联网业务中的低碳行为和效果有更直观的理解,也是借助互联网平台带来的一次"互联网+公益"的蝴蝶效应。

3. 直播+公益

2016 年 6 月 1 日 22 点,演员郑爽参与由红豆 Live 与新浪微公益联合发起的"连麦挑战"公益直播活动,为听障儿童筹款。当晚 3000 万观众涌入直播平台观看,一度导致服务器崩溃,直播的火爆可见一斑。

2016 年以来,归功于直播在互联网的炙手可热,"直播＋公益"作为互联网公益的新形式开始风靡。在线视频直播是一种实时性、互动性显著的互联网传播内容的形式。不同于传统的文字、图片、视频的传播形式,直播紧密地将用户与直播内容交互在一起,用户本身也是内容生产的一分子。2016 年,移动直播呈爆发式增长,直播内容拓展到生活的方方面面,吃饭、睡觉、学习、娱乐、购物无处不直播,全民直播、垂直直播 App 层出不穷。截至 2016 年 12 月,网络直播用户规模达到 3.44 亿,占网民总体的 47.1%。在中国媒体行业变现水平上,网络直播超过了网络游戏、电视等其他媒体,跻身最前列。据估计,2016 年中国直播市场的总量超过 250 亿元,比 2015 年增长 160 亿元。直播成为互联网领域的现象级风口,2016 年也因此被称为"中国网络直播元年"。移动直播技术逐渐成熟,移动开播更便利,大大降低了主播门槛,一部联网智能手机便能进行直播,突破了空间限制,极大拓展了直播场景。这也使得大量用户从只能看直播,变成可以随时随地进行直播,"全民"直播正在成为趋势。

在传播技术不断革新的大环境下,公益也搭上顺风车,形成了"直播＋公益"这种全新的、更具影响力的劝募方式,小至直播个人用户,大至大型直播平台,纷纷加入以直播为渠道的公益行动中。其中,"明星＋直播＋公益"的形式最先流行。2016 年 5 月 22 日,免费午餐携手新浪微公益在微博发起"爱心一碗饭"直播类公益活动。活动规定参与者在微博进行直播做饭或吃饭的全过程,而直播过程中所产生的全部收益将捐赠给中国社会福利基金会免费午餐基金,用于为贫困地区的学生改善午餐营养。活动一经上线,便受到"微博女王"姚晨的支持,其后张杰、张馨予、何润东、邓飞等知名人士纷纷加入,截至 2016 年 7 月 25 日,已有累计超过 300 个名人及媒体账号参与活动,直播总时长超过 222 个小时,累计播放次数超过 2.78 亿,微博话题阅读数 16.6 亿,点赞数超过 9 亿,为贫困学童筹集到共计 332470 份免费午餐,价值超过 132 万元。8 月 15 日至 9 月 9 日,一直播携手 2016BAZAAR 慈善夜,发起公益直播活动"画出生命线"活动,由参与者手绘救护车,呼吁更多社会人士筹集善款转化为真实救护车,用于改善贫困山区医疗机构的基本医护支持。杨幂、古力娜扎、张一山、张艺兴、马思纯等共计 140 位明星参与到公益直播中,累计播放次数超过 4 亿次,直播总时长近 100 小时,最终筹集 144.7 万元。与传统劝募公益活动相比,"明星＋直播＋公益"的影响范围之广、传播速度之快、公众关注之高、参与人群之众,都令直播这种方式成为互联网公益中的"一股清流"。

名人明星利用直播为公益行动发挥光与热的同时,草根的直播用户也在扶贫济弱、疾病救助上展现出了较大的公益热情。2016 年 9 月起,映客直播与中央人民广播电台 Music Radio 音乐之声、中国儿童少年基金会共同发起"2016 Music Radio 我要上学映客直播 1200 助学行动"——针对山东、青海、湖南、云南、贵州五省贫困留守儿童展开一系列助学行动,通过持续直播探访山区小学、直播授课等公益行动,让留守儿童的生存状态成为了社会关注的热点。在 9 月 1 日到 12 月 11 日期间,所有映客用户只要使用"我要上学"公益礼物,官方活动账号的映票收入都会被映客捐给"我要上学"公益项目;同时,用户每送出一个该礼物,映客就会捐出 1 分钱。活动上线即得到了用户的积极响应,活动两个月内即送出 1.58 亿个公益礼物。截至 2016 年 12 月 10 日,活动已筹集到 7158 位留守儿童 3 年的生活费。主播方面,斗鱼主播魏雍只身前往云南丽江最贫困的地区之一小落水村,将当地留守儿童极为恶劣的居住环境和饮食条件即时传递出去,启发爱心捐赠;六间房发起首期公益直播"拯救罕见病儿童小添翼",成立爱心公社,通过在线直播将不幸罹患 Denys-Drash 综合征罕见病的 4 岁孩子"小添翼"所面临的困难以及罕见病现状直观地呈现在观众面前,为"小添翼"募集 50 万元的治疗费用。直播用户自发的公益行动在动员社会资源、引起社会关注的层面上,同样形成了"有钱的出钱、没钱的捧场"的人人公益的氛围。

互联网公益强调的是全民参与并创造价值,充分利用互联网的大众性与传播性来扩大影响力,时下风靡移动互联网的直播平台可成为公益的良好载体。从效果来看,当前,无论是以明星主播为核心的公益直播,抑或是致力于关注受助对象的全民直播,均初步形成主播、用户、直播平台、公益组织、受助对象等多方共赢的局面。对于主播而言,"直播+公益"放大并推动了公益事件的裂变式传播,并使得自带流量与粉丝效应得到充分发挥,提升了个人与行动的影响力。对于用户而言,"直播+公益"契合了当下用户与明星社交与互动的需求,用户能通过直播画面实时评论进行提问或者用送礼打赏等方式进行支持。在公益活动中,直播构造了主播、用户都能参与的公益空间,用户打赏金币和礼物是公益捐赠的来源,同时能够拉近明星与粉丝的距离,也是参与公益慈善事业的成就感、价值感与参与感的体现。

第六章

公益组织品牌营销

第一节　公益组织的品牌营销概述

一、公益组织品牌营销的定义

关于营销的定义,现代营销学之父菲利普·科特勒指出:"营销学主要是辨别和满足人类与社会的需要。对营销学所做的一个最简短的定义就是'有利益地满足需要'。"[①]他认为:"市场营销需要识别顾客的需求和欲望,确定某个组织所能提供最佳服务的目标市场,并且设计适当的产品、服务和计划方案以满足这些市场的需要。"[②]从社会的角度,营销是个人和集体通过创造、提供出售并同别人自由交换产品和价值,来获得其所需所欲之物的社会过程。从管理的角度,营销是选择目标市场,并通过创造、传播和传递更高的顾客价值来获得、保持和增加顾客的一门艺术和科学。

随着社会的发展、经济的进步以及企业对公共服务的介入,社会服务领域的竞争开始加剧,公益组织面临着受众背弃、成员减少、机构成本上升、捐赠与资助减少等生存压力,因此公益组织需要考虑市场问题,需要根据环境变化、自身特点、受众需求以及营销理念采取一些策略性的行动,争取公众的支持,实现组织的目标。公益组织的营销是一个社会管理过程,在这个过程中,公益组织通过创造、提供及与他人交换有价值的公共服务以实现组织自身的目标。20世纪70年代后期,在一些西方国家中,一部分公益组织开始认识到要应用营销理论去实现其组织目标。20世纪80年代末,营销思想在发达国家的公益组织中得以广泛传播和应用。目前,世界公益组织营销思想的时代已经到来,营销理念已经成为公益组织成功运营的基本要素。

二、公益组织品牌营销与传统市场营销的区别

传统的市场营销理论中,整个营销过程是围绕商品和服务的销售,而公益组织营销主要是为了促成行为的改变,其产品是"社会理念"。也就是说,公益组织营销以产品来区分,社会营销的对象是公共产品,是"社会理念"。再者,传统市场营销和公益组织营销追求的目的截然不同。传统市场营销的供给方(生产者和销售者)追求的目标是利润最大化,而需求方(消费者)追求的是产品和服务的效用最大化。公益组织营销的供给方追求的是社会的长远发展(社会和谐)以及为保持自身生存和发展的必要收入,需求方追求的则是自身社会福利效益的最大化。此外,传统市场营销和公益组织营销的竞争对象是不同的,传统商业化的市场营销的竞争主要来源于提供相似产品和服务的其他机构,而公益组织营销的目的是为了造成公众和社会以及目标对象个人的利益,竞争对象主要集中在目标对象目前的行为及这种行为目前带来的利益。

---

① 菲利普·科特勒.营销管理[M].梅汝和,梅清豪,周安柱,译.北京:中国人民大学出版社,2001.
② 菲利普·科特勒."新千年营销"[J].市场营销,2001(3):12-16.

— 72 —

三、公益组织品牌营销的价值

品牌营销是一种有序和深思熟虑地研究市场机会及策划的过程。公益组织以服务公众、满足社会需求为宗旨,若能恰当地运用营销理论,将能极大地推进其服务目标的达成。美国学者Shapiro曾有研究指出,公益组织的营销有三大作用:一是吸引有利资源,通过营销活动向社会团体或消费者获取支持和赞助;二是资源的合理分配,通过各种营销方式向公众提供多样化的服务从而起到合理分配资源的作用;三是劝说非支持者,通过动员志愿者,鼓励和吸引更多的社会公众参与到公益组织管理的事业中来[①]。随着公益组织事业的发展,现代公益组织营销日益被人们重视,成为公益组织能力建设中必不可少的重要组成部分,发挥着越来越大的作用与价值。

1. 营销帮助公益组织筹措资源

以往,公益组织的生存基础主要依靠四类支持:政府补贴或资助,基金会和资助机构支持,企业捐赠,以及个人捐赠。如今,公益组织获取资源的渠道发生了一些变化,获取的资助逐渐变得复杂起来,会费收入和服务收入的比例在逐步增加。公益组织要想增强它们的生存能力,就必须找到新的方法来适应这种变化,增加支持者和资源来源,并获得资助者和支持者的充分信任,才有可能在竞争中出奇制胜。因此在公益组织的发展运作中,营销将起到非常重要的作用。建立在市场洞察上的营销可以帮助公益组织拓宽资源的吸收途径,使得公益组织的资源筹措日益制度化、规范化;公益组织也可以借营销的机会寻求企业、政府等作为合作伙伴,共同进行社会服务的推广活动,以筹集与整合更多的资源。当然,恰当的营销带来的不仅仅是资金,它还能帮助公益组织提高知名度与影响力,从而争取更多的志愿者、组织成员、服务使用者以及其他支持。同时,公益组织通过营销及时了解市场需求,调整与改善自身服务的质量,根据市场的需求进一步创新,从而使公益组织进入新的循环,获得经久不衰的"自我造血能力",实现持续发展。

2. 营销帮助公益组织找到、满足并影响目标受众

无论是资源提供者,还是组织参与者,抑或是服务对象,他们的投入可能基于形形色色不同的动机,而且他们会拥有各种各样的需求。此外,随着公共服务领域的发展,人们对公共服务的需求越来越多样,要求也越来越高。面对庞大的需求及组织间激烈的竞争,公益组织可以灵活运用营销的观念和手段使得自己的服务在同行中脱颖而出,受到目标受众的欢迎与支持,从而达到组织自身的目标。营销理念要求公益组织以市场需求为中心,公益组织要找到市场的需求,并且满足这些市场的需求,影响自己的目标受众。这就要求公益组织探索、调查和分析这些各式的需求,并针对他们的需求,结合组织自身的目标来设计与提供有价值的服务。而通过营销,公益组织也有机会把自身的组织宗旨和其他信息传达给目标受众,刺激目标受众给予回应。营销中的市场细分意识也同样重要,通过市场细分,公益组织才能将志趣相投、理念相近的资源提供者、组织参与者以及服务对象结合在一起,使得公益组织的活动能够有效地进

---

① Benson P. Shapiro. Marketing for Nonprofit Organizations[J]. Havard Business Review,1973(9-10):123-132.

行,宗旨能够有效地传播。

3.营销帮助公益组织得到多方关注与支持

公益组织在运营过程中,需要面对多样的群体,因为公益组织寻求公众去实现组织所希望达成的事物时,不仅仅是寻求公众对组织作直接的金钱捐助,更是寻求公众从理念上、行动上的认可与支持;而组织目标实现的过程也受多方面的影响。公益组织的利益相关方不只限于狭义的资源提供者、组织参与者和服务对象,还包括具有直接影响力的意见领袖、媒体,具有间接影响力的一般社会大众,以及影响政策的政府官员与民意代表等众多的人群。营销理论对市场与受众的关注可以指引公益组织与多元的利益相关方开拓、建立相应的关系,并根据不同相关方的需求去制定与调整相应的战略计划,以及通过多渠道、多媒体的传播以传递服务社会的目标和宗旨。这通常是一种理念与关系式的营销,可以帮助促成各方对公益组织的关注与理解,寻求政府、企业、媒体、公众等多方面的支持与合作,在服务社会的活动过程中实现资源整合与多方联动,使各方的非捐赠影响力也能得到发挥,达到组织的高效率运作。

4.营销帮助公益组织提高整体竞争力

如现代管理学之父彼得·德鲁克(Peter F. Drucker)所说:"为非营利组织的服务项目设计合适的营销策略是首要的基本战略任务:非营利组织需要市场知识,需要制定一个长期和短期目标都明确的营销计划,即需要承担起营销责任,需要严肃认真地满足客户需求。"[①]营销的目的在于满足受众的需求同时实现组织的目标,为此,公益组织必须根据市场的需求来设计服务,并且根据市场的变化去调整服务。营销的思维方式要求公益组织确立明确的目标、调查分析市场、设计符合市场需求的服务并实施其服务,这对公益组织的专业水平与运营能力是一种规范化的锻炼。此外,营销理论的运用能够优化公益组织的内部管理。应用营销策略需要有效的计划和系统的管理,这就要求公益组织内部人员对自己的工作具有合理的规划,明确自己的职能权责以及不断提升自己的能力。在组织资源配置上,应用营销策略需要公益组织将有限的资源用在最需要的地方,高度注重效率与社会责任的理念要求每个成员提高其工作效率,实现公益组织的效益最大化。在这个基础上,公益组织的财务管理也将更加高效透明,使得公益组织获得更高的声誉,使命感更加突出,提高了整个组织竞争力与凝聚力,从而整体形成一个良好的组织形象。

5.营销帮助社会更新观念

目前国内公益组织与公众在一定程度上都受到传统观念的桎梏。国内公益组织发展目前仍处于起步阶段,自身的公信力以及对公众的影响力不够,大部分公众对公益组织的活动表现冷淡、漠不关心。另外,由于公益组织的公益性与自愿性,相当一部分公众对公益组织运营的"非营利"性存在误解,认为提供社会服务的公益组织不应该像商业企业一样有营销行为,不理解公益组织的运营成本,加上公众对营销的误解与偏见,使得其在一定程度上存在着对公益组织的营销有着质疑与抵触。甚至公益组织内部也存在认识误区,认为营销是逐利的行为,"破坏"公共服务的"纯净性",认为营销毫无必要并拒绝营销理念。事实上,公益组织的营销活动

---

① 彼得·德鲁克.非营利组织的管理[M].吴振阳,译.北京:机械工业出版社,2009:44-55.

服务于其组织的宗旨,在营销的同时公益组织的信息更加透明公开,使得公益组织更加活跃地出现在公众面前,给目标受众与普罗大众带来影响,使得公益组织不再"小众",增进公众对公益组织的接触与理解,促进公众对公益组织活动的参与与支持,从而达到公众与公益组织的更密切合作,促进公益组织目标的实现。营销活动可以改变公益组织自身的观念,甚至可以影响社会公众的观念和态度。

四、公益组织品牌营销的特点

虽然公益组织的营销理念来源于传统的商业营销理论与方法,但是由于公益组织致力于公共服务,依靠组织使命的引导,因此公益组织的营销与企业的营销有所不同。1978 年,Chrislopher H. Lovelock 与 Charles B. Wemberg 在《公共及非营利销售》一文中将其特征归纳为四个方面①。另外,由于公益组织自身性质的特殊性,它不受利益驱使,而是以公众的利益为导向,依靠组织成员自身公益使命的凝聚力量来服务于整个社会,因此公益组织的营销区别于企业营销最大的特点是非营利性。

1.服务对象的多重性

企业营销的对象为企业产品或服务的消费者,比较单一。而公益组织所面对的服务对象则比较多元:一是提供资源的资助公众,如捐赠者;二是输送服务的媒介公众,如其他社会组织;三是转化资源为有效服务的内在公众,如工作人员与志愿者;四是直接接受公共服务的消费公众,如所面对的弱势群体。服务对象的多重要求公益组织借助营销理论满足各种公众的需求,并妥善处理与多方面的关系。

2.目标的多重性

企业营销通常以追求利润为最终的、单一的目标,而公益组织第一目标是服务社会,并且面对多重服务对象,因此具有多重的目标。因此,公益组织需要选择出那些较为重要的目标,进行优先次序排列,有效地配置资源,才能达到真正的效益最大化。

3.提供的是服务而不是具体商品

企业通常提供有形的具体产品,而公益组织提供的多是无形的服务,比如救援、扶助、教育等,这些服务具有无形性、易变性和时效性。因此,在制定营销计划的时候,需要根据服务的类型与特点制定相应的策略与效果评估标准。

4.要接受公众的严格监督

公益组织的资金多来自政府的财政补助、政策的扶持以及社会各方的捐助,公益组织的宗旨是提供公共服务,因此,公益组织的营销活动应该接受政府、公众与媒体等更为严格的监督,以确保其营销运作的公开透明,同时确保其活动始终服务于公众利益。

5.非营利性

不同于企业的营利性,公益组织所有行动的目标归根到底都是为了服务公众利益,因此,

---

① Christoplher H. Lovelock,Charles B. Wemberg. Review of Marketing[M]. World Scientific Publishing Co Pte Ltd,1978:416－420.

所有的营销策划、营销战略与营销运作,都是义利共生且以义为先的。公益组织营销的经济效益要服务于其社会效益,才能保证公益组织服务的公益性。

第二节 公益组织开展营销活动的过程

一、营销环境分析

任何一个组织的生存与发展都离不开周围环境,公益组织也不例外。营销环境是指能够影响营销活动方向与效果的各种因素。营销环境可以分为外部环境与内部环境。营销环境的变化可能给公益组织营销带来机遇,也可能对公益组织的发展造成威胁。公益组织必须对营销环境有充分的了解,根据对营销环境的分析和对未来环境的预测,选择正确的目标市场,制定相应的营销策略。

1.外部环境分析

营销的外部环境因素包括人口特征、经济水平、社会文化、政策法律、科学技术、市场情况等,这些因素直接或间接对公益组织营销产生影响。一般被认为是不可控的,公益组织很难对其产生宏观的影响。但是,公益组织应该了解这些外部环境因素对营销活动可能产生的影响,从而不断调整自身的营销策略,以达到预期的营销效果。

(1)人口特征。

人口特征及其流动趋势与市场需求密切相关,不同区域的人需求必定存在差异,而人口的流动趋势影响市场未来的发展,公益组织可以通过对所在地人口特征的调查分析以及对人口流动趋势的预测,调整自身的服务内容和营销策略。

(2)经济水平。

经济水平对公益组织的营销活动影响很大。公益组织营销活动需要借助的资源、传播技术,以及公益组织的服务开展、人们的接受程度,都受社会经济水平的制约。公益组织进行营销活动之前应该充分了解当地的经济因素。

(3)社会文化。

人们的价值观念、教育水平、宗教信仰、生活方式、风俗习惯、伦理道德、审美观念等各种各样的文化因素影响着人们的消费需求。公益组织本身致力于社会服务,因此社会文化对公益组织的营销活动影响更大。公益组织制定营销策略时需要考虑到目标受众所处的文化背景及其对营销效果的影响。

(4)政策法律。

政府制定的种种政策与法律规定会给公益组织的行动带来机遇或者限制,一个政策决定或者新的法律条例甚至会改变公益组织中长期的营销策略。公益组织的运营离不开对政策法律变化的适应与配合,公益组织应该密切关注政策法律的动态。

(5)科学技术。

科技革命带动经济快速发展,人们生活水平提高,需求由低层次的生理需求转向高层次的心理需求,对服务有了更高更个性化的要求。另外,网络的发达给了公益组织传播与营销的巨大机遇。公益组织可以抓紧科技发展所带来的好处,与公众进行良好互动并进一步发现需求,获得更多的支持。

（6）市场情况。

这里的市场是指公益组织开展活动及其服务的主要场所或空间。市场的结构与层次、市场上类似的服务、竞争对手的战略与进展、组织目标公众的需求、组织利益相关方的种类与情况等直接关系到公益组织营销的方向与效果的因素,公益组织都应该对其进行系统的调研与分析,明确现阶段应该实施的营销策略,规划未来的营销蓝图。

2.内部环境分析

营销的内部环境因素包括组织结构、组织目标、组织资源等,这些因素直接作用于公益组织营销的活动。公益组织需要了解组织当前与今后的各种内部条件,把握组织生存与发展的优势与劣势,明确组织所面临的各种机遇和挑战,从而根据组织自身的实际情况实施可行的营销活动。

（1）组织结构。

组织的各个结构应该为达到组织目标而共同努力。组织营销的效果不仅取决于组织营销人员自身工作的开展情况,还取决于组织各个部门之间是否有很好的沟通与合作。只有各个部门科学分工、高效协调,才能为公益组织的营销活动提供良好的内部环境保障。

（2）组织资源。

组织的资源包括财力、人力、技术、经验、管理等各个方面,在开展营销活动之前,公益组织要了解自身拥有哪些可支配的资源、有哪些优势与限制,以期合理分配资源,制定可行的营销目标与策略,使得资源用在最恰当的地方,发挥最大的效益。

（3）组织目标。

在基于组织使命的基础上,根据组织所处的外部环境与组织的实际情况,需要明确组织营销的具体目标,包括短期与长期的目标,使得组织全体人员明确自己的定位与任务,合理规划自己的工作,帮助产生营销意识、有效落实与推进组织的营销事务。

二、制定"STP"战略

现代营销学之父菲利普·科特勒在《营销管理》一书中系统地提出了STP战略——由市场细分（Market Segmentation）、目标市场（Market Targeting）、市场定位（Market Position）三个部分组成,通过市场细分选择目标客户,进而以此为根据确定目标市场,最后进行市场定位。STP是整个营销建设的基础,公益组织应用STP战略,可以对广阔的市场进行细分,并选择自己的目标市场,传达出自身特定的定位,找到目标受众,为营销确定精准有效的目标与实施策略。

1.市场细分

市场细分是指根据地理因素、人文因素、心理因素、行为因素,将公众分为具有不同需求、特征或行为的群体,采用不同的营销组合,提供不同的服务。通过市场细分,公益组织可以更好地了解目标受众,根据目标受众的需求设计与开发服务,并争取他们的接受与支持。

（1）地理细分。

地理细分是指按照行政区划、经济形态、自然环境、气候条件等因素把市场分为不同的地理单位，在营销时注意到需求的地区差异与地区间的文化多样性对营销带来的影响。

（2）人文细分。

人文细分是根据各种人文因素，如年龄、性别、收入、教育水平、家庭情况、信仰、世代、职业等把市场分割成不同群体，公众对服务的需求、偏好和使用率与这些人文因素密切相关。

（3）心理细分。

心理细分的因素包括生活方式、个性特征、气质类型、价值观念等，通过研究这些直接影响公众消费理念的心理因素，公益组织可以设计与开发出更加贴合受众习惯与兴趣的服务。

（4）行为细分。

行为细分是根据使用频率、利益诉求、品牌忠诚、态度等因素分析公众对服务的了解程度与反应来进行的市场细分。这些因素反映了受众个人与服务之间的关系。

在市场细分时，公益组织应该选择能较好反映目标受众行为差异的几个变量，而不是盲目使用太多的划分变量，以免组织陷入复杂、重叠的需求漩涡中。

2.目标市场

通过市场细分，公益组织可以选择出想要并且可以为之提供服务的人群，他们就是组织的目标市场。确定目标市场有助于公益组织反思自身的发展，敏锐和及时地调整战略规划，以合乎细分市场的需要。公益组织确定目标市场的方法大致分为集中营销战略、差异化营销战略、无差异化营销战略这三类。

（1）集中营销战略。

集中营销战略是指专注某一特定细分市场集中营销，是三种战略方法中最为重要的一个。公益组织只需要操作一个营销组合，能够降低成本，同时可以对细分市场的需求有进一步的了解，从而确立自己在该细分市场中的地位。

（2）差异化营销战略。

差异化营销战略是指公益组织通过差异化将自己的服务与其他公益组织的服务区分开来。在差异化战略下，公益组织会在多个细分市场上进行营销活动，并且针对每个细分市场的不同特点制定不同的营销策略，提供不同的服务。受众容易对其服务有足够的信任感与忠诚度。

（3）无差异化营销战略。

无差异化营销战略是指将市场看作一个整体，专注于受众相同的需求，只向市场提供一种服务。无差异化营销的最大优点是节省成本，不需要深入、细腻的调查分析，但是无差异化营销无法同时满足每个细分市场的不同需求。

3.市场定位

市场定位是指公益组织提供的服务相对于其他公益组织而言在市场上与目标受众心中所处的位置，其目的在于使组织与其他相互竞争的组织有明显的差异，也让目标市场认识组织的独特性。公益组织首先要发现自身与竞争对手之间所存在的差异，然后通过使用一定的策略，设计与开发服务，在服务、人员、方式、包装等方面来表达差异化，最后运用恰当的媒体途径，有效地向目标市场传递信息并说明与竞争者之间的差异,给目标受众留下与众不同的印象。

三、制定"4Ps"策略

"4Ps"理论是 1964 年由美国市场营销专家 E. Jerome McCarthy 教授首先概括得出的。该理论认为,产品(Product)、价格(Price)、促销(Promotion)、渠道(Place)这四个因素是市场营销环境的可控变量,恰当地运用好这四个变量,结合组织的自身特点和优劣势,组成相应的营销组合策略,可以更有效地实现组织愿景。

1. 产品

对于公益组织来说,产品就是它所提供的服务或公共物品。公益组织提供的服务必须是公众所需要的。换言之,公益组织必须了解社会的需求,向社会提供高质量的、受欢迎的公共服务,并持续研究分析公众不断变化、不断更新的需求,调整与改善服务,或者从组织自身的宗旨出发,引导公众健康、恰当的需求。

产品有三个层次,分别是核心产品、现实产品及延伸产品。公益组织的产品并不是有形的消费品,其核心产品是目标受益人及社会的利益;现实产品是要实现该利益所采取或者放弃的行为;而外延产品是为了促使目标对象采取或放弃该行为或理念而采取的行动、辅助措施及相关物品。而公益组织要做的就是通过一系列组合来推广自己的理念和行为方式。

公益组织的营销要根据公众对产品的需求来开展。对于不同种类的社会服务,有的公众有刚性的需求,有的公众有潜在的需求,有的公众有非常规的需求,等等。需求不同,公益组织开展的营销任务就不同。在产品营销的过程中,公益组织还需要同时营销组织本身的观念,因为公益组织的任务是改变公众的行为兼态度,以达到组织倡导的目标。此外,在根据需求设计产品的同时,也要为产品设计差异化的品牌。公众可以通过品牌来了解产品、服务与组织,组织也可以通过品牌来更好地满足公众的需求。

2. 价格

在公益组织营销活动中,价格指的是目标对象要采取和放弃公益组织所提倡的行为和理念而付出的代价以及由此带来的心理和身体的不适、恐惧等。这既包括目标对象的支出、损失等经济形态,也包括他身体上的不适,以及内心产生的恐惧等。比如在健康项目中,我们必须考虑目标对象要得到健康服务的经济成本和支出,也要考虑到他们的内心感受,并且在实际工作中尽量去消除这些障碍。

对于公益组织来说,价格也意味着对公共服务收取一定的费用。公益组织虽然不以营利为目的,但任何服务都需要成本,如果不以恰当的收费来弥补,将增加公益组织的募款压力,不利于公益组织的可持续发展。事实上,服务收费是公益组织资金的重要来源之一,通过提供公共服务得到一定的费用,可以支持公益组织的发展,以期提供更多更好的服务。因此,为服务确定合适的价格是公益组织营销的一项重要任务。

进行公共服务定价时,一方面要考虑公益组织的成本和预设的收入比例,另一方面也要考虑公众对价格的理解与接收能力。重要的是,考虑成本时需要充分考虑货币成本与非货币成本(如时间成本),综合分析社会环境、服务差异化等各方面因素来制定合理的价格,并根据因素的变化与实际情况适时调整价格,使得组织提供的公共产品既能可持续发展,又能按预期服务公众,同时令组织及其服务被公众熟知与接受。

3. 促销

事实上"酒香也怕巷子深",有再好的服务,若不花力气传播与推广,也不会有人知道它的价值。促销的另一面是推广,这意味着公益组织需要积极地宣传自己,使得更多的公众关注、了解组织,更多地参与组织的活动与接受组织的服务,进而向外传播组织的理念,扩大组织的影响力,获得各方面的支持与合作。尤其在新媒体时代,一方面传播的成本与门槛大大降低,草根组织也拥有获得高质量广泛传播的可能;另一方面传播的便捷化使得信息爆炸,想要在"百家争鸣"的自媒体传播局面中出奇制胜,需要公益组织的精心经营。因此,制定有效、可行的营销推广计划,也是公益组织营销成功的重要因素之一。

促销主要有四种工具:广告媒体、推销人员、推广运营以及公关活动。进行促销工作时,公益组织可以根据需要促销的服务的特性、目标受众的媒体使用习惯以及促销预算,选择合适的媒体进行正面广告的推广以及服务信息的传播,比如公益广告;在服务或活动中,可以通过工作人员与服务对象、活动参与者等进行面对面的接触,建立和培养与目标受众的长期关系,传递组织理念;推广运营则是短期内可以促进传播效果的手段,通过优惠、赠送或者邀请等一系列激励受众的方法,引起目标受众的注意与参与;而公关活动是一种有计划的信息传播活动,可以使组织的工作人员、志愿者与服务对象等结合起来,增进各方的信任,进而协调公众关系,树立服务与组织形象。

公益组织营销方案中的促销主要应该考虑以下几点,即公益组织工作的目的是什么,为了达成这一目的应该传播什么样的信息,利用什么样的渠道提高信息传播的效率,以及怎样对这些信息进行组合和加工(专家访谈、公益广告、同伴教育等)。最终用组织产品的利益来打动目标对象并让他们采取实际措施。

4. 渠道

渠道是建立在公益组织与服务对象之间的一道桥梁,它把公益组织与服务对象连接起来,目的是实现服务分配与资源交换。公益组织在开展工作的时候必须考虑产品和服务的可及性,如何才能让组织的理念和信息有效被目标对象所接受,目前很多公益组织推行以社区服务为主的工作模式,实际上就是为了提高他们的产品的可及性。只有把渠道建立好,公益组织才能将自己的产品和服务送达给服务对象;对社会服务有需求的公众也能通过渠道接触到相应公益组织。

目前公益组织普遍相对缺少资源,靠组织自身无法完成渠道建设,因此,公益组织要善于利用多元的渠道分担成本,争取政府、企业与其他公益组织等社会组织的支持与协助,并尽可能采取合作伙伴或者中介机构的一些有效措施,使得少量的资源能够充分发挥效用。许多研究人员认为,非营利组织可以通过以下渠道分配组织的产品与服务:一是特定的地点,如学校、社区、商店等;二是独立的中介机构,如社会组织服务中心、社会组织培育基地等;三是一种有效的沟通系统,如大众传媒、在线商店等。充分利用多种渠道,制定相应的渠道策略,才能使服务顺利触及服务对象的同时,保证低廉的分配成本。

四、营销实施、控制与监测

即使是最好的和制定得最细致的计划，也可能无所适从，除非它能得到有效的实施和控制。当方向上的营销策略以及具体到每个模块、每个部门的营销任务已经制定好之后，组织的整体营销计划要开始下放到各个部门，由全体组织成员共同执行与努力。营销的实施是一个具体而专业的过程，各个部门需要根据组织的整体营销策略，进一步细化为详细的执行计划，包括服务的提供、场所或提供方式的选择、费用与成本、推广或促销所需的媒体广告、公关等计划。

同时公益组织必须监控营销的绩效，以适时调整营销策略。营销的监控有利于提高营销的成效与效率，且避免过高的商业风险。公益组织的营销控制过程基本上由三个部分组成，即衡量实际绩效，把实际绩效与计划中制定的标准进行比较，采取行动纠正实际绩效与计划标准之间的偏差或修正不恰当的标准[1]。基本控制程序如图 6-1[2] 所示。

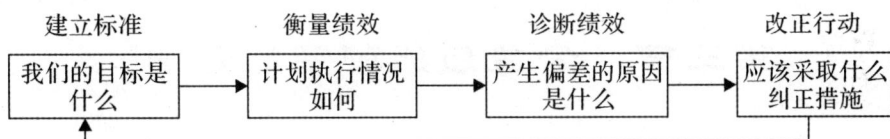

建立标准	衡量绩效	诊断绩效	改正行动
我们的目标是什么	计划执行情况如何	产生偏差的原因是什么	应该采取什么纠正措施

图 6-1　营销的基本控制程序

公益组织可以根据以下基础来监测与检验整个项目过程中的目标实施情况：行动目标的具体描述；组织实现目标的具体规划。监测过程是一系列测量追踪的过程，强调行动结果以及达到该结果的必要步骤，同时，对营销成本的关注也很重要。公益组织的营销不仅要实现行动目标，还一定要用节约成本的方法来实现它。以下为公益组织营销监测的几种方法：

1. 追踪目标受众的行为

对公益组织营销而言，最重要的监测是行为的监测。在商业领域，行为是通过销售额来测量的。而公益组织应该关注这些行为，如申请会员的人数、志愿服务时数、捐赠额、出席参与的人数等。这些指标可以直观反映目标受众对于组织活动与服务的兴趣度和接受度，以及其行为、态度的转变趋势，以预测公益组织营销的目标是否达成。

2. 追踪目标受众满意度及其可能的重复行为

目标受众的满意度是潜在重复行为的一个主要指标。满意度作为追踪一场正在进行的活动的控制手段，非常有用，尤其是在追踪志愿者和合作伙伴的重复行为方面。满意是指一个人通过对某产品或服务的可感知的效果（或结果）与他的期望值相比较后，所形成的愉悦或失望的感觉状态。如果可感知效果低于期望，受众就会不满意；如果可感知效果与期望相匹配，受众就会满意；如果可感知效果超过期望，受众就会高度满意或欣喜。所以公益组织也应该了解人们是如何形成期望的。期望是基于人们以往相同或相似的情形、信息或朋友同事的谈论中的经验而形成的。因此公益组织既要监测自己提供的服务，又要监测目标受众所提高的期望。

---

① Philip Kotler. Marketing Management[M]. Ninth Edition. Peking: Prentice-Hail International. Inc, 1997.
② 安德里亚森，菲利普·科特勒. 战略营销：非营利组织的视角[M]. 王方华，周洁如，译. 北京：机械工业出版社，2010：332.

收集满意度数据与提高满意度一个可行的方法是建立投诉与建议系统。如果不给目标受众投诉的机会,他们就很可能减少和这个公益组织的联系,散播负面的信息或完全中断与这个公益组织打交道。事实上,研究发现,不满意的目标受众很可能会告诉其他 9～12 个目标受众,而满意者只会告诉 2～3 个[1]。如果鼓励不满意的目标受众对公益组织进行抱怨,那么将带来潜在的有益效果——减少负面影响。目标受众也将倾向进行重复行为即继续当志愿者或捐赠者。

五、评估

评估有两种形式:一种是过程评估,要求逐日或逐步地监督执行情况。这种评估侧重对过程的控制与修正,以免发生误差。在公益组织内部,营销控制的衡量方法应着眼于衡量服务对象满意程度,以及组织形象的改进程度上。另一种是结果评估,主要是评估组织各方面的工作成果。在评估成果之前,应首先对成果作一个预估,同时应评估是否合乎组织的使命和目标。

第三节 公益组织营销的案例[2]

一、"多背一公斤":对捐赠人市场进行营销,影响旅游爱好者

"多背一公斤"活动由余志海(网名:安猪)在 2004 年发起,并于 2008 年完成了商标注册,目前"多背一公斤"品牌及网站(http://1kg.org)由爱聚公益创新机构[即爱聚(北京)咨询有限公司,以下简称"爱聚"]管理和运营。"多背一公斤"是一个公益旅行活动,它鼓励旅游爱好者在乡村旅行途中探访乡村学校,传递物资和知识,并收集和分享学校信息和需求。"多背一公斤"致力于解决中国乡村教育领域的问题,针对这个目标,"多背一公斤"需要选择匹配的目标对象,"多背一公斤"直接将目光投向了捐赠人市场中的细分市场——旅游爱好者。市场营销中目标市场是指"公司决定提供服务的一切拥有相同需要与特征的购买者"。目标市场的选择原则一般以需求最迫切、最易行动、最易接触、与组织最为匹配的细分市场作为目标市场。首先,旅游爱好者相比其他爱好者来说,这一细分市场与中国农村更为贴近,最易接触,并且有可能对来自中国农村教育状况的刺激有相似的反应,需要较为迫切。其次,"多背一公斤"选择了一个最易行动、与组织最为匹配的细分市场,旅游爱好者本身是热爱生活的人群,其行为变革的态度更为积极,对"多背一公斤"、传递物质和知识、探访需求等的接受必然比一般人群要容易。

在选择目标对象的同时,"多背一公斤"深入了解目标对象的需求,设计了符合目标对象需求的策略。

1.产品策略

产品目前为希望目标对象的行为,即"多背一公斤"行为。从预期为探访乡村学校,传递物

---

[1] Technial Advisory Research Program(TARP),Target Audience Member Complaint Handing in America:Final Report (Washington,DC:US Department of Health,Education and Welfare,1979).

[2] 康晓光,冯利.中国第三部门观察报告(2013)[M].北京:社会科学文献出版社,2013.

资和知识,并收集和分享学校信息和需求这一系列行为,简单凝练到"多背一公斤"行为的变革,其产品策略符合旅游爱好者的心理,更容易被其接受。"旅行中探访学校、发起或参与公益活动、认识志同道合的朋友",三个期望行为变革是"多背一公斤"行动的实质内容。

2.价格策略

"多背一公斤"将进入成本降到很低,只需要在旅途中顺便去做"探访学校"这件事,满足了旅游爱好者希望帮助他人的心理满足感的需求。更进一步,对于那些有强烈的帮助他人的心理需求的旅游爱好者,"发起或参与公益活动"满足了他们更进一步的需求。另外,"认识志同道合的朋友"是旅游爱好者们热衷的,也是他们的强烈需求之一,而这正好提高了旅游爱好者的行为的预期收益。

3.促销策略

"多背一公斤"这一形象化的标语,本身能够很好地传达营销的信息,非常有利于传播。"多背一公斤"目前已经注册为商标,享受注册商标保护,未来传播力量不容小觑。

4.渠道策略

"多背一公斤"采用互联网作为主要营销渠道,这与旅游爱好者接触互联网的机会非常多这一特征紧紧相连。通过网站渠道,能够尽可能多地接触到目标对象,也能使得目标对象更能便利地了解公益活动。

营销强调了解目标对象需求,并满足目标市场受众诉求,"多背一公斤"选择了合适的目标对象,并深入了解了目标对象需求,设计了符合目标对象的策略,从而符合了捐赠人市场目标对象的需求,使得公益活动得以顺利开展。2012年9月15日,"多背一公斤"网页显示共收录了1662所学校,同时18项公益活动正在进行[①]。

二、"爱心包裹":对捐赠人市场进行营销,影响公众

"爱心包裹"项目是由中国扶贫基金会发起的一项全民公益活动,致力于改善贫困地区农村小学生综合发展和生活条件。通过组织"爱心包裹"捐购、音体美教师培训、志愿者支教等形式,改善农村小学音体美教学现状和学习生活条件,给孩子们送去一对一的关爱,圆孩子们的童年梦想。中国扶贫基金会依托中国邮政网点和网络渠道开通了便捷的"爱心包裹"捐赠站,社会各界爱心人士只需通过邮政网点、在线渠道捐购"爱心包裹"(统一的包裹内容和捐赠标准),就可以一对一地将自己的关爱送给需要帮助的人。通过一对一的捐助模式,捐赠人在捐款后可获得受益人名单,知道自己的钱帮助了谁,标准的包裹内容让捐赠人知道自己的钱发挥了什么作用。受益人在收到"爱心包裹"后也会给捐赠人写回音卡表示感谢。

"爱心包裹"项目的营销目标对象是整个捐赠人市场,相比"多背一公斤",它是一个"全民公益活动"。针对目标对象为公众的营销,关注的是"消费者的共同需求是什么,而不是消费者有哪些不同的需求"。一般而言,公众共同需求可能是"爱、受尊重、信任"等,而对于个体而言,"低成本满足需求、不具特殊性"本身也是很重要的。"爱心包裹"项目针对目标对象的这些需

---

① http://1kg.org.

求进行了营销。

1.产品策略

"爱心包裹"的产品是指"购买爱心包裹、进行捐赠的行为"。"爱心包裹"的核心产品是目标对象实施包裹捐购、音体美教师培训、志愿者支教等目标行为后产生的做公益的幸福感、满足感。为了强化这种幸福感和满足感,项目采取一对一捐助形式,并设置了回音卡,强化核心产品诉求,表达了对目标对象的尊重。"爱心包裹"的现实产品是包裹捐购,仅需 100 元,与低成本的需求契合。"爱心包裹"项目的延伸产品是捐赠后信息查询,虽然有的时候延伸产品可有可无,但是"爱心包裹"的延伸产品是对目标对象必要的尊重激励,满足了目标对象"受尊重"的需求。

2.价格策略

为了降低进入成本障碍,"爱心包裹"项目设计采用 100 元或 1000 元的统一标准,充分考虑了公众的价格承受能力,降低了目标对象实施行为的进入成本,使得行为的变革容易实现。

3.促销策略

"小包裹,大爱心"的主题将项目信息及诉求完整、生动地表达出来。另外传播渠道非常丰富,例如邮局现场传播,线上网站、微博,线下地铁站内广告,传统媒体电视广告等。

4.渠道策略

"爱心包裹"项目尽可能便利目标对象实施目标行为。项目选择与全国范围内 3.6 万个邮政营业网点合作,遍布我国大街小巷的邮政网点渠道满足了目标对象接触公益活动便利性;另外,"爱心包裹"项目还采用线上方式,与腾讯月捐计划、淘宝网等大型网站合作,进一步拓展了公众捐赠渠道,为公众提供了便利的渠道。

"爱心包裹"项目十分成功,自 2012 年 1 月 1 日至 2012 年 6 月 17 日已获得捐赠249067500 元。已捐助学生型美术包 132728 个,学校型体育包 11227 个,学校型音乐包 288个[①]。尽管"爱心包裹"项目没有自称应用了营销,但是通过分析,其显然应用了营销的原理和技术,抓住了目标对象需求,促进目标对象自愿变革行为,取得了很好的效果。这种效果不仅体现在项目本身,还体现在带动了一批"包裹"类项目,例如母亲包裹等。

"爱心包裹"的目标对象是整个捐赠人市场,其营销策略与"多背一公斤"有些差异。营销工作者需要注意的是,"爱心包裹"的目标对象为整个捐赠人市场,而"多背一公斤"的目标对象为相对细分的市场——旅游爱好者,后者需要根据目标对象的特有需求,设计营销策略。

三、"希望工程圆梦行动":对受益人市场进行营销,帮助贫困学生自立、自强

对于许多考上大学的家庭经济困难的大学生来说,高额的学费和生活费是一个沉重负担。据统计,在历年考入大学的新生中,特困生的比例达到 8%,其中大部分来自农村贫困地区。从家门到校门所需的费用,是他们面临的第一个难题。教育部门统计,全国有贫困大学生约405 万人,70%以上贫困大学生来自农村,西部省份贫困大学生比例较高,民族院校以及农林、

---

① http://baoguo.fupin.org.cn/.

地质、石油、冶金等专业高校的贫困生人数较多。贫困大学生无力缴纳学费及购置必要的学习用品,日常生活没有经济保障,生活费难以达到学校所在地最低伙食标准。为了让尽可能多的贫困学生上大学,帮助贫困地区能多出几个大学生,中国青少年发展基金会联合全国省级青基会,动员社会力量向这些特困大学生提供资助,帮助他们实现上大学的梦想。"希望工程圆梦行动"包括两个内容:一是面对大学新生,旨在为农村经济困难、品学兼优的大学新生提供从家门到校门的交通、生活费用资助,使贫困学生顺利进入大学,帮助他们圆梦大学;二是为家庭经济困难大学生提供四年的学习生活费用资助,帮助他们顺利完成大学学业。在帮助贫困大学生克服生活困难的同时,重视贫困大学生行为的变革,希望他们变得更为自立、自强。

圆梦行动的目标对象是受益人市场中的细分市场——贫困学生。贫困学生的需求不仅仅是资金上的需求,还有自我实现、受尊重等心理上的需求,需要通过营销促进他们改变自身的行为,从而实现自强、自立。

1. 产品策略

该行动的产品为"自强、自立的生活方式"。

2. 价格策略

降低进入成本和退出成本。首先,是为贫困大学生提供从家门到校门的交通、生活费用资助或提供四年的学习生活费用资助,为他们"实现自强、自立"创造物质条件。其次,高度赞扬"自强、自立的大学生",并为那些"自强、自立的大学生"提供物质帮助,使贫困大学生们看到,一旦自身的行为发生改变,会获得巨大的物质、心理的预期收益,贫困大学生们会自愿行动起来。

3. 促销策略

宣传接受捐赠典型人物变得自立、自强,并积极帮助别人的正面形象,营造一种助人为乐、相互关爱的氛围,从而为贫困生的自强、自立创造舆论条件。2006年,青基会联合中央电视台等多家媒体,集中关注家庭经济困难的学生,依托贫困生的励志故事,通过节目与公众的高效互动,扩大影响力,促进贫困大学生对自立、自强观念的接受。

4. 渠道策略

该行动遵循"救助—发展"的渠道模式,在提供资金资助的同时,为受助生提供勤工助学、社会实践和服务的机会。因为接受资金资助是贫困大学生们非常乐意的,也会积极接触该渠道,因此,同时提供勤工助学、社会实践和服务的机会更利于贫困大学生接受和参与。

圆梦行动最终的目标是贫困大学生自愿行为变革,变得更加自强、自立,其努力获得了一定收获。2006年圆梦行动中,本身作为2005年中国青基会圆梦行动的受助者的北京科技大学大一学生王志刚,在接受圆梦行动对其的影响后,不仅主动找到中国青基会要求做志愿者,而且还在策划着和同学们一起资助一名山区的孩子,实现了自强、自立甚至可以帮助他人的行为转变[①]。

四、"26度空调节能行动":对受益人市场进行营销,影响公众

1996年开始,地球村一直在倡导以适度消费为主体的节约型生活方式,倡导"节约资源、

---

① http://news.sohu.com/20060719/n244341152.shtml.

绿色选购、垃圾分类、保护自然"。2004 年 6 月 26 日,由北京地球村、世界自然基金会、中国国际民间组织合作促进会、自然之友、环境与发展研究所、绿家园志愿者等组织共同倡议发起的"26 度空调节能行动"在京启动。活动的发起者在为期 3 个月的活动中倡导宾馆、饭店、商场、办公室等公共场所空调温度设定不低于 26 度,以减少能源消耗,缓解夏季电力供应危机,并对环保作出贡献,同时也号召个人消费者采取相应行动,从每一个家庭做起。2005 年 6 月 26 日,北京地球村和中国环境文化促进会、世界自然基金会、中国环保组织国际合作促进会、自然之友、绿家园、环境与发展研究所、保护国际、香港地球之友,共九家民间环保组织共同发起"26 度空调节能行动——2005 我们承诺"的活动,全国有 50 多家民间环保组织也作为共同发起单位加入了这个活动。行动计划使尽可能多的公共建筑如办公楼、宾馆酒店、商场超市、学校等承诺加入"26 度空调节能行动";通过"26 度空调节能行动",公众了解到个人能源消费和全球气候变暖导致的环境恶化的关系,从而选择健康的节约型生活方式;配合政府有关节能的政策法规的实施,推动建立节约型的和谐社会。"26 度空调节能行动"的目标对象为整个受益人市场,目的是推动公众实施环境保护行动,同时为自身创造良好的环境。

1. 产品策略

该行动的产品为"将空调温度设定为 26 度的行为",产品设定简单、易懂,能够迅速地为公众熟知。

2. 价格策略

该行动降低了行为的进入成本和退出成本,并明确告知公众。一方面,行动的退出成本很低,对于普遍关注自身健康的公众来说,该行动满足了公众的健康需求,强调"夏季最适于人体的温度是 26 度,如果室温太低会减弱身体对热反应的灵敏度,容易引起空调病"。另一方面,行动的进入成本很低且预期收益很高,营销主体为公众"算账",强调社会整体的成本与个人负担的成本会同时下降,从而满足公众对于减少支出的需求,以及对于环境安全的需求,指出"这些公共建筑在提供过度'凉爽'服务的同时,企业也背负着不必要的经济负担,同时浪费了地球上的大量能源。如果将北京公用建筑空调温度调高到 26 度,夏季至少可节约用电 3 亿度,降低 10% 左右电力负荷,节约 1.5 亿元左右的空调费用。这些节约下来的能源消耗,可以减少约 1200 吨二氧化硫排放,从而降低酸雨危害;可以减少约 25 万吨二氧化碳排放,将会改善能源紧缺状况,减缓由温室气体排放而引起的全球气候变暖的势头"。

3. 促销策略

该行动的促销渠道包括发布会、电视、媒体、街头宣传、名人效应等,如请来联合国秘书长顾问莫里斯·斯特朗进行宣传,扩大活动影响力和号召力。

4. 渠道策略

基于公众一般在公共场所活动的特点,该行动渠道主要选择办公楼、饭店、商场等公共场所,能够最大限度地接触公众。

"26 度空调节能行动"是非常成功的面向受益人市场的营销案例,"26 度空调节能行动"不仅促进了公众的环保理念和环保行为的变革,甚至对公共政策都产生了影响。2007 年 6 月,国务院办公厅出台通知,要求"所有公共建筑内的单位,夏季室内空调温度设置不得低于

26℃"。这一政策颁布实施将自愿的行为变革加强为强制性的行为变革,将倡议行动上升到行政法规层面。

"26度空调节能行动"之所以能够取得巨大的成效,客观原因在于公众对于"26度空调节能行动"行为的强烈正需求,如身体健康、环境安全、减少支出等需求。主观原因在于营销主体发现并满足了公众的这种需求,并通过各种策略促进行为的变革。该案例给我们的启示是:公益组织应该积极发现、深入理解目标对象的需求,从满足需求的角度出发,设计执行活动,才能取得更好的效果。

第三篇

公益慈善品牌维护

第七章

公益组织品牌维系

　　不论是商业公司还是公益组织,品牌维系对于机构的发展至关重要。没有人可以保证,一个优秀的品牌可以永远立足于市场而不倒,也没有人可以断言,一个产生社会不良舆论的品牌注定会在市场上消失。一个擅长品牌维系的机构往往可以做到稳中求进,处乱不惊,在维护和延续品牌资产的前提下,不忘继续扩大品牌的影响力。

　　很多从业者往往会忽视公益组织品牌维系的重要性,但他们在机构发展的过程中,无时无刻不在利用品牌维系的思维去推动组织更好地解决问题。例如,当一家社区服务机构收到了受助者负面的评价,就会根据这个反馈尝试找到机构中存在的问题,并积极地与投诉者联系,确保问题可以真正解决,尽量避免消极评论在受众群体中扩散;再例如,一家动物保护机构会定期地制作一些宣传海报,并在线上线下进行展示,从而让公众加深对这个品牌的印象,维持机构在社会上一定的曝光率。这些其实都是品牌维系的实际案例。毫无疑问,品牌维系对于公益组织来讲意义重大,本章将站在公益组织的角度去深度剖析品牌维系。

　　需要说明的是,因为使命、目标、相关方的区别,品牌维系在公益组织和商业公司中略有区别。因此,本章也会在企业品牌维系的理论基础上,用不同的逻辑和方式去讲述公益组织品牌维系的方式与策略。例如,品牌维系在企业中往往被分为保守性维系(包括危机处理以及常规维系)和积极性维系(包括形象更新、定位修正以及品牌创新)。但在本章中,我们会基于公益组织的主要相关方,包括受助方、捐赠方、企业、政府和公众来分类并讨论。

第一节　品牌维系的定义与概念

一、品牌维系的概念

　　品牌维系(又称品牌维护)是指机构对品牌资产进行维护和管理,并针对外部环境的变化给品牌带来的影响所进行的维护品牌形象、保持品牌的市场地位和品牌价值的一系列活动的统称。而企业的品牌资产是指只有品牌才能产生的市场效益,或者说,产品在有品牌时与无品牌时的市场效益之差,它能够使通过产品或服务所提供给顾客(用户)的价值增大(或减少),包括品牌忠诚度、品牌知名度、感知质量、品牌联想和其他品牌专属资产(例如专利、商标、渠道关系等)。品牌资产在为顾客创造价值的同时,也在为企业本身创造价值。因此,品牌维系是一个机构逐渐稳定并发展壮大的重要因素。品牌资产往往分为两种:

1. 浅层品牌资产

　　品牌资产中最基础的是知名度,然后是品质认可度。品牌知名度与品质认可度是品牌的初级浅层资产,因为拥有这两种品牌资产仅仅是品牌成功的基础,并不能构成竞争者难以复制的优势。

2. 深层品牌资产

　　深层品牌资产包括品牌美誉度、品牌忠诚度、品牌溢价能力。品牌联想带来差异化的竞争优势,品牌忠诚度和品牌溢价能力为品牌主带来更多市场份额和丰厚的利润(主要财务贡献)。国际级品牌都是品牌联想个性鲜明、忠诚度高和溢价能力强的强势品牌。而中国品牌绝大多数都处于浅层品牌资产阶段,因此要成为国际级品牌的关键是打造深层品牌资产。

对于公益组织来讲,品牌资产是指只有品牌才能产生的社会影响,或者说,机构在有品牌时与无品牌时机构对于改善或解决社会问题的效率差异。公益组织的宗旨和使命往往是解决或改善一个社会问题,在这个过程中会受资金和人力等相关资源所影响,而这些相关资源又跟品牌资产有着紧密联系。根据品牌维系的定义可知,一家公益组织想要保持、维护和增加品牌资产,就要在日常的运营中格外重视品牌维系。公益组织作为国家的第三部门,不仅要承担起推动社会发展、改善社会问题的任务,更要成为一个桥梁,更高效地链接和利用各个社会资源,从而最大化地发挥价值,这些可利用的社会资源,即相关方,就是公益组织的品牌资产。因此,公益组织的品牌维系更像是一个维系相关方的过程,本章将在"方式与策略"小节中根据相关方来分类讨论。

二、企业的品牌维系

在详细阐述公益组织品牌维系之前,需要大家对企业的品牌维系有一个初步的了解,从而更好地参考和借鉴商业社会的经验,并结合公益组织的具体情况,找到更加科学有效的方式方法来实现公益组织的品牌维系。

如今,品牌维系在企业中扮演的角色越来越重要,即使是中小型企业,也会在日常的传播中、与客户的沟通中、对产品质量的把控中运用品牌维系的思维去达成目的。一个品牌的成功离不开企业长期的维系,而良好的形象和口碑更离不开品牌维系所发挥的作用。相信大家对三鹿毒奶粉事件仍记忆犹新,一家中国乳制品市场占有率很高的巨头品牌,就因为产品的质量问题轰然倒塌,令人惋惜。再例如,大家所熟知的优秀品牌——苹果通过多年的品牌维系已经深入人心,当人们提到"苹果"两字的时候,已经不仅仅会联想到一种水果,还会跟"一个电子品牌"挂钩。苹果公司之所以会把品牌深深地植入大家的脑海,靠的就是长期不懈的品牌灌输、保持竞争力、广告投入以及不断的产品创新,这些都是企业品牌维系的有效手段。随着品牌维系的概念在商业社会中长达几十年的发展和完善,一套相对完整且专业的理论框架已经初步成型,大家往往把品牌维系分为以下两种:

(1)保守性维系,即被动的品牌维护,包括常规维系和危机处理。

常规维系是指日常的品牌与形象维护,比如保证产品或服务的质量、社交媒体的日常运营、定期的线上线下推广、规划内的广告投入等。大家可以想象一下,如果某品牌长期不做基本的常规维系,那么在客户或消费者心中就会慢慢淡去,逐渐失去曾经的市场份额。当一个品牌在行业内不再受关注,或者质量和服务不过硬,那就很难再继续运营下去了。

危机处理是指企业在遇到对品牌产生不良影响的事件时所作出的行为,往往公关部门会在企业中扮演此类角色。例如,百度在"莆田系医院"事件发生之后,会尽可能地动用自己的资源引导网络舆论向有利于他们的方向偏移,同时第一时间发布公开声明,希望可以给公众作出合理解释并撇清百度的责任。先抛开公关的效果不谈,百度所做的一系列行为就是对于维系品牌的危机处理。

很多企业因为受预算、人力、规模、战略、业务类型等一系列因素的影响,会选择比较保守的品牌维系策略,这也是大部分企业比较倾向的方式,毕竟成本较低,风险较小,适合稳中求进和企业转型过渡的阶段。

（2）积极性维系，即主动的品牌维护，包括形象更新、定位修正以及品牌创新。

一提到淘宝，人们自然会想到这是中国电商的开创者，脑海中便浮现出"便宜""方便""快捷""品种全"等关键词，这就是淘宝在公众心目中的品牌形象。品牌形象是指消费者基于能接触到的品牌信息，经过自己的选择与加工，在大脑中形成的有关品牌的印象总和，这往往是从消费者的角度来看待和评价品牌的，也是消费者对品牌的一种感知与印象。不论是形象更新还是定位修正，都是企业对品牌目前的情况进行主动的调整，在日常品牌维系的基础上改变原有的品牌内容。但随着市场的剧烈变化，很多品牌需要在配合企业整体战略的前提下改进原有的错误、老化的品牌形象，从而一定程度上抵制竞争对手的威胁，丰富品牌形象，避免被客户或消费者遗弃。

市场的复杂和竞争的激烈往往会使企业在品牌定位时产生偏差，品牌定位后，在日常的营销工作中应保持对此定位的检查，如果发现偏差，应该及时给予修正，不断完善品牌的定位。万宝路刚进入市场时，它的定位是女性香烟，但销售额并不理想，甚至落到停产的地步。后来，万宝路重新定位为男性香烟，并且树立了自由、野性与冒险的西部牛仔形象，由此销路大增，至今在烟草业独树一帜。这个案例表明，当一个品牌定位的目标市场与自身不对路或没能从竞争中脱颖而出时，一般需要重新定位。

品牌创新的实质是赋予品牌创造价值的新能力，即通过技术、质量、商业模式和企业文化创新来增强品牌生命力的行为。品牌创新可分为质量（管理）创新、技术创新、商业模式创新和企业文化创新。

思考与讨论

在简单了解企业品牌维系的基础内容之后，请结合公益组织的情况，讨论一下公益组织是如何对应和体现这些概念的？你感觉商业社会这些理论放到公益组织身上合理吗？说说你的理由。

延伸阅读

品牌的草原现象——这句话可以直观地形容草原现象的含义。没有最长久的品牌，只有品牌维系做得最好的品牌。品牌的建立和维系需要长期的传播，这其中包含了公共宣传。公共宣传不完全是利用广告在短期内达到传播效果，也不是一厢情愿地标榜自己的是最好的，而是让顾客随着时间推移而对品牌有更加全面和深刻的认知。有人说正确的品牌宣传应该是一种草原现象，"没有人留意草的生长，当你发现时，往往已经是广袤草原了"。由此可见品牌维护是从品牌诞生伊始的一项长期性工作，任重道远。

品牌延伸是指企业将某一知名品牌或某一具有市场影响力的成功品牌扩展到与成名产品或原产品不尽相同的产品上，以凭借现有的成功品牌推出新产品的过程。品牌延伸并非只简单借用表面上已经存在的品牌名称,而是对整个品牌资产的策略性使用,可以使新产品借助成功品牌的市场信誉在节省促销费用的情况下顺利地进占市场。此外,品牌延伸策略还包括产品线的延伸,即把现有的品牌名称使用到相同类别的新产品上,推陈出新,从而推出新款式、新口味、新色彩、新配方、新包装的产品。

三、公益组织品牌维系的价值核心

1.品牌的价值

公益组织的品牌也属于组织资产的范围,那么其价值如何体现呢?我们把服务或产品(做什么)、解决方案(怎么做)、组织宗旨(为什么做)、造血模式称为公益组织品牌的四个要素,品牌价值大小就是由这四个要素决定的。其中,服务或产品的质量是品牌的基础要素,没有稳定、可靠的服务或产品质量,品牌无从谈起,其价值也就低;而解决方案、组织宗旨、造血模式则是品牌的支撑要素。试想一个拥有落后低效的解决方案、组织宗旨不明确、造血模式不可持续的公益组织品牌,是不可能被社会所认可的,品牌价值也会随之降低。

2.品牌维系的价值核心

对于公益组织来说,品牌维系是一个漫长的过程,不仅要有计划地做好长期传播,还要对机构品牌的竞争力定期做分析,更要慢慢塑造出一个具有影响力的品牌文化与内涵,从而获得相关方的信赖以及良好的社会口碑。长期传播的投入可以引导相关方对品牌进行认知与认可;品牌竞争力分析则使品牌资产可以有效率地转化,帮助机构更好地解决社会问题;品牌文化塑造可以让品牌深度得以增加并趋于人性化。品牌一旦为相关方所广泛称道,就表示该品牌已经具有了一定的社会影响力,这个无形的品牌价值将会极大地推动机构的发展。这便是公益组织品牌维系的价值核心。

绿色浙江的案例可以比较好地帮助大家理解公益组织品牌维系的核心价值。绿色浙江是一个扎根浙江、放眼全球的专业从事环境服务的公益性、集团化社会组织,由"地球奖"获得者、浙江大学教师阮俊华和他的学生、中国青年志愿服务金奖获得者忻皓于2000年6月创建,主要致力于环境监督、社区营造、自然教育三大领域,是浙江省最早建立、规模最大,也是在中国首家获得社会组织评估5A级,目前在中国最具影响力、党团工妇建制最完整、专职人员和参与国际事务较多的环保社团之一。在绿色浙江超过15年的历史当中做过许多项目,例如绿色监测、生态社区、APP众包环境观察、慈善商店等,虽然其中成败各半,但几乎每一个项目都很明确地在围绕"如何抓住公益组织品牌维系的价值核心"来做尝试:

(1)长期传播的投入。绿色浙江每年对于传播的预算很高,而且有专门的团队来做绿浙品牌的维护,坚持每周讨论传播计划,制定下一周在微信、微博以及线下社区的传播内容和方式。通过这种长期传播的规划和投入,政府、社区、志愿者等相关方逐渐了解、认识并认可绿色浙江的宗旨和使命,从而获得他们长期的支持和参与。

(2)品牌竞争力分析。绿色浙江在浙江省算是数一数二的环保类公益组织,这很大程度上取决于团队拥有丰富的社会资源和专业水平。中国公益在专业性上一直不强,但绿色浙江因为阮俊华和忻皓的专业背景,可以设计很多专业的研究型环保项目,例如环境监测和生态社区的建设等。同时,因为长期与政府、企业和其他社会团体的合作,帮助他们逐渐确立了以绿色浙江为中心、联结多个相关方的生态圈,这个资源网络可以帮助绿浙获得更多的问题解决方案。绿浙也在长期的分析与实践中意识到,只要维护好"专业"和"资源"这两个品牌优势,就可以得到稳定的发展。

（3）品牌文化塑造。品牌维系的成功与否,很大程度上受品牌文化的塑造所影响,一旦品牌文化得以建立并逐渐深入人心,组织便可以最大化地发挥品牌资产带来的价值。组织品牌深度的增加和品牌文化的塑造都离不开"以人为本"的原则,而绿色浙江在品牌人性化的道路上走在了国内环保组织的前列。他们不仅在社区和学校中深深扎根,动员基层的志愿者和年轻人尽可能地参与绿色浙江的环保行动,而且有意识地去联合浙江乃至全国优秀的环保类项目,在更多公众的内心中植入环保理念和绿色浙江的文化。

四、公益组织品牌维系的社区性

大家可以先了解一个案例:淄博市绿丝带发展中心（绿丝带）,是一个位于山东省淄博市的地方性环保公益组织。自2002的第一次志愿者"微公益"行动开始发展至今,在社会各界共同鼓励支持下,已发展为拥有多名全职人员、50余名骨干志愿者团队和超过2000名注册志愿者的专业型公益组织。像绿丝带这样的地方性公益组织在全国有很多,他们作为中国公益的一线力量,在品牌维系上有许多值得借鉴的实践经验。例如,他们往往会尝试与当地的政府部门和媒体建立紧密联系。绿丝带近年来获得了共青团中央,中国青年志愿者协会,山东省共青团,淄博市委市政府、市文明办等政府部门的协助和支持,并与地方性媒体建立长期合作,从而覆盖和影响了超过10万当地市民,成为淄博市最具影响力和发展前景的公益品牌。正是由于这个品牌推广的过程,他们吸引了当地的学校、企业和公益组织对绿丝带项目的参与和支持,并逐渐积累了超过2000名注册志愿者,其中大部分都是社区居民和当地学生。

我们可以发现,公益组织相对于企业来说,更加依赖对社区的维护与运营。绿丝带作为扎根一线的公益品牌,很容易找到属于他们自己的"社区"是什么。在这个社区中包含了绿丝带主要的受众（即受助群体）、政府的扶持与监管、市民的动员与参与、企业的资助和支持、媒体的报道和推广以及其他社会团体的配合,这些社区相关方都帮助绿丝带最大化地利用了当地的资源去维系和发展品牌。值得一提的是,淄博市优秀的公益品牌并不多,绿丝带作为具有地方性影响力的公益品牌之一,相对更容易吸引当地媒体的大量报道,许多学校也与绿丝带合作,定期带领学生来做社会实践,甚至合办环保主题的夏令营。据绿丝带负责人大宝的介绍,绿丝带从2014年开始逐渐实现了收支平衡,并陆续获得了更多当地相关方的支持,"绿丝带"这个地方性公益品牌的发展前景光明。

由此,我们可以引出公益组织品牌维系的特点之一,就是具有明显的社区性。不论是全国性的还是地方性的公益组织,甚至基于互联网的公益组织,都有一个属于他们自己的"社区",在这个社区中,有受助方、捐赠方、支持方、政府、媒体等许多相关方,而公益组织品牌维系的好坏,与这些相关方有着直接的联系。公益组织每一个品牌维系的行为,都是围绕"如何巩固和发展相关方"来进行的,从而更好地帮助公益组织达成使命。

五、公益组织品牌维系的灵活性

众所周知,中国公益的起步较晚,发展较慢,大部分公益组织都很难获得足够的资源去做品牌维系。而且,机构与机构之间的差距很大,发展状况也不尽相同,再加之不同公益领域之间的隔阂,公益组织品牌维系的方式与策略要根据组织发展的阶段灵活地调整,才能获得市场的认可。这里有一个案例可以更好地帮助大家理解。

WABC无障碍艺途最初源于发起人苗世明策划的针对脑部残疾人群的绘画潜能开发课程和艺术展览项目,后来发展成一家位于上海的公益组织,如今正在做社会企业的探索和尝试。他们通过建立社区站点工作室的形式,在现有的社区的服务中心开设艺术潜能开发课程,给喜爱绘画的脑部残疾学员一个展示自己、培养兴趣的机会,同时也能起到一定的辅助康复功能。另外,他们还通过专题展览、销售衍生品等其他方式,让大众了解和认可这个群体的艺术才能,从而让残障人士的社会价值得到提升,并逐步缓和社会对于这个群体的误解与偏见,以促进城市的和谐与美好发展。

毕业于中央美术学院、拥有自己工作室的苗世明在一次偶然的机会走进了"特殊需要人群"的生活。通过了解,苗世明发现他们很多人是具有艺术天赋的,而且艺术实践也的确在一定程度上改善了他们的心理状态和情绪。后来,苗世明得知国外有类似的专门机构和组织,通过艺术疗育来帮助这些特殊需要人群,使他们的病情得到缓解,同时开发他们的潜能,帮助他们找回自信,获得更多社会认同感。在正式注册民非之前,这个项目只是处于试水阶段,因为缺乏资金、经验和资源,创始团队在做项目的过程中并没有明确的品牌建立与维系策略,只是简单地找一些曝光机会,借助一些艺术展来做项目的初步推动,并邀请朋友以及服务残疾人的团体来支持和参与,这便是一个简单、初期的品牌建立并维系的行为。在正式注册之后,他们便开始拓展自己的推广渠道、提升项目的质量、增加更多的相关方参与。其中,他们与德国科勒公司的合作,一定程度上帮助他们探索出了一条自我造血的机制。在科勒公司的支持下,他们把特殊需要人群所做的绘画作品,制作成水杯、袜子、衣服等衍生产品,较好地结合了艺术疗育项目和公众倡导,有效地提高了无障碍艺途的品牌价值。这就是他们在市场拓展阶段所做的品牌维系行为。近来,无障碍艺途正在做社会企业的过渡与转型,在几个社区站点工作室的基础上,开发了一系列艺术疗育和艺术培训的课程,并通过线下工作坊的形式吸引相关方的关注并参与,许多企业的团建也都逐渐开始使用无障碍艺途的课程,而且收到了良好的反馈。同时,衍生品的进一步推广让特殊需要人群得到了更多的社会关注,这些出自残疾人之手的产品在市场上饱受认可,许多媒体也纷纷报道。这些都是无障碍艺途在转型阶段为品牌维系所做的努力。

从无障碍艺途的案例中,我们可以发现公益组织可能会经历从小到大、从弱到强、从资源少到资源丰富、从地方性到全国性的多种转变,这些不同的阶段往往有着不同的短期目标,品牌价值也不尽相同,再加上相关方随着时间的推移也会逐渐增加,品牌维系的方法与策略可能也要随之灵活地调整,这便是公益组织品牌维系的灵活性。

第二节 品牌维系的方式与策略

一、对于受助方的品牌维系

公益组织的受助方更像是企业的消费者,当机构要提高服务或产品的质量,以及增加社会问题解决效率的时候,都需要参考受助方的反馈。公益组织成立的初衷往往是改善或解决某一社会问题,而受助方就是在解决社会问题的过程中被帮助或改善的一个或多个相关方。因此,对于受助方的品牌维系,公益组织往往需要在创始阶段就开始重视,深入地了解受助方真正的需求,从而更好地为其设计解决方案,这是一个公益品牌建立的前提条件。

在充分了解自己的受助方,并且有了一个可行的解决方案之后,品牌资产就有了初步的建立,时间会把这个品牌的价值逐渐体现出来。那么,在这个过程中如何做好对于受助方的品牌维系呢?我们总结出以下三个主要的方式和策略:

1. 维持现状

不论是草根公益组织还是国际性公益组织,对于受助方的品牌维系策略,很多都会选择维持现状。这其实并不是一个消极的品牌维系策略,因为机构在发展到一定的阶段,不需要盲目地扩大受助群体,毕竟受助方的体量越大,机构所付出的成本也就越高。在一个资源和预算没有明显增加的机构中,如果单方面扩展受助方的规模,最后的结果往往是"赔了夫人又折兵",服务或产品的质量不仅会下降,而且财务也会吃紧。比如,一家推动公平贸易的机构2015年在云南帮助了二十个农户推广他们的农产品。该机构在2016年年初决定将受助农户拓展到四十个,希望通过扩大受助群体,增加品牌的价值以及社会影响力。但在之后几个月,机构在没有足够的配套资源和预算的前提下,不得不停止了拓展,因为增加的人力成本和项目支出已经把他们压得喘不过气,工作效率下降的同时,原有的高质量服务也无法保持,得不偿失。因此,维持现状的品牌维系策略可以为之后的快速发展做好积累和铺垫,有时候,让现有的受助方获得更好的服务或产品,往往比增加受助方数量更有效。

2. 拓展

当品牌发展到一定阶段,就需要拓展相关方,从而得到更多的参与和支持,让这个"生态社区"获得更多新鲜的生命。其中,受助方的拓展是这个过程中的重要一环,因为只有当受助人群增加,更多的人因为这个公益组织的存在而获得了积极的改变,那么公益组织的品牌资产也会随之增加。常见的受助方拓展方式主要有:

(1)在现有受助方资源的协助下,延伸和拓展出更多相关的受助方。例如,一家社区养老院赡养了一百位来自于附近社区的老人,他们因为良好的服务拿到了当地政府的一笔资金支持,因此决定增加十个房间。养老院通过与现有的一百名老人以及他们的家人沟通,了解到社区内正好有十位老人缺少子女的照顾,便有针对性地联系这些家庭,成功劝说他们把老人寄养在这家社区养老院中。从这个案例中我们可以发现,养老院现有的老人因为大部分来自于周围社区,对社区的很多家庭都有一定的了解,可以帮助养老院定位到有需求的核心受众。而且,因为熟人之间的推荐可信度较高,养老院现有的老人用亲身经历去劝说自己的邻居,可以获得较高的成功率,这要比养老院到社区内做活动、发小广告要更加有效。

(2)线下与线上活动的结合。众所周知,当一家公益组织明确自己的受助群体之后,就会通过一些方式去维系他们,除了把最基本的服务或产品做好之外,还会做一些工作坊、线上社群、线下讲座等活动,从而巩固和发展受助群体,更好地体现组织的价值。而这些线上与线下的活动都需要公益组织去用心策划,从而更精准触及受助方的真正需求和意愿。例如,一家做残疾人康复的公益组织,在康复项目之余会定期组织观看电影、公园野炊、读书会等一系列活动,帮助他们更好地融入社会,拉进与正常人的距离,这满足了大多数残疾人内心的痛点(需求),同时也丰富了他们的娱乐生活(意愿)。在这个基础上,该公益组织还通过线上讲座的方式,让残疾人在线上就可以对这些康复项目有初步的了解,从而有效地吸引更多有需求的残疾人选择该品牌。从这个案例中可以了解到,线下可以更好地巩固已有的受助群体,而线上活动有利于做拓展和推广。线上与线下的有效结合,配合明确的活动目的,可以最大化地帮助机构拓展受助方。

(3)做好受助方的调研。大家可以来想一个问题:在拓展受助方之前,首先要做的是什么?一个成功的受助方拓展,一定离不开对他们的深入了解。通过对受助方的调研,可以帮助组织在做品牌拓展之前,熟悉受助群体的特征、心理、需求甚至生活习惯,从而有针对性地设计方案。受助方调研往往要运用科学的方法,有目的地、有系统地搜集、记录、整理、分析有关受助方的信息和资料。公益组织常用调研方式一般包括问卷和实地调研(采访与观察),哪怕通过一些非常简单的方式了解一下受助方的情况,对于品牌拓展的方案制定也会有极大的帮助。

3.缩小受助方规模以及受助方的更改

对于受助方的品牌维系,需要配合机构整体的战略规划和长远打算。有时候,原有的受助方会因为机构的发展和外界的变化被其他受助方逐渐替代,而这个过程中就需要公益组织有策略地缩小受助方规模,在品牌价值损失最小化的前提下,更好地配合品牌的整体调整。例如,一家做山区儿童教育的机构,长期以来一直在 A 村的学校做教育的推动,但因为当地政策的调整,他们不得不撤出 A 村,转向有更大需求的 B 村继续实现社会目标。为了减少品牌资产的损失,他们在 A 村搜集了很多良好的反馈并视频记录,制作成了一系列感人的视频,记录他们在 A 村的努力与成果,再配合年报等材料,在很短的时间内就成功建立并维系了 B 村一批新的受助方。除此之外,有的机构还会通过缩小受助方规模,提高对每个受助个体的服务质量,用高品质赢得市场的口碑,从而增加品牌的价值。

思考与讨论

是否所有公益组织都有"受助方"?大家经常提到的公益组织"针对人群"和"受众群体"是否就是指"受助方"呢?

二、对于捐赠方的品牌维系

相对于企业来讲,捐赠方是公益组织特有的一个相关方。在一些发达国家的公益组织中,捐赠是主要的收入来源,而且慈善捐赠在国民生产总值中也占有相对较高的比例(2015 年,美国慈善捐赠占 GDP 的 2.1%)。但在中国,因为公益发展的起步较晚,再加上行业内政策的问题和法律的限制,很多公益组织都无法公开募捐,只能挂靠在一些公募基金会,这在一定程度上影响了中国公益的大众传播和个人捐赠量。据《中国慈善捐助报告》统计,2014 年个人捐款仅仅占全国捐款总量的 11%。虽然个人捐赠量并不大,但企业的捐赠仍然对大部分公益组织的发展起到了不可代替的作用。因此,作为大部分公益组织的主要收入来源之一,对于捐赠方的品牌维系在公益组织品牌发展的每一个阶段都扮演着不可替代的角色。在讨论方式与策略之前,我们先提一个对于捐赠方的品牌维系概念——复捐率。

复捐率是评估捐款人粘性的重要指标,也是一家公益组织在募捐与品牌建设上成功与否的参考依据之一。复捐率是指在一个阶段内重复捐赠方的数量占总捐赠方的比例,在商业社会中,许多公司都会计算"回头客",从而了解某一个产品或服务在消费者群体中的受欢迎程度。试想一下,机构 1 与机构 2 在四年前都有 1000 个捐赠方(如图 7-1 所示),但机构 1 的复捐率是 40%,机构 2 的复捐率是 20%。我们可以计算一下,在没有新捐款方加入的前提下,四年后机构 1 还剩下 64 个捐赠方,而机构 2 只剩下 8 个捐赠方,相差了 8 倍,而且,时间越长,这个差距往往会越大。因此,对于大部分公益组织来说,捐赠方的品牌维系往往会围绕复捐率展开。以下有三个常见的提高复捐率的方式与策略:

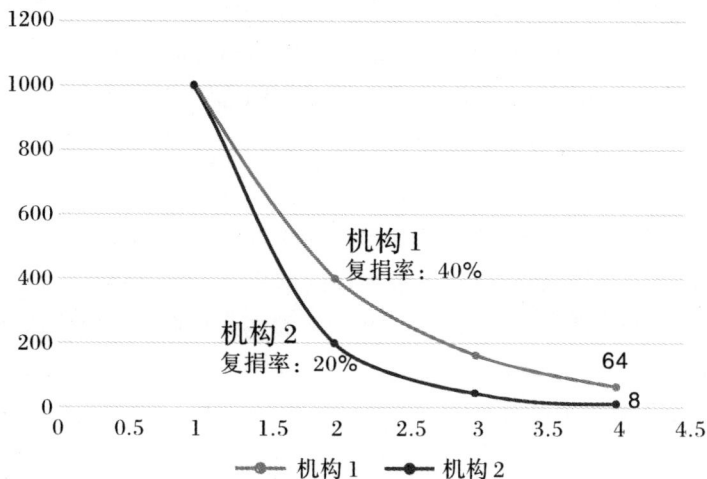

图 7-1　机构的复捐率

1. 培养小额捐款方

小额捐款方往往会被很多公益组织忽视,而这些人或机构在捐赠之后很难像其他大额捐款方一样获得足够的重视,因为他们的捐款量都很小。殊不知,小额捐款方才是一个机构能够长久发展的重要力量,维护好他们,就如同维护好一栋摩天大楼的一砖一瓦,虽然拿掉其中一块不足为患,但如果每天都少一块,长此以往,便会导致大厦轰然倒塌。站在更高角度来说,一个国家公益发展的水平如何,很大一部分是取决于每一个公民对于公益的参与程度。即使一个捐赠方为组织捐了一块钱,也要让他们了解项目的具体情况,而且注意收集这些捐赠方的联系方式以及其他信息,从而帮助组织更好地管理和维护这些"一砖一瓦"。在整个项目的过程中,也要定期地给每一个捐赠方反馈,让他们可以经常了解到组织的最新情况和进展。长此以往,越来越多的捐赠方就会被培养起来,不论捐赠额度的大小,不论是机构还是个人,都会与组织连接上了一条扯不断的线,这也是提高复捐率的前提条件。

2. 复捐提醒

当组织与每一个捐赠方牵上线之后,就要考虑如何把这些培养的资源最大化地产出。这时候就需要公益组织根据自身的情况,尽可能地把与捐赠方相关的信息、捐赠方感兴趣的信息、项目募捐信息以信件、电子邮件、社交平台等渠道发布给这些数据库中的捐赠方,以便提醒他们重复捐赠。这里需要注意的是,表达信息的方式需要深思熟虑,既要让捐赠方有意愿出钱支持项目,又要表达出支持项目之后捐赠方可以获得的权益。毕竟,捐赠行为也算是一种购买行为,需要让"消费者"不论是在感性还是理性角度都能做出购买行为。总之,复捐提醒是公益组织把现有的捐赠资源转化成产出的重要方式,也是提高复捐率的首选策略。

3. 活动

当公益组织较好地做到前两点之后,进一步巩固这些捐赠方便成为了主要提高复捐率的目标。根据众多公益组织的长期实践,做活动是一个常见且有效的方式。活动形式有很多,比如线上分享、线下沙龙、主题娱乐活动、福利派送活动等。在本章前段曾经提到公益组织品牌维系的社区性,我们可以了解到公益组织往往会在属于自己的社区中去维护和发展相关方,并利用这些资源更好地解决问题。因此,做活动更像是对于捐赠方品牌维系过程中的"桥梁",可以直接有效地把两者连接起来,进而巩固捐赠方与组织之间的关系,以便帮助组织在未来获得更可持续的支持。这里有一个案例可以帮助大家理解:一家关爱先天性心脏病儿童的公益组织,通过几年的品牌建设,获得了较好的社会声誉和各界的捐赠与支持。为了更好地让捐赠方参与到项目中来,他们每周都会邀请一些捐赠方来医院或康复中心,与患儿和家长一起办一些活动,例如玩游戏、看动画片、故事分享会等等。经过长时间的努力,这家公益组织在当地收获了越来越多的好评,捐赠量也逐月提升。值得一提的是,复捐率因为这些可以让捐赠方直接参与进来的活动得到了飞速提升,很大程度上帮助该组织成功地维系并发展捐赠方。

思考与讨论

"捐赠"仅仅是指金钱上的捐款吗?

三、对于支持方的品牌维系

在"受助方的品牌维系"当中,我们提到了一家做残疾人康复的公益组织。在这个案例中列举了"观看电影""公园野炊""读书会"等一系列帮助残疾人融入社会、丰富残疾人日常生活的线下活动。如果这家公益组织非常善于品牌维系,那么他们就会充分利用相关方的力量实现目标、提高效率、减少成本。以上的活动可能都会升级成"在当地电影院的支持和资助下观看电影""与某当地企业的员工一起去公益野炊""在当地高校的协助下举办读书会"。毕竟,公益组织可以利用这些支持方的力量,包括企业和其他社会团体,来充分发挥品牌价值。新的问题就出现了,公益组织该如何去做支持方的品牌维系呢? 我们总结出三个常见的方式与策略:

1. 互利共赢

商业合作中,如果没有平等、互利、共赢的原则,是无法达成合作协议的。公益组织之间、公益组织与企业之间当然也要本着同样的原则和态度去合作。即使公益组织一方常常会希望"天上掉馅饼",觉得身为非营利机构理应获得社会各界的支持,但一家机构想要长久地发展下去,一定要重视发展可以互利共赢的支持方,公益组织只索取不回报是不长久的,过度消费的爱心只会对整个行业产生不良影响。因此,公益组织为了更好地维系自己的品牌,需要找到与潜在支持方合作的"互利点",抓住支持方的真正需求,才能获得更稳定、更长久的支持。例如,上海佰特教育咨询中心(以下简称佰特公益)于 2009 年 7 月在上海浦东民政局注册成立,为国内第一家致力于青少年经济公民教育的非营利组织。佰特公益的受助方为 3～25 岁的儿童和青年,主要来自于中低收入家庭,包括城市中的外来务工人员家庭及农村留守家庭。佰特公益为他们提供多种多样的财商、生活技能和社会创新课程,积极推广和普及金融教育,提升儿童及青少年的公民素养、财经素养及创业精神。佰特公益的企业资助方之一是东亚银行,而佰特公益作为一家儿童财商教育的公益组织,与东亚银行有着非常多的互利点。比如,佰特公益的受众与东亚银行的受众是基本一致的,所以他们可以通过做一些项目,有效地实现商业与公益联动,产生更大的社会影响,帮助双方的品牌资产进一步提升。

2. 做好筛选

在对于支持方的品牌维系中,很多公益组织会急于求成,不顾及目前机构发展的现状和支持方的真正需求,花费很多时间和成本,甚至漫无目的地在社会上寻找支持方。一段时候后才发现,自己机构可能并不太需要这么多支持方,或者这些潜在支持方也并不需要跟这类的机构合作。因此,根据品牌实际的情况去筛选支持方是非常重要的,在了解潜在支持方的需求后,准确地对接到适合自己的支持方,不仅可以节约时间和人力成本,还可以有助于提高双方长期合作的可能性。例如,免费午餐从发起到现在,曾与多个社会各界的支持方产生合作,其中,大润发的飞牛网作为免费午餐的战略合作伙伴提供了大量的支持。免费午餐根据品牌维系的需要以及长期发展的规划,通过仔细筛选,发现飞牛网线上与线下的资源有利于免费午餐的社会动员,而免费午餐作为拥有良好社会影响的公益品牌,可以帮助飞牛网履行社会责任,提升品牌的社会价值。所以,双方的合作不仅很顺利地达成,而且双方都获得了对方良好的反馈。我们可以站在免费午餐的角度,整理一下这个逻辑线:需要联动线上线下的社会动员;寻找能够达成这个品牌发展目标的支持方;发现大润发的飞牛网可以配合免费午餐实现这个需求;联系并尝试产生合作。这便是一个较为高效的支持方筛选流程。除此之外,支持方与公益组织的合作也是一个品牌联动的过程,公益组织在与支持方正式合作之前,需要对他们有详细的背景调查,从而更好地了解该品牌的信誉和社会影响力,避免支持方负面的信息影响公益组织的品牌。

3. 及时的反馈

作为一个公益品牌,不仅仅要根据互利共赢的原则和自身的定位找到合适的支持方,还要在合作期间定期翔实地提供反馈。随着中国政府对行业的监管逐渐规范,一个有社会影响力的公益品牌不仅需要做好财务透明,还要定期向支持方做项目的汇报,从而更好地维系与支持方的合作关系。这就需要公益组织提高专业程度,对正在进行的项目制定监管方案,并在项目期间以及项目结束后出具总结和报告书,帮助支持方更好地跟进和了解项目最新的进展和产出。除了定期的书面材料之外,经常与支持方交流也是有必要的。品牌的维系离不开沟通与传播,一个好的品牌往往会善于跟支持方沟通,在有效传递出自己的品牌信息之外,还可以获得支持方近期的需求,有助于更好地对他们进行维系。

当然,以上三个方式与策略放在志愿者身上也同样适用。志愿者作为公益组织的重要支持方之一,是推动组织品牌发展的一大力量,对机构日常的维护、短期目标的实现、长期的发展都有积极的促进作用,甚至在很多公益组织中扮演了"骨干"的角色。

思考与讨论

"互利共赢、做好筛选、及时的反馈"这三个对于企业或其他社会团体的品牌维系策略,如何运用到志愿者的维系上? 可以举几个例子吗?

四、对于政府的品牌维系

对于政府的品牌维系,一直以来是公益组织的重要课题。公益组织必须在政府的登记管理下才能合法地运作,公益组织的运行也必须在政府的监督之下才能完成。公益组织和政府的关系有亲疏远近的不同,但无论是亲近还是疏远,都需要对政府进行品牌的维护以维持公益组织的合法运作。对于政府的品牌维系还可以向公众展示自身合法性,同时也有利于公益组织顺利地开展各项活动而不会被扣上非法活动的帽子。

对于政府的品牌维系,主要有以下几种方式:

1.政府向公益组织购买公共服务

政府向公益组织购买公共服务,就是指政府对于设定的向公众供给的某些特定公共服务,不是政府运用财政资金"生产"完成,而是借助各种方式与公益组织建立公共服务供给的契约关系,由公益组织来生产提供具体的公共服务,政府负责制定供给公共服务的标准、制度、监管和向公益组织支付相应的公共服务经费等工作的公共服务供给模式。一言以蔽之,就是一种由政府提供经费,公益组织承包公共服务,按契约关系供给特定公共服务的机制,实质上就是契约化供给公共服务的模式,即"政府出资、定向购买、契约管理、评估兑现"。政府向公益组织购买公共服务的核心是在二者之间构建契约式公共服务供给关系,而非建立雇佣关系,此模式要求作为买卖双方的政府与公益组织之间处于平等地位,保持独立性,公益组织能够独立决策、独立运作、承担责任,政府要以契约为依据进行管理,独立进行绩效评估,根据评估结果按照既定标准付费[①]。通过购买公共服务这种方式,公益组织的品牌能为政府所知,并且在评估等阶段加深了解,这是一种良好的合作,通过公共服务购买提供这样的合作关系,品牌能够得

---

① 王飞.政府与社会组织合作形式研究[J].创新,2015(05):118-125.

到一定的维护。

2.公益组织积极参与公共决策

公益组织参与公共政策,是指公益组织依法通过一定的途径、平台与程序参与从公共政策的某些流程(如公共政策的制定和监督),公益组织代表着其所代表的社会群体向政府建言献策,提出自己的意见和建议,使得公共政策在一定程度上反映公益组织的声音,增强其民主性和科学性。这是公益组织和政府的良性的互动。公益组织参与到公共决策当中是十分必要的。其一,在参与决策过程当中,政府能得知公益组织的需求,并极有可能在公共决策中有所反馈,这有利于公益组织的品牌运行;其二,公益组织代表群体的利益向政府提出建议,这对于受众和公众都是品牌形象建立维护的良好方式;其三,在建言献策的过程中,政府看到公益组织为社会出谋划策的努力,这对于维护品牌的良好形象是十分有利的。

3.公益组织积极与政府沟通,申请项目

公益组织在内部运作管理的过程当中,必须要做好会计等工作,清晰的财会有助于政府的审查,积极配合政府的各项管理,为自身品牌的维护给政府留下好的印象。而面对政府的一些项目,主动了解、申请,不仅能够获得政府的帮助,还能提高公益组织的形象。

总之,在对于政府的品牌维系上面,积极地与政府合作或沟通是十分重要的,这能极大地提高公益组织自身的合法性,也有利于公益组织品牌的维护。与政府保持良好的互动,能够方便公益组织的运行,能够促进公益组织品牌的巩固和发展。

五、对于公众的品牌维系

公众的传播对于很多公益组织来说都是心头之患,不少中小机构,甚至大机构,都面临着公众传播效率低、效果差、不可持续的问题。部分机构传播人员会把原因归结为"中国公益发展落后,社会普及率低",但这其实并不是主要原因。一个国家公益行业的大众普及需要公益从业者的努力推动,只有当行业的专业程度得到增加,公益传播与品牌意识有了提升,公众的普及和参与情况才会有明显的改善。站在公益组织的角度,对于公众的品牌维系就好比企业对于品牌的推广和传播,是增加品牌价值、获得社会关注的重要方式。哪怕产品或服务是企业对企业(B2B),也需要通过一定的公众传播提升品牌的影响力,从而更好地塑造公司的文化。有的人说,大部分公益组织主要的目标之一就是公众动员,只有把让社会上更多潜在的相关方挖掘并动员起来,才能向成功迈出第一步。

在社会中,公益组织都会有内圈、外圈、圈外三个部分。内圈是指我们本章多次提到的"社区",公益组织主要的相关方都在这里面,维护好他们是公益组织得以长期发展的基础。外圈是指与该公益组织有非直接关系的相关方,例如志愿者的亲人朋友、捐赠企业的主要客户、合作方的受众等。这个圈子中有着大量潜在的直接相关方,比如某志愿者在朋友圈发布了募捐信息,一旦他的朋友做出了捐赠行为,那么这个人就会变成组织的直接相关方,成为内圈的一员。圈外是指跟该公益组织暂时没有任何关系的群体,他们可能完全不知道这家机构,也可能听说过但没做出任何相关行为,但他们都存在被组织动员和吸引,进而成功进入到圈内的可能性。内圈决定了组织目前的发展情况,外圈决定了组织的发展潜力,圈外决定了组织的发展

上限。因此,对于公众的品牌维系是把社会上的资源拉进圈内,从而转化成产出的重要途径。在这个过程中,常见的两个方式和策略有:

1. 塑造品牌形象

公益品牌良好的形象和口碑不是一朝一夕可以达成的,需要长期的努力。这期间离不开对于相关方的品牌维系,也离不开公益组织塑造品牌形象的意识。很多中小机构往往因为缺资源、还在发展初期等借口忽视品牌形象的塑造,殊不知,一个成功的公益品牌从成立的第一天起,就开始有意识地塑造属于自己的品牌形象。太阳村是一家成立于 1996 年的公益组织,二十多年来太阳村以无偿代养代教服刑人员未成年子女为己任,对服刑人员无人抚养的未成年子女开展特殊教育、心理辅导、权益保护及职业培训服务,从而让他们在一个相对安定温馨的大家庭里像其他孩子一样受到保护,得到教育,健康快乐地成长。迄今为止,太阳村团队共同救助了超过 6000 名孩子,除此之外,还对超过 3000 名没有生活在太阳村的各地服刑人员子女给予了物资上的支持与救助。太阳村创始人张淑琴曾说过,机构之所以在常人难以想象的困难与阻力之下仍发展到现在,并成为一个受社会认可的公益品牌,靠的就是始终如一的品牌形象塑造,而不忘初心的信念便是这个品牌的内核。他们从成立至今,就一直努力让"太阳村"这个名字在全国各地的拘留所和服刑人员中间传开,并通过一些成功的案例,把这个品牌形象很好地塑造了起来。

2. 定期做推广

广而告之是一个品牌从无到有、从建立到发展、从默默无闻到被大众熟知的必经之路,公益组织的品牌也是如此。大家可能都对世界自然基金会(WWF)触动人心的海报有所印象,而他们的公众传播在世界范围内都算是成功的典范。随着国内公益组织从业者水平的逐渐提高,以及行业内的竞争愈发激烈,仅仅用社交媒体发文案已经很难满足品牌维系的要求。因此,"有计划""多平台"的"走心"推广便成了大多公益组织努力的方向。有计划是指机构要对品牌的短期与长期的推广有明确规划,对文案、推送、宣传材料、推广时间、线下宣传活动都有较好的把控。多平台是指在常用的微信和微博之外,要根据组织自身的情况和需求,尝试更多的平台,例如搜索引擎优化、纸媒推广、线下渠道等。走心是指要根据受众的心理,让推广内容变得打动人心,更容易引导大众做出后续的行动。例如,文案推广可以用讲故事的形式把要表达的内容传递给受众,让他们产生共鸣;再比如,海报设计要有突出的记忆点,从而带给受众视觉冲击,令他们产生深刻印象。

第八章

公益组织品牌资产

第一节 公益组织品牌资产战略：品牌 IDEA 理论

一、品牌 IDEA 理论概述

品牌 IDEA 理论[①]是指在全球非营利行业新的变化趋势下，公益组织品牌不能简单地复制传统商业品牌，而要转变品牌范式。公益组织品牌和传统商业品牌除了在定义上相同，在品牌作用、品牌管理，以及品牌资产上均有所不同。如表 8-1 所示。

表 8-1 传统商业品牌和公益组织品牌的差别

	传统商业品牌	公益组织品牌
品牌作用	通过持续创造、激发对产品和服务的需求带动利润； 培养受众的选择倾向和忠诚度	获取和配置资源以实现使命； 创造信任和组织凝聚力
品牌管理	定位竞争优势； 维护顾客关系； 保护品牌资产	定位带来清晰和合作； 通过参与创造品牌大使； 分享品牌资产
品牌资产	品牌忠诚度； 品牌认知； 品质解读	信任； 合作伙伴； 一致性； 专注

而通信技术的变革，包括社交网络和媒体的涌现，以及公益组织与其他机构之间合作的增强，迫使公益组织品牌范式的转变，如表 8-2 所示。

表 8-2 公益组织的新旧范式

	旧的范式	新的范式
定义	一个标识 logo	使命和价值观相结合的策略资产
目标	筹资和公关	使命的影响力
定位	竞争优势	清晰和高效的伙伴关系
传播	单向传播具体的形象	参与式的交流
受众	捐赠人	内外部利益相关群体
负责人	传播部门	管理层、理事会、所有品牌大使
需求	预算和专业	品牌管理的概念

---

① 品牌 IDEA 理论是哈佛大学豪泽非营利组织研究中心的 Nathalie Laidler-Kylander 关于非营利领域如何发挥作用的研究项目的一项研究成果。

品牌 IDEA 理论包含三个核心概念:品牌完整性、品牌民主和品牌亲和力。

1.品牌完整性(Brand Integrity)

品牌的完整性体现在:品牌与使命紧密联系;内部品牌识别与外部品牌形象紧密联系;品牌与策略规划紧密联系。品牌的完整性要求公益组织内部身份与外部形象保持一致,同时这两者与组织使命保持一致。

2.品牌民主(Brand Democracy)

品牌民主表现在:公益组织内部员工共同参与品牌建设的过程,这是内部品牌建设基础;此外,品牌民主还包括鼓励人们去分享品牌故事,分享品牌资产。品牌民主要求公益组织能授权成员、志愿者向外传播他们关于组织核心身份的理解,并成为品牌倡导者。

3.品牌亲和力(Brand Affinity)

品牌亲和力体现在:识别和吸引了目标一致的伙伴,从而激发集体影响力和能力建设;开放地分享品牌资产,提供开源的平台;慷慨地分享声誉,推动伙伴的品牌。品牌亲和力要求组织能够进行有效的团队合作,与其他组织的品牌共同运作,分享空间和信任并促进个体利益集体化。

二、公益组织品牌资产的价值

相比商业企业,公益组织拥有更加多元化的利益相关方。品牌管理帮助公益组织响应和关注组织的利益相关方,可以帮助公益组织协调与利益相关方之间的互动关系,从而给各利益相关方对组织的认知带来积极的影响。

1.组织识别

对于公益组织来说,品牌的首要功能就是清晰刻画和传达组织使命。优秀的品牌是代表组织形象的标志与符号,公众通过对组织品牌的认识来建立对组织形象的感受及对组织价值的理解。品牌有助于公益组织向其利益相关方传达清晰、一致的组织定位。同时,品牌的构造能够有效地帮助公益组织实现差异化,在公众心目中形成独特的定位与印象,提升组织的可见度,提升组织使命的社会认知度,从而实现其独特的社会服务职能,获得公众的关注与认同。

2.信任促进

强有力的品牌可以增强公众对公益组织的积极评价,形成差异化的优势,加强与多元利益相关方的情感沟通,从心理层面起到游说捐赠者与志愿者的作用,形成品牌认同感与忠诚度,培育受众对组织的信任以长期保持合作关系。品牌可以把外在的、功能性的关系转变成内在的、理解性的协同。通过建构品牌,公益组织能够在人们心目中创造一个对组织有利的知识结构,在受众心中建立一个与品牌相关的正向联结,从而提升组织服务获得社会认可的程度[①]。

---

① Fahri A. A proposed model of antecedents and outcomes of brand orientation for nonprofit sector[J]. Asian Social Science, 2011,7(9):194 - 202.

3. **资源获取**

公益组织拥有强有力的品牌,将更容易影响公众,也更容易筹集资源,从而提高组织的整体竞争力。有关于品牌个性与个体捐赠间关系的实证研究表明,品牌个性能够为评价公益组织的多方面绩效提供有效线索,从而能够影响个体捐赠者对公益组织的整体感受以及是否捐赠的决定[①]。高识别度的品牌有助于提高组织对资源的吸引力,争取与留住组织的捐赠者与志愿者,这不仅有效地降低了组织的募款压力与吸收人力的成本,并且能使组织提高资源的利用率。

4. **管理优化**

品牌化可以促进公益组织管理方式的变革和优化。一方面,品牌对组织使命的传递,不仅面向资助者、服务对象等外部公众,也面向组织内部的成员与志愿者。品牌促进成员与志愿者对组织的认同,强化他们共同的价值观和组织身份,使他们为了一个事业凝聚起来,朝着一个共同的使命努力。另一方面,品牌建构是一个长期的开发与学习的过程,可以培养成员的专业能力,并且完善组织的管理方式以配合品牌战略的进行,促使组织的管理朝着专业化迈进。

第二节　品牌资产

一、品牌资产概述

1. 品牌资产的定义

根据世界著名的品牌战略研究权威、品牌资产研究鼻祖大卫·艾克(David A Aaker)的定义,品牌资产是指与品牌(名称和标志)相联系的、可为组织增加或削弱产品价值或服务价值的资产,品牌资产分为以下5类,见图8-1[②]。

2. 品牌资产的价值

品牌资产主要创造两大价值。第一,品牌资产为受众创造价值,品牌资产可以帮助受众理解大量的品牌信息,并且增加受众对于服务的信心与满意度;第二,品牌资产为组织创造价值,品牌资产可以培养组织受众的品牌忠诚,吸引新的受众,增加组织品牌的竞争优势。品牌资产是公益组织无形的资产,也是衡量公益组织营销绩效的主要指标。

二、品牌资产的构成

1. 品牌忠诚

关于品牌忠诚,美国营销学家 Oliver 提出的定义较为成型:品牌忠诚是一种对偏爱的产品或服务的深深承诺,在未来都持续一直地重复光顾,因此产生了反复光顾同一个品牌或同一

---

① Sargeant A,et al. Charity brand personality:The relationship with giving behavior[J]. Nonprofit and Voluntary Sector Quarterly,2008,37(3):468-491.

② 大卫·艾克.管理品牌资产[M].曾晶,译.北京:机械工业出版社,2012:13.

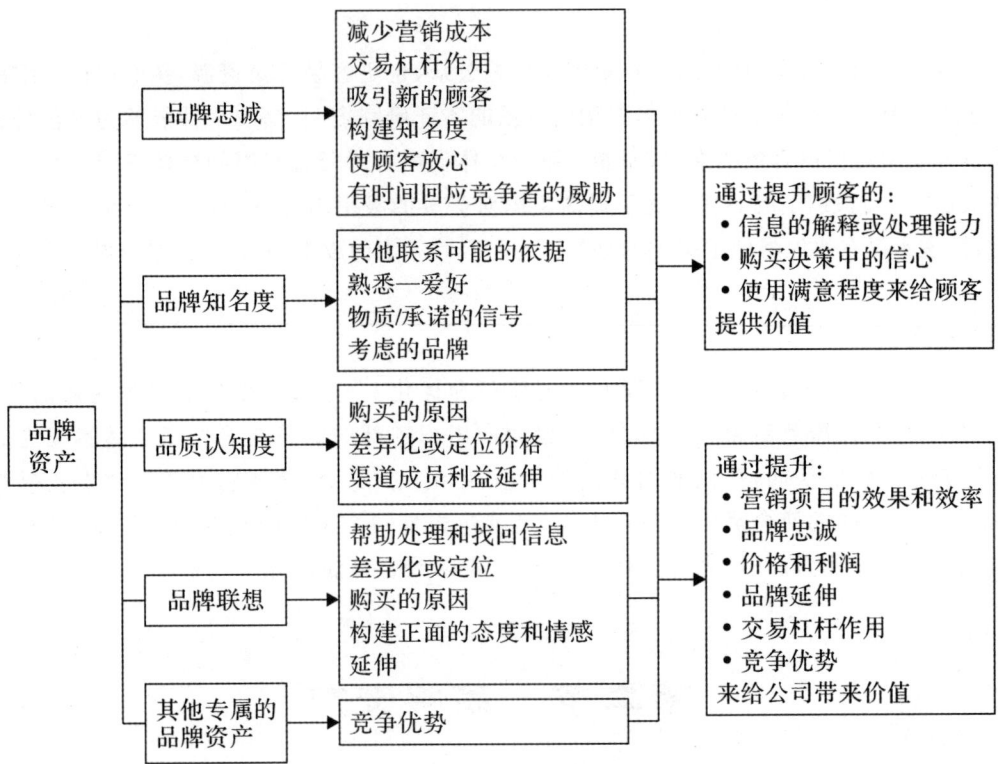

图 8-1　品牌资产的分类

个品牌系列的行为,无论情境和营销力量如何影响,都不会产生转移行为①。品牌忠诚有四个层次:认知性忠诚(认可该品牌的相关品质)、情感性忠诚(对该品牌产生偏爱的感情)、意向性忠诚(有重复光顾该品牌的冲动)和行为性忠诚(切实行动追随该品牌)。品牌忠诚可以降低组织的营销成本,减缓组织外部的竞争威胁。

2.品牌知名度

品牌知名度是指某品牌被公众知晓、了解的程度,它表明品牌被多大比例的受众所知晓。品牌知名度有四个层次:无知名度(受众对品牌没有任何印象)、提示知名度(受众经过提示之后可以想起某一品牌)、未提示知名度(受众在没有任何提示的情况下可以想起某一品牌)和第一提及知名度(受众在没有任何提示的情况下想起的第一个品牌)。品牌知名度是品牌资产形成的基础,高品牌知名度可以弱化竞争品牌的影响。

3.品牌认知度

品牌认知度是指受众感知到的某一品牌提供的服务质量而形成的印象。不同公益组织所提供的服务有可能十分相似,但受众对不同服务的认知却相差甚远。显然,影响受众品牌偏好的不仅是服务的客观品质,更是服务的认知品质。而对服务的认知又来源于对品牌品质的整体认知,因此,高质量的服务与品牌往往会形成高品牌认知度,获得受众的普遍青睐。高认知

---

① Oliver Richard L. Satisfaction:A Behavioral Perspective on the Consumer[M]. New York:The McGraw Hill Companies,1997:74-81.

度的品牌也会使得品牌下的系列新旧产品或服务均容易被受众接受。

4.品牌联想

品牌联想是指受众在看到某一品牌时所勾起的所有印象、联想和意义的总和,比如服务场合、组织形象、品牌理念等。品牌联想可分为三个层次:品牌属性联想(对服务特点的联想)、品牌利益联想(服务所带来的价值)和品牌态度(受众对品牌的总体评价)。品牌联想影响受众对品牌的选择,积极的品牌联想有助于建立品牌认知,扩大品牌知名度,并且使得品牌产生差异化的形象。品牌所具有的联想可以为其他更多的系列服务所共享。

三、品牌资产的建立

1.建立品牌知名度

建立品牌知名度的要点是建立品牌认知和加强品牌记忆。建立品牌知名度要求公益组织通过有效的传播,公众对组织品牌有一定的了解和认识,甚至能在不需要任何提示的情况下想起组织品牌。

公益组织可以根据自身的资源与渠道,针对建立品牌知名度来进行持续、有效的广告传播和自媒体传播,力图提高组织品牌在公众视线中的出现频率,加深公众的印象。建立品牌知名度的另一手段是举办相关的公关活动,比如电视或广播访谈、展览、新闻报道等,在举行大型服务活动或公益活动的过程中,组织要有意识地进行品牌推广,比如突出品牌名称、品牌标志等。有时公关活动比广告传播更能让公众信赖,且成本相对较低。另外,受众的口碑传播也不容忽视。有时由组织主动推出的品牌传播很难真正渗透进公众的心中,公众倾向于相信自己身边人或意见领袖的话语,因而品牌的人际传播是最受受众信赖的。公益组织更应注重组织的服务质量,令受众满意才是建立品牌知名度的根本。

2.建立品牌美誉度

建立品牌知名度是使公众认识品牌,而建立品牌美誉度则是使公众认可品牌。广泛的知名度如果没有令人满意的服务作为基础,那么品牌也不能获得公众的切实支持。组织需要提供尽可能完善的、独特的服务,一方面确保服务质量稳定,另一方面要不断对服务进行改良更新,使得服务趋于完善。组织也需要注意建立良好的信誉,只有赢得公众的信任,公众才会尝试接受组织的服务,优质的服务才能持续抵达目标受众。同时,组织要加强受众满意管理。受众总会有意无意地根据自己的期望对服务进行评价,如果该品牌服务的可感知效果与受众的期望值相匹配,受众就会满意;如果可感知效果超过期望,受众就会非常满意[①]。

最先接受服务的一批受众,对品牌形成了某种看法,他们可能会有意无意地向别人提供品牌意见,影响别人进行品牌选择,这批受众被称为意见领袖。他们的口头传播会对受众形成强有力的影响。组织需要真诚对待每一位受众,并尝试培养意见领袖,促进品牌的人际传播。

3.建立品牌认知

事实上,受众对品牌的认知主要还是建立在对组织水平与服务质量的主观认知上,组织建

---

① 黄静.品牌营销[M].2版.北京:北京大学出版社,2014:237.

立品牌认知的努力方向应该是提供高质量的服务与建立良好的口碑。服务表现是一个公益组织品牌最直接的表现,一个品牌是否有品质,首先体现在组织的服务质量、专业水平、管理能力、信用声誉等方面,受众也往往借助这些方面的信息来认识一个品牌。因此,公益组织在保证良好的服务质量的同时,应该有意识地展示组织的服务信息,比如定期、专门以图文、广告、报告等形式展示传播组织的服务活动过程与成果、组织的成员队伍与故事、组织的专业力量与硬件、组织的影响力等方面,帮助受众认知品牌。

建立与传播组织文化也是建立品牌认知的一种手段。在培训、服务过程中培养成员的服务意识,创造追求高质量服务的价值观、行为准则和习惯,形成组织独特的品质文化,贯彻落实到日常工作中的方方面面,进而感染受众,形成良好口碑。

4. 建立品牌联想

任何一种与品牌有关的事物都能成为品牌联想。公益组织要建立品牌联想,第一是要把握品牌联想的关键因素,如品牌属性与品牌利益。品牌属性中,品牌名称和品牌标志是受众最能直接产生品牌联想的因素。品牌名称具有暗示性,可以描述出服务类型与暗示品牌的核心属性;品牌标志是传达品牌属性的直接载体与重要的视觉渠道。在设计品牌名称与品牌标志时要注意把联想引导到好的方向,使得联想可以把品牌与好的品质联系起来而受益。建立品牌联想,第二是要选择品牌联想的传播工具。常用的传播工具有品牌口号、形象代言人、公共关系等。品牌口号是高度浓缩的组织理念的口语化表达,是品牌的语言标志,应设计为诉求明确,方便传播,令受众印象深刻、耳熟能详的精炼短句。形象代言人是品牌的形象标志,最能代表品牌个性和诠释品牌与受众之间的感情、关系[1]。公益组织应根据自己的资源,为品牌选择一位形象良好、知名度高、公众喜爱的形象代言人,收获品牌联想的奇效。

5. 建立品牌忠诚

建立品牌忠诚的要点就是加强受众关系管理。受众对于品牌的忠诚度往往是多变的、易受影响的,要建立、维持与提高受众对组织品牌的忠诚,组织需要不断地强化他们与品牌之间的关系,使得受众与品牌之间建立强有力的联系。

公益组织的受众多元,这里主要介绍最需建立品牌忠诚的受众群体——捐赠者。捐赠者的支持是公益组织资源的来源之一,在众多公益组织中,要留住原有的捐赠者,争取更多的捐赠者,公益组织无比重视面对捐赠者的关系管理。对于捐赠者,公益组织可以有以下方法来加强关系管理:第一,建立捐赠者激励计划,对于经常给予组织捐赠的人士,组织可以给予一定的激励,比如节日问候与礼物、邀请免费参与活动、纪念品赠送等,这些能使捐赠者感受到自己的忠诚得到组织的重视与回报,是留住捐赠者最直接有效的方法;第二,成立捐赠者俱乐部,不断加强品牌与忠诚捐赠者的关系,使得捐赠者获得更高的参与感,也能进一步带动其他捐赠者的品牌忠诚;第三,建立捐赠者资料库,保持与捐赠者的沟通,了解捐赠者对组织的看法和意见,发掘捐赠者的需求及其变化,不断加强品牌与捐赠者的关系,以辅助上述方法更好地实施。

① 黄静. 品牌营销[M]. 2版. 北京:北京大学出版社,2014:240.

第三节　品牌形象

一、品牌形象概述

1.品牌形象的定义

20世纪50年代,"广告教父"大卫·奥格威(David Ogilvy)提出品牌形象传播的概念,从此品牌形象的概念一直作为一个重要的概念在营销领域备受重视。综合历史上的四个品牌形象概念基本视角(整体说、象征意义说、个性说、认知心理说)而言,可以这样定义品牌形象:品牌形象是公众对品牌的整体印象和联想。品牌形象的形成来源于两个方面:一是公众对从品牌传播过程中得到的信息进行选择加工;二是公众在与组织互动过程中积累的品牌知识所形成的品牌联想。品牌形象是公众对品牌所积累的记忆[①]。

2.品牌形象的构成

(1)服务形象。

服务形象是品牌形象的核心载体,受众对品牌形象的认知,多来源于对服务的体验。服务也是品牌一切传播工作的基础,受众对服务的认同才会真正对品牌认同。因此,服务形象的不断完善是品牌形象发展的保障。

(2)符号形象。

符号形象是品牌形象内涵的外在表现形式,也是受众直接接触的品牌形象内容。品牌的符号形象包括品牌名称、品牌口号、品牌VI等。鲜明的符号形象可以使品牌更容易得到识别,有利于增强品牌认知。

(3)个性形象。

品牌形象的塑造需要差异化,包含着品牌的特色与自我诉求,这就意味着品牌要有自己的个性形象。品牌的个性形象可以帮助受众实现自我表达,在与品牌联系的过程中得到满意的心理与社交体验。

(4)组织形象。

组织形象是由组织成员、文化等组织因素综合构成的组织表现,有助于组织价值体现。组织全体成员的服务态度、价值观念、专业水平都反映着组织独一无二的属性,良好的组织形象可为品牌形象带来可信度。

二、品牌形象的塑造过程

1.调研与分析

与品牌定位类似,品牌形象塑造的第一步是调研与分析竞争者品牌形象的优劣、公众的反馈以及组织自身的形象条件,了解受众对品牌形象的要求、了解竞争者的空白点、了解自己的

---

① 黄静.品牌营销[M].2版.北京:北京大学出版社,2014:68.

发展机会。组织自身品牌形象的塑造建立在对行业内品牌形象全面客观的认识之上。

2.品牌形象塑造策略选择

根据调研分析结果,组织应该选择合适的品牌形象塑造策略,赋予品牌形象鲜明的风格。常用的品牌形象塑造策略有:情感导入策略,即通过情感诉求来表达品牌个性,与受众建立情感上的沟通与联系,以情动人;文化导入策略,即以组织所拥有或代表的某种文化比如宗教文化、地域文化等作为品牌特色,提升品牌形象;形象代言策略,即请受众喜爱的人士或明星作为品牌的形象代言人,拉进与受众的距离,引起受众的沟通欲望,扩大品牌知名度。品牌形象塑造战略的选择一方面要根据组织自身的特征以及品牌管理战略,另一方面也要综合考量组织的资源与能力,最适合组织的策略才是最好的策略。

3.品牌形象设计

品牌形象设计是为了建立让受众直接感知品牌的组织外在内容。在服务、传播等组织运作过程中,品牌的主观形象凸显是必不可少的内容。统一的品牌形象设计可以形成差异化优势,有助于展现品牌的专业水平,使得受众能够一眼识别品牌,同时增强对品牌的信赖感。品牌形象设计主要包括品牌名称设计、理念设计、标志设计、VI设计等内容。品牌形象设计是一个系统工程,它需要专业人士进行操作,公益组织可以选择组织内部设计人员实施或者委托专业的设计公司或者两者共同协作完成。

4.品牌形象传播

公益组织通过一系列策划与设计而建立的品牌形象系统,要通过传播活动把品牌形象传达给受众才有意义。无论是专门的品牌形象推广,还是在日常的服务活动、公关活动中,公益组织都应该有意识地通过报纸、杂志、电视、网络或者自媒体等多元的媒介把组织的品牌形象尽快推广出去。同样,在组织参与的各种场合里,组织应该主动通过视觉等形式突出品牌形象,也要把握各种协同传播的机会,增加品牌的曝光率与知名度。

5.品牌形象维护

在与其他组织机构合作的过程中,不良的对外联系或者互动,可能会对品牌形象与价值带来负面影响,而强势的品牌也有被其他组织擅用的风险。因此,公益组织要对品牌形象采取一定的保护措施:第一,对组织及项目品牌进行商标注册,对组织的知识产权申请专利或版权进行保护;第二,以契约形式对组织品牌进行使用授权来保护品牌;第三,在组织的管理架构设计及制度设计方面保护品牌;第四,聘请专职律师来审查组织的合作合同,开展品牌保护工作及应对品牌维权事件以保护组织品牌。依赖公信力的公益组织品牌很容易被破坏,对品牌形象的维护是品牌管理工作中不可忽视的部分。

第四节　品牌资产的传播管理

一、品牌传播的概念

品牌传播是向目标受众传达品牌信息以获得他们对品牌的认同,并最终形成对品牌的偏好的过程。公益组织通过各种媒介手段将组织设计的品牌形象传递给目标受众,以期获得受众对品牌的认知和认同,进而从行为上支持组织的理念与行动。

有效的品牌传播可以展示品牌形象与品牌个性,有助于公众增进对组织品牌的了解,强化品牌认知,使品牌在短时间内为公众所知晓,促使品牌得到迅速发展。品牌传播过程中组织与公众的双向沟通,有利于增强双方之间的联系,从而培养受众的品牌忠诚。品牌传播是公益组织向外打造强势品牌、形成竞争优势、赢得公众关注与支持的有力手段。

二、品牌传播的策略

1.广告传播

广告是指品牌所有者以付费方式,委托广告经营部门通过传播媒介,以策划为主体、创意为中心,对目标受众所进行的以品牌名称、品牌标志、品牌定位、品牌个性等为主要内容的宣传活动,广告是提高品牌知名度、信任度、忠诚度,塑造品牌形象和个性的强有力的工具[1]。广告的使用通常是在品牌建立或者服务推出之初,受众对品牌还没有形成印象,通过广告,组织可以直接传达品牌信息,从而使受众迅速认知品牌。

广告于商业公司中的使用较为普遍,但对于大部分公益组织而言,广告是一种成本较高的传播方式,相对而言难以长期、广泛地使用。总的来说,目前公益组织的广告多为公益平面广告,多见于地铁等场所。近年来引用中国的"404公益广告"借助闲置不用的网络空间或者网站错误页面投放公益广告,以其成本低廉、技术简单、传播面广也得到了很多公益组织与公益项目的青睐。

2.新闻报道传播

新闻报道是指通过大众媒体或新媒体等渠道,把组织信息传递给受众的一种传播方式。新闻报道是一种有效的、低成本的品牌传播方式。首先,新闻报道的受众广泛、接受度高,其权威性是任何品牌传播方式都无法比拟的;其次,新闻报道的转载功能可以使得组织信息迅速、相对自发地在各种媒体中传播,扩大了影响范围,也有利于人际传播。积极的新闻报道对于建立组织品牌形象和提升品牌美誉度都有非常大的帮助。

无论是服务活动,还是公关活动,组织都要有意识地寻求积极新闻报道,这就要求组织与媒体保持良好的互动关系。组织可以与特定的新闻媒体、新闻记者保持联系;举办活动时准备媒体席位、主动邀请媒体参与;活动前准备质量较好的新闻通稿;组织内专业人士也可以尝试就热点话题在媒体上发出代表组织的评论、观点与声音。公益组织应该有意识地通过一系列与新闻媒体的良性互动,创造获得新闻报道的机会。

3.事件传播

事件传播是指公益组织在真实、不损害公众利益的前提下,有计划地策划、组织、举办和利用具有新闻价值的活动,通过制造有"热点新闻"效应的事件,吸引媒体和社会公众的注意与兴趣,以提高社会知名度、塑造品牌形象。事件传播是近年来国内外非常流行的一种传播手段,

---

① 黄静.品牌营销[M].2版.北京:北京大学出版社,2014:114.

集新闻效应、广告效应、公共关系、形象传播、客户关系于一体,为品牌展示创造机会①。

事件的制造促使媒体帮助组织传播,增加了传播的权威性和可信度。但需要注意的是,事件传播虽然是一种"制造事件"的手段,但它必须符合公众利益并考虑公众感受,而不是一味地博取眼球。在事件传播的过程中,组织应该与媒体、公众等各种相关方进行良性的互动,避免引起不满与质疑,造成公关危机。

4. 领导者传播

领导者传播是指公益组织的领导者,比如创始人、首席执行官等将自己的个人形象传递给公众,以期在公众心目中确立一个理想形象的过程。领导者传播的渠道可以是电视、报纸、杂志等传统媒体,也可以是个人网站、博客、微博、微信公众平台等新媒体,还可以是通过积极出席峰会或论坛、接受媒体采访、发表个人著作等途径,扩大个人品牌的传播,从而引领组织品牌的提升。

相比于明星等公众人物,组织领导者充当组织品牌代言人,其代言人身份与组织的关系更加深刻,也更具有象征意义,有助于增强品牌识别。领导者作为品牌形象代言人或品牌拟人化的象征,其个人魅力对公众的态度与行为有着较大的影响。当形象越来越好时,公众对组织的评价与信任也会越来越高。

5. 自媒体传播

社交网络的出现降低了公益组织信息发布的门槛,也给了公益组织以建立自媒体,系统、定期、快速进行品牌传播的机会。与其他传播渠道相比,社交网络作为一种自媒体,传播成本较低,传播内容可以自行设计与控制,并且便于组织与受众进行一对一的主动、双向沟通,实现多种传播功能。公益组织可以通过自己的社交工具,发布服务信息、推广品牌理念、开辟参与通道、进行内外互动、凝聚受众人群。

组织应该充分利用现有的自媒体平台,全面开通组织网站、博客、微博、微信公众平台等主流自媒体渠道,组建自己的自媒体运营团队,规划与设计组织的自媒体传播方案,进行有序的品牌传播,做到信息的同步生产发布,满足公众对信息的即时需求。同时,组织也要鼓励用户生成内容(User Generated Content),增强受众的参与感,进一步塑造品牌形象。

第五节　公益组织品牌资产管理的案例②

一、希望工程

1. 改革开放以来中国非营利行业史上的第一品牌

改革开放以来,随着市场经济的蓬勃发展,社会领域也在不断发育,公益组织迅速发展壮大。回溯 20 世纪 90 年代的中国非营利行业发展史,中国青少年发展基金会毫无疑问是其中的佼佼者,其所创立的公益组织品牌——希望工程,更是家喻户晓,影响深远。

---

① 黄静. 品牌营销[M]. 2 版. 北京:北京大学出版社,2014:116.
② 本节案例来源:中国非营利品牌报告,心创益传播机构,2015 年。

根据 1999 年中国科技中心发布的希望工程效益评估报告,希望工程不仅已经成为保障贫困地区儿童继续学业、帮助贫困地区改善办学条件的重要方式,而且提高了社会重视教育、支持教育的意识,唤起了全社会扶危济困的爱心,改善了社会风尚,为发展我国民间公益机构和社会公益事业提供了成功的范例。希望工程效益评估报告显示,希望工程"已经成为我国 20世纪 90 年代社会参与最广泛、最富影响力的民间公益事业"[①]。说希望工程是"20 世纪 90 年代的一个伟大历史创造"[②],一点也不为过。从历史地位上看,希望工程当之无愧是改革开放以来中国非营利行业史上的第一品牌。

2. 品牌认知与投入

在希望工程品牌创立之初,中国青基会极为重视宣传。

早在 1991 年 7 月的第二次全国希望工程工作会议上,中国青基会的负责人徐永光就指出,希望工程的宣传工作十分重要,并且初步总结了希望工程发起两年来的宣传工作经验。第一条经验便是做好需求市场的调研:"做好调查研究工作,将翔实、有说服力的材料公诸社会,这是宣传的第一步","既要有数据和分析,又要有典型事例,要真正打动人心。希望工程是感情的事业,要动之以情,晓之以理……"第二条经验便是传播的力度要大,"宣传声势要大,既要有广度,又要有深度,要达到震撼人心的效果"[③]。第三条经验则是把握住传播的节点、契机及节奏,"比如在颁发资助就读证的时候,还有希望工程实施两周年的时候等"[④]。

在品牌投入上,中国青基会在成立之初的组织架构里,就在办公室下专设宣传组。而在1991 年,宣传组又从办公室分离出来,成为与办公室和基金部平级的"处级"部门[⑤]。

可见,中国青基会自创立之初便高度重视品牌,而且相应的品牌投入力度也是相当之大的。

3. 品牌定位

中国青基会虽然从团中央脱胎而出,但并没有像其他官办社团一样安于"二政府"的角色,而是从一开始就直面自身的定位问题。

徐永光曾对希望工程的公众捐赠市场做过分析判断,他认为,"希望工程的生命力在于'民办',什么时候希望工程变成了官办,它的生命就完结了","假如说希望工程真的变成官办了,老百姓肯定不会接受,相反会有抵触情绪"[⑥]。但是中国青基会又有官方背景,因此徐永光认为,"民办官助"的定位比较准确。这种定位决定了希望工程的渠道定位:希望工程要走一条社会动员的路子,而不是简单的行政动员甚至行政摊派。

此外,基于深入的需求市场的调研,希望工程品牌还进行了人群和地域的定位。中国青基会要把希望工程做成"一件有社会动员力的事情",而这件事情之所以最后被聚焦为"救助贫困

---

① 中国科技促进发展研究中心 希望工程效益评估课题组. 捐款是怎么花的——希望工程效益评估报告[M]. 杭州:浙江人民出版社,1999.

② 徐永光. 叩问天人之际——徐永光说希望工程[M]. 方立新,王汝鹏,编. 北京:中国青年出版社,2001:01.

③ 徐永光. 叩问天人之际——徐永光说希望工程[M]. 方立新,王汝鹏,编. 北京:中国青年出版社,2001:22-23.

④ 徐永光. 叩问天人之际——徐永光说希望工程[M]. 方立新,王汝鹏,编. 北京:中国青年出版社,2001:23.

⑤ 康晓光. 创造希望——中国青少年发展基金会研究[M]. 桂林:漓江出版社,桂林:广西师范大学出版社,1997:120.

⑥ 徐永光. 叩问天人之际——徐永光说希望工程[M]. 方立新,王汝鹏,编. 北京:中国青年出版社,2001:142.

地区失学儿童",实际上是基于创始团队对农村基础教育极端落后状况的直接深切的认识。早在 1986 年,徐永光就在广西少数民族地区做了两月的调查;而其他创始人,如郗杰英和杨晓禹等因各自的经历,都对贫困地区失学现象有着深刻认识[①]。

希望工程的"民办官助""社会动员"的市场定位及策略同样也决定了希望工程的形象定位。中国青基会区别于政府和共青团,中国青基会创立的希望工程是创新的产物,这是希望工程的一种个性形象[②]。徐永光曾特别强调,民间的定位是希望工程的重要形象,"不要把这个形象变了味道"[③]。

4.品牌建立

对于希望工程品牌建立,创始团队也是颇费功夫的。

希望工程的起名便花了很长时间,"我就天天想啊,辗转反侧,有时想到半夜,还把《辞源》《词通》找出来翻"[④],从最开始的'春雨计划',到'希望计划',创始团队几番讨论,直到最后定为'希望工程'。希望工程的使命是'助农民的后代人人有书读',核心的两大子项目便是学生资助和希望小学。从品牌的名称与使命的相符程度看,应该说希望工程这个名称还是非常准确地反映了其使命的。"徐永光如是说道。

从品牌的视觉识别系统(VI)来看,希望工程品牌应该是一个逐步完善的过程。这尤其体现在希望小学这个子品牌上。

对于品牌的架构,中国青基会一开始并没有一个很清晰的机构品牌与项目品牌、母品牌和子品牌等架构,尤其是早期过于注重项目品牌,而忽视了机构的品牌。徐永光后来逐渐意识到这个问题,他发现,中国青基会在支出全部捐款后,有形资产几乎为零,而希望工程巨大的无形资产也并未与机构紧密联系。对此,他做了一个形象的比喻,"中国青基会犹如'运载火箭'把'希望工程卫星'送上了天,自己又回到地面上"[⑤]。因此,如何从项目品牌过渡到机构品牌是中国青基会在 20 世纪 90 年代中后期面临的一个重要挑战。

从希望工程品牌建立的参与者来看,早期主要是创始团队尤其是徐永光本人参与建立的。但是,随着希望工程事业的壮大,新员工的不断加入,早期主要由决策层建立起来的品牌如何能够引领、凝聚新的员工,也是中国青基会后续要面临的问题。

5.品牌管理

作为一项群众参与度很高的社会公益事业,希望工程的加速发展,救助规模、实施范围的迅速扩大与滞后的管理的矛盾日益突出。品牌管理逐渐被提升到攸关希望工程生命的高度[⑥]。1995 年甚至被确定为希望工程管理年。

随着希望工程的加速扩张,希望工程面临一系列管理问题,主要包括:①假借希望工程谋

---

① 徐永光.叩问天人之际——徐永光说希望工程[M].方立新,王汝鹏,编.北京:中国青年出版社,2001:142.
② 这里,徐永光基本是把机构形象和希望工程形象等同起来讨论,并且在实践上试图将希望工程已经建立起来的良好形象过渡到机构形象上来。
③ 徐永光.叩问天人之际——徐永光说希望工程[M].方立新,王汝鹏,编.北京:中国青年出版社,2001:142.
④ 徐永光.叩问天人之际——徐永光说希望工程[M].方立新,王汝鹏,编.北京:中国青年出版社,2001:142.
⑤ 徐永光.叩问天人之际——徐永光说希望工程[M].方立新,王汝鹏,编.北京:中国青年出版社,2001:142.
⑥ 徐永光.叩问天人之际——徐永光说希望工程[M].方立新,王汝鹏,编.北京:中国青年出版社,2001:142.

取私利;②体外循环:出于好心,未经授权进行募捐,没有纳入统一管理;③违反管理规则;④壹周刊事件,1994年壹周刊的诽谤使中国青基会比过去任何时候都意识到管理的重要性[①]。

徐永光还指出过希望工程存在的八大隐患:①体外循环;②假名营私,希望工程名称权缺乏法律保护;③体制摩擦;④政策风险,1988年出台的不足千字的管理办法不适应形势的发展;⑤管理疏误;⑥中伤毁誉,壹周刊无端诽谤中伤希望工程在海内外造成恶劣影响,香港同胞和海外华人对希望工程的捐款急剧下降,尽管驳斥、澄清,但造成的损失难以挽回;⑦失准评判;⑧自砸招牌。这些问题和隐患迫使中国青基会不断强化管理和制度建设,除了先后制定、出台的《希望工程助学金实施办法》《关于创办希望小学的意见》《关于建立地方"希望工程助学基金"的若干规定》《关于做好给希望工程捐赠者复信的意见》《关于希望工程特别助学金实施办法》[②],中国青基会还在清理地(市)县基金、加强动态和跟踪管理、强化社会监督(如设立希望工程全国监察委员会以及监察巡视员制度)上做过一些探索[③]。但是,这些仍然集中在项目的管理上,对于品牌的管理,尤其是危机(如壹周刊事件)管理的制度化程度还不够完善。此外,清理地县基金很大程度上涉及品牌授权制度,这方面也仍然存在很多模糊地带,面临很多风险。

对于希望工程品牌的名称管理,中国青基会很早就开始有意识地维护希望工程的名称权。在1992年4月第三次全国希望工程工作会议上,徐永光指出,对于盗用、滥用希望工程之名进行经营牟利或其他活动的不法行为,请法律顾问组研究,并准备抓一两个典型诉诸法律。到了1997年,中国青基会向国家工商行政管理局商标局申请注册"希望工程"服务商标获得批准。将一项公益性社会活动名称注册成服务商标,纳入知识产权法律保护体系,这也许是中国非营利史上具有里程碑意义的事件。

6.品牌传播:从泛大众营销走向影响者营销

中国青基会的品牌传播早期仍然带有传统的运动式的特征[④],而且往往跟大规模劝募联系在一起。这种大规模的运动式传播,我们可称之为"泛大众传播",这种传播模式曾经给希望工程带来巨大的声誉,但是,这种传播模式的效益也随着中国公益环境的变化在逐渐式微。

中国青基会做过三次全国性大规模劝募活动:第一次是1992年希望工程百万爱心行动;第二次是1994年1+1助学行动;还有最后一轮劝募行动。其中,最后一次的劝募行动效果并不理想。徐永光曾总结道:"我们花了那么大的代价做宣传,做广告,发募捐信,捐款却上不来。我们找到了问题的症结:在希望工程管理机构和捐款人之间,缺少或者说断了一个重要环节——就是志愿劝募者……向社会的募捐主要通过媒体宣传或者依靠并不很深入细致的活动。"[⑤]"希望工程的品牌已经家喻户晓,在社会上有崇高的信誉;我们又是独家经营,别无分号,没有人和你抢资源。拿不到捐款,原因就是工作不到家,方法不对路,更重要的是缺乏竞争

① 徐永光.叩问天人之际——徐永光说希望工程[M].方立新、王汝鹏,编.北京:中国青年出版社,2001:142.
② 徐永光.叩问天人之际——徐永光说希望工程[M].方立新、王汝鹏,编.北京:中国青年出版社,2001:142.
③ 徐永光.叩问天人之际——徐永光说希望工程[M].方立新、王汝鹏,编.北京:中国青年出版社,2001:142.
④ 徐永光.叩问天人之际——徐永光说希望工程[M].方立新、王汝鹏,编.北京:中国青年出版社,2001:142.
⑤ 徐永光.叩问天人之际——徐永光说希望工程[M].方立新、王汝鹏,编.北京:中国青年出版社,2001:142.

意识。"①

这就迫使中国青基会从泛大众营销走向影响者营销。志愿者便是重要的影响者。以往的募捐活动是直接动员广大大众,面向每一位捐款者;而志愿者劝募则是动员希望工程的积极分子向他人募捐,让他们去宣传、动员更多的人参与到希望工程中来。1998年希望工程志愿者劝募行动,招募了20余万名志愿者,深入社区、贴近公众。这种全新的品牌传播模式和社会化筹款方式使得1998年全国希望工程实现筹资3.54亿元,其中中国青基会近2亿元,创10年来最高纪录②。

7. 更加重视品牌内部价值

中国青基会以往一直很重视品牌的价值,但主要集中在外部价值上。从希望工程的相关评估来看,评估报告注重的往往也是品牌的外部价值,诸如:保障贫困地区儿童继续学业,帮助贫困地区改善办学条件,提高社会重视教育、支持教育的意识,唤起全社会扶危济困的爱心,改善社会风尚,为发展我国民间公益机构和社会公益事业提供了成功的范例等,其实都是希望工程品牌的外部价值,而机构内部品牌建设及其所带来的凝聚力和工作效能则没有被很好地关注。

随着相似的公益项目"春蕾计划""烛光工程"广泛出现,希望工程面对的同质性竞争日趋激烈;同时,需求市场、政策环境也发生了巨大变化,希望工程筹资救助的效用和地位已经弱化,外部价值日渐下降。如何深入挖掘希望工程品牌的内部价值,实现品牌再造(Re-branding),从而使希望工程品牌的内外部价值互相推动,或许是希望工程品牌建设的一个新的突破口。中国青基会与心创益传播机构联合实施的"策马2014"项目便是对此进行的一个崭新尝试。

二、壹基金

1. 从明星的市场化基因看壹基金的品牌建立

在公益组织中,名人基金会是一道独特的风景线。它的独特性在于此类基金会的认可度与公信力往往与其发起人的个人形象紧密相连,加之由于其发起人有较高的知名度,因此这类基金会的经营运作便广受社会及媒体关注。对机构来说,个人的品牌价值尤为突出,比如壹基金、嫣然天使基金、成龙慈善基金会等。

其中壹基金作为近些年快速成长的著名基金会,发起之初几乎是由创始人李连杰凭借一己之力建立起来。他的个人品牌对机构品牌的成功塑造起到了决定性的作用。对于这样的品牌建立过程,相信对整个行业来说都是值得思考和借鉴的。

2. 品牌认知:品牌价值在于传递公益理念

壹基金公众参与中心的叶婉女士介绍壹基金对品牌的理解时说:"一说到品牌就是Marketing的东西,就是市场的,为了赢利,赢得发展。其实对公益组织来说,品牌的价值不仅在于能赢得良好的公众支持,媒体的舆论环境,保证筹资的可持续发展。还有一个非常有价值的地

---

① 徐永光. 叩问天人之际——徐永光说希望工程[M].方立新,王汝鹏,编.北京:中国青年出版社,2001:142.
② 徐永光. 叩问天人之际——徐永光说希望工程[M].方立新,王汝鹏,编.北京:中国青年出版社,2001:142.

方,每一个公益组织的背后都有其存在的公益理念和价值以及公益使命。公益组织不是为了筹多少钱而存在,而是为了完成自身的公益使命而存在。而公益组织的品牌其实是对自身公益价值以及使命的最集中体现,所以对于每一家公益组织,品牌的更长远和终极的目标是公益理念和公益价值的建立。"壹基金认为公益组织的品牌价值主要在于能够传递公益理念。

谈到公益组织塑造品牌,就一定会涉及公众是否认可的问题时。对这个问题叶婉女士说:"这个可能公众目前还很难理解和接受。比如对于社会组织来说公益传播和倡导就是一个公益项目,叫公益倡导项目。比如说之前做的冰桶,它并不是一个单纯的筹资活动,更多还是一个理念倡导的活动,通过这样的活动唤起媒体、公众对渐冻症及患者状况的关注。""目前的一些现实环境,我们不能忽略它,在这个过程中尽可能地通过定向捐赠和公益支持来解决一部分问题,这个方面还是要通过你的影响,让更多人明白这是怎么回事。这可能是一个解决方法吧。这个关卡不可能略过去。举个例子,比如10%行政费用,公益组织的员工领工资这个事,现在大家都能明白和接受,这就是一个发展。也有很多这类倡导类的项目,很多人也愿意捐钱。觉得这个认同度,大家会慢慢明白这个事情。这也离不开公益组织要不停地进行公益教育,做影响,做说明。"总体看,壹基金对品牌的认知比较成熟理性。

3.品牌定位:定位清晰才能不断积累

关于公益的理解,李连杰说:"壹基金永远想解决的是五年后和八年后的问题,所以才会是一个很有特色的基金会,壹基金的独特,它就是一个平台,怎么去引导人们,怎么影响他们进入到公益,每月捐,每日一善。壹基金要引导公众在梦想、理性的情况下一步一步往前走。"

壹基金在各种活动中,始终在传播一个人人公益的概念,即将捐款人定义为普通大众。从早期的"一个人、一个月、捐一块钱"到目前的"尽我所能,人人公益"壹基金以全社会作为目标市场,将普通民众作为筹款主要对象。壹基金的品牌定位清晰,伴随品牌成长没有颠覆性调整,从而慢慢积累成公众认可的品牌。

4.品牌建立:创始人品牌与机构品牌的关系更迭

壹基金在诞生初期是一个名人基金会。李连杰的个人品牌成为壹基金品牌快速建立的关键因素。这其中有两方面比较重要:一是创始人的品牌影响力,二是机构的品牌意识。

个人品牌,李连杰作为一个名国际知名的艺人,拥有很好的正面形象和知名度,品牌形象比较优质,容易获得公众认同。同时他的个人影响力也为壹基金赢得一些社会资源,比如媒体上的曝光、对外的合作。

这对壹基金的前期品牌传播构成了有利因素。从李连杰2007年建立李连杰壹基金计划挂靠红会,再到2011年实现公募化转型,期间的6年时间,李连杰扮演着创始人、CEO、品牌大使、新闻发言人等多种角色。

壹基金头三年的合作伙伴,很多是李连杰个人的影响力带来的。可以说,早期壹基金的品牌优势中一大部分是从李连杰的个人品牌影响力获得的。

机构要有品牌意识。公众参与中心的叶婉女士说:"你要引入各种社会资源整合,就要把自己的品牌做得非常好,才有可能可持续发展,还有外部的支持环境。"基于这样的理解,壹基金在很早的时候就有合作发展和公关传播部,其作用等同于企业的品牌部,负责向公众传递机构理念,与公众沟通。在壹基金的品牌公关合作伙伴中有很多国际顶级企业的名字。战略规划上有国际著名的咨询机构贝恩公司为壹基金的长期战略发展提供指导。奥美、BBDO 等全球领先的广告公关公司为壹基金提供国际专业水准的免费传播咨询服务。这样的专业品牌建设意识和举措相信在当时乃至现在的中国公益组织中都是比较超前的。

对比国内大多数的公募基金会,由于很少面对市场化的竞争,与广大公众的沟通也相对较少,所以品牌似乎始终是个可有可无的东西。再对比国内的草根公益组织,很多草根公益组织多是先从项目开始做起的,依靠项目慢慢发展逐渐有了定向的捐赠,所以也不太需要面向公众筹款和传递理念,他们更看重基层的服务。只有发展到一定程度,它才会发现没有机构的品牌是个问题。通过这两个对比,我们可以看到壹基金在品牌上的领先意识。

当个人品牌成功影响到机构品牌,使得机构品牌拥有了自己的生机之时,就是个人品牌退出之日。李连杰说:"'去李连杰化'是我一直的心愿,因为一个长久、持续、专业、透明的基金会,不能只在李连杰的名字下。"[①]刚诞生的壹基金就强调了"要像运作一个公司一样运作",壹基金聘用了数十位不同专业背景的工作人员全职工作,组建了一支高效率的执行团队,包括拥有跨国工作经验以及 500 强公司工作经验的资深管理人士。同时国内公益领域的数十名知名专家学者也受邀组成了壹基金的顾问委员会。

无论中国还是全球,公认企业是社会最有效率的组织,是社会创新的主体,壹基金强调一个公益组织要像企业一样运作,让企业家们容易理解,也更愿意以"股东"的身份参与。2011年壹基金成为一家公募基金会之后,成为一个由多位国内主流企业家担任理事的新型管理架构。而李连杰作为壹基金的创始人和发起人,同时也是壹基金众多理事中的一员,和其他理事一起共同参与理事会,对于涉及壹基金战略和发展来进行共同决策。商业精英参与治理、专业团队执行、公众志愿参与的壹基金运作模式初步形成。虽然李连杰不再参与日常的运营和管理,但市场化的运作思路已经得到沿袭。比如在公募化之后制定战略的半年时间里,很多人质疑壹基金不做事。那时的秘书长杨鹏压力很大,他介绍当时的情况说:"但理事们好像都不着急。他们说,在决定做什么之前,首先要搞清楚战略。这可能和企业家的特质有关,企业家倾向于一点一点地做事。"2011年2月,壹基金携手国际知名管理咨询公司贝恩,历时四个月完成并出台了新时期战略规划,7月15日壹基金宣布未来三年的工作重点将聚焦于灾害救助、儿童关怀和公益人才培养三大领域。此后,壹基金的理念更加清晰——让更多的人参与公益,在参与公益的过程中,让自己发生改变。

透过以上过程我们不难发现,壹基金依靠个人品牌成功建立,随着机构发展,吸引企业家和专业人员参与,成功将市场化的基因注入机构。强烈的品牌和市场意识让壹基金从开始就具备了市场化运作的能力,这让壹基金从一个名人基金会变成为一个非名人基金会成为可能,并让机构的市场化基因在成长过程中慢慢得到强化。

5.品牌管理:品牌透明度需要技术和制度的支撑

(1)品牌透明度。

---

① 壹基金:从"明星公益"到"去李连杰化"[J].社会创业家,2013(5).

基金会的透明度是公众最为关心的问题。早在2010年,壹基金就发现,财务管理是草根公益组织面临的一个共同挑战,如果不能做到财务透明,就很难取信于捐赠人。之后,壹基金委托北京恩友开发出两个财务信息透明的软件,并对公益组织提供培训服务——就是在此时期,发生了"郭美美事件"。为了保证基金的透明,还聘请了全球四大会计师事务所中的德勤华永会计师事务所有限公司(Deloitte)和毕马威国际会计师公司(KPMG)对善款的收支进行审计,同时聘请凯誉管理咨询有限公司(KCS)提供善款的财务报告。壹基金进入芦山地震灾区救援时,就有审计人员随行监督。

(2)品牌内部参与。

壹基金经过了三个不同的发展阶段。第一个阶段是2007年到2010年,是壹基金的品牌创立和发展期,在这一阶段凭借名人效应、资源整合以及创新思维,壹基金逐步发展成为民间公益机构的先驱。第二阶段是2011年到2014年,也就是壹基金在深圳公募后的头三年,主要是构建壹基金的项目体系和项目品牌,进一步夯实业务基础,进入了持续稳定的发展盘面。第三个阶段是2014年到未来,壹基金将打造机制化竞争力,实现可持续的领先。每一个阶段有不同的人员进出,各阶段又都有相应的战略调整,所以要保证内部人员的价值观完全一致性是比较困难的。2007年到2011年公募前,2011年到2014年,2014年壹基金又做了三年的战略调整。公众参与中心的叶婉女士说:"最近的这次讨论中,也在讨论我们的价值观是什么:第一是创新。壹基金的产生就是一个创新。它是个人发起的,又和红会成立了计划,又成为公募,怎么说,就是走黄灯,就是别人没走过的,这本身就是一个创新。比如和招商银行一起做的爱心卡,跟腾讯做网络的筹资,和阿里巴巴做的捐赠渠道。我们的员工结构也都是比较年轻的,希望不断能有新的东西、新的技术、新的尝试,能有新的方法来和公益结合。第二是包容,我们有三个阶段的人,人员背景有企业的,也有国际NGO的,有草根的,有GONGO的,所以这个机构一定是一个包容的机构。第三是问责,我们承担着捐赠人和受益人的责任,要专业、透明。第四是公平,作为公益机构公平是很重要的。这些描述大家都是一致认同的。"

这些价值观先是理事会讨论通过,再到管理层,再到部门分享。这种逐级下达的方式或许简单有效,但对公益组织而言,也一定会削弱员工的参与感。这对于人员构成较为复杂的壹基金来说会形成一定的困扰。公众参与中心的叶婉女士说:"在这方面,壹基金不能说做得非常好,还在过程之中。"我们认为在这方面,壹基金或许应该思考的是如何激发内部员工的参与热情,从而形成决议。也就是说内部的自下而上的讨论通常会形成比较好的价值认同,对于依靠组织理念赢得合力的公益组织来说尤其如此。

(3)机构品牌和项目品牌的关系。

机构品牌和项目品牌如何整合,是一个比较复杂的品牌问题。对此,壹基金也是经历了一个慢慢摸索的过程,目前也找到了比较合适的解决方法。首先从两者关系来看,壹基金认为一方面项目品牌要符合机构的整体品牌,壹基金是一个公益理念型的组织,"尽我所能,人人公益"是壹基金的品牌理念,项目也是为了这个理念和战略来服务的。所以壹基金不会特别强化项目品牌。另一方面,从筹资的角度看,壹基金的机构品牌一定是依靠丰富的项目品牌来支撑的。

其次,单从项目品牌来看,壹基金也经历过转型,也多次讨论过项目是聚焦还是多元的问题。2007—2010年,壹基金是有很多跨领域的项目的,甚至还有环保的项目。2011年转型之后通过理事会讨论,希望项目更加聚焦,这样保留了现在的三大类项目,一是救灾,二是儿童关怀发展,三是公益行业的人才培养和支持。这样的一个转型、聚焦的过程,就是寻找项目品牌与机构品牌契合角度的过程。

这个过程中壹基金发现每一个项目都应该去强调核心的、同质的东西。比如壹基金强调更多人的参与,更多人的支持,而不是说强调筹款的多少,所以壹基金在项目的设计层面强调的是受益人、捐赠人、媒体、企业伙伴,看他们能不能和壹基金一起更广泛地影响更多的人,而不是单纯地只解决一个社会问题。

通过以上两点,我们可以看到壹基金在面对多项目品牌、子母品牌这类复杂的品牌管理的思路主线,就是用壹基金"尽我所能,人人公益"的核心理念来整合所有的项目品牌。

(4)品牌的危机处理。

壹基金有处理危机的预案,通过几个案例来看应对危机的反应时间和处理效果,总体看比较不错,但也有危机处理不当的地方。

2009年网友发帖指壹基金的财报显示2008年的"全球公益论坛"花费250万元,官网运行花费150万元,要求壹基金解释。一周之后,壹基金通过官网回应,得到网友肯定。包括发帖人向先生也表示"如果大家要捐款,我建议捐给壹基金,相对于其他基金会连财务报告都没有,壹基金已做得很好了。"[①]2013年5月,受中国红十字会风波影响,有媒体报道称壹基金挪用汶川地震善款2000万元用于创办现在的北京师范大学中国公益研究院。壹基金拿出多方证据,跟公众说明这部分钱是定向捐赠,事件短时间内很快平息。

2014年4月22日,某网站发布微博质疑壹基金尚未拨付的芦山地震赈灾款被其贪污,一石激起千层浪,短时间内,此微博仍被众多网友阅读转发,并有多家网站转载。这次的影响较大,壹基金的应对在第一时间没有重视。李连杰当时用调侃的方式做出反应,当时的秘书长杨鹏也做出了长文予以回应,认为该质疑"太过胡扯了",机构并没有第一时间组织统一应对,结果事件快速发酵。23日,壹基金才召集副总监以上级别的人"坐下来讨论"。这已经过了公关危机应对的24小时黄金时间段。4月24日,杨鹏在微博上发布了"壹基金就某网站微博诽谤壹基金贪污善款三亿元一事"的律师函。4月26日,杨鹏通过微信发布了一篇名为《政治构陷的脏弹,别扔向爱心世界》的文章。4月27日,批评者矛头转为"受捐多,花钱拖"。4月29日,壹基金以官方名义就近日集中的主要问题对公益时报记者做出反馈。之后事态逐渐平息,但对壹基金的负面影响还是比较大的。

壹基金内部对危机是有监测、预警和制度保证的。综合来看,壹基金的危机应对还是比较出色的,但是由于质疑"太过胡扯了",而忽视了积极应对,显然面对负面信息是不可取的态度。同时创始人的调侃姿态并不适合应对大多数的公众,容易引发误解。

6.品牌传播:面向不同渠道修正品牌资讯

针对不同的媒体,壹基金会发出不同的声音。这在中国公益组织的品牌传播中也是体现

---

① 壹基金蜕变之路[J].中国慈善家,2013(6).

了比较强的策略水平。简单总结面对不同的媒体,壹基金所强调的品牌形象和传播重点会有所不同。

"比如最早的时候就是一些传统媒体,传统媒体就是一个很权威的对外传递的工具,包括接受问询、质询,也是保证机构专业透明的一个方式。传统媒体可以很深入,有固定的读者。而对于公众来说,电视媒体一定是有更强的权威性的,因为这是一个党政的发声的媒体。"叶婉女士介绍说。

初期的壹基金,作为一个刚刚成立的公益组织,需要让政府和专业人士充分了解组织的具体运作。"我们会选择譬如《环球慈善》《公益时报》等在政府部门有发行的专业媒体,让政府知道我们开展的项目。"

壹基金为了增加权威性也会选择上央视的采访。面对这样的专业媒体以及党报等政府媒体时,壹基金会突出其规范化的背景,始终会强调"中国红十字会",以塑造机构合法化的形象。比如在《公益时报》等媒体上,对于壹基金的报道,均使用了"中国红十字会李连杰壹基金计划"的名称,强调主管部门。同时报道内容都与项目、活动有关。

同时,作为一个新的公益组织,需要增加机构品牌和社会大众的联系,赢得公众的认同。壹基金会选择一些面向大众的市场媒体来进行品牌传播。比如在 2008 年汶川大地震期间,李连杰接受了《南方都市报》《南方人物周刊》等媒体的专访。在这样的媒体上机构名称会使用"李连杰壹基金计划",突出壹基金作为草根组织的独立性,以获得社会大众的认同。传播内容也不是突出项目,而是突出宣讲自身的成长、慈善的理念等。传播的内容会突出人物性格,故事性会多一些,和受众的情感沟通会多一些。这样受众会比较容易接受壹基金的公益理念。

由于不同的媒体有不同受众群体,特别是在我国,党政媒体和市场媒体的受众有十分明显的区隔,一直以来中国的公益组织都是一篇通稿打天下,传播没有针对性,就很容易形成"鸡同鸭讲"的局面。壹基金在品牌建立之初就有这样的媒体策略,在政府和公众两方面都能形成有效传播,可以说是难能可贵的了。

新媒体的应用,壹基金介入是非常早的。公众参与中心的叶婉女士说:"从微博还没有的时候,壹基金就已经介入新媒体了。最早和开心网合作,还有天涯,后来又开通微博,腾讯就不用说了,很早就进入互联网的公益推广,随后还有微信。新媒体反应迅速,可以有很强的个性塑造。比如微博上算是粉丝关注很高的,我们经常分享我们做公益的动态,我们塑造的个性可能是小清新,有亲和力的一个形象。为什么会有这个形象,一定是在机构里面有这个东西,做的时候会越来越清晰。第一它很年轻,第二它很时尚。这个我们做过调研,年轻人的认可度很高。"

从中可以看出,壹基金在利用社交媒体和公众沟通上,慢慢摸索出了一些有利于品牌建设的元素。至少机构的形象在慢慢清晰化和拟人化,这在品牌传播上是非常有利的。

综合以上所述,壹基金作为国内市场化程度较高的基金会,我们可以看到它在品牌方面成功的一些原因。创始人本身具有的市场意识和品牌意识,并成功移植到机构当中。在品牌建设的几个重要方面如品牌认知、品牌定位、品牌管理、品牌透明度等几个方面都比较出色。在品牌内部参与、品牌危机处理等方面还有欠缺。整个机构表现出的对品牌的理解、策略能力和执行能力在中国公益组织中确实比较领先。相信壹基金这一品牌对中国公益行业的发展有着很大的历史和现实意义。

三、南都公益基金会

1. 受到行业内认可的非公募基金会

南都公益基金会于 2007 年成立,是第一批非公募基金会。2012 年荣获慈善透明度首位,并被评为"最受草根组织欣赏的基金会"。2013 年,在大部分公益组织深陷于筹资和项目时,南都公益基金会邀请了专业机构对自身的机构品牌进行梳理,这是行业内比较罕见的举动,公益组织提品牌建设是否操之过急?

南都公益基金会理事长徐永光先生在 2014 年中国公益基金会品牌建设分享会上的发言中说道:"任何一个机构或者团队都需要一些具有感召性的东西,比如机构使命、价值观、内部文化等等,而这些东西是需要机构内部不断磨合的、需要全体人员共同认可的,内部有时甚至比外部更加重要。"

2. 品牌认知与投入:核心价值和机构使命高度契合

南都公益基金会的核心价值是坚持民间立场为本,机构使命是支持民间公益,用徐永光的话来说是"行业利益的代表者和引领者"。从 2007 年成立至今,南都公益基金会经历了策略重设、项目再创、执行管理层更迭、组织规模扩展等发展变化。中间管理层的出现使得机构的管理方法和性质发生了变化,机构内外部都需要通过品牌建设更为精准地表述,更高效地对内对外沟通。基金会为此设立了专门的传播人员和资金预算投入到机构的品牌传播中,负责传播的人员也具备企业管理的背景和传播的实际操作经验。

机构从理事会到秘书处再到员工都十分认同品牌在机构发展中所产生的重要作用,并践行在日常工作中。

3. 品牌定位:做推动行业发展的引领者

为了实现行业利益的代表者和领导者的使命,机构不仅仅需要在综合考量上做到"优秀",更要在不同的维度都做到行业领先。新公民计划是南都公益基金会早期的项目,试图改变打工子弟的教育环境,南都公益基金会希望可以找到一个社会组织来具体执行项目,可是因为教育的复杂性,机构在学校、政府和公益机构之间周旋得疲惫不堪。当时理事会制定的目标是要在 10 年内建造 100 所新公民学校,但是当新公民学校建到十几所的时候基金会已经力不从心了。于是理事会开始重新进行战略梳理规划。最终梳理出将机构重心转向民间公益的支持,新公民项目逐渐收缩,银杏计划和景行计划作为基金会工作的重点,宏观研究项目在行业内担任倡导角色。这与机构支持民间公益的使命和倡导者的形象定位更加符合。

南都公益基金会对自己提出更高的要求,期望跳出圈子获得社会的认可,这样才能帮助公益行业带入更多社会资源。徐永光对南都公益基金会的口碑还有更进一步的期待:"对于业内来讲,南都的投入和口碑来讲,评价已经很高了。需要提高的是一个基金会只在一个公益圈上有口碑是不够的,还要在社会认知度或是品牌的影响上有一定的提高,这是南都未来最需要的。"公益行业的认可是第一步的胜利,怎样走出圈子征服社会才是更艰难长远的道路,外界的更多关注才会为行业带来更多资源。

4.品牌建立：员工参与专家支持的品牌民主建设

南都公益基金会的品牌建立从最初开始的由决策层参与到内部员工参与和外部专业机构支持的转变。

南都公益基金会理事会层面非常重视品牌建立,2009 时任南都公益基金会副秘书长的程玉带领麦肯锡团队帮助南都公益基金会做过品牌咨询,并制定了 5 年发展规划,其中还包括了一些非常具体的员工内部建设,如读书会、分享会,促进员工之间的交流。徐永光这样评价这次的咨询:"程玉用了很多形式,对于核心文化内涵的表述,经过反复的琢磨,也是归纳出一些条条框框,设立了一些制度、团圆会、培训活动,分享会。"2013 年南都公益基金会邀请专业机构帮助撰写机构品牌白皮书,将品牌建立融入员工的日常工作当中。

南都公益基金会理事康晓光在谈到机构品牌和项目品牌建立的过程中提到:"南都公益基金会的使命是支持民间公益,南都的优势是不仅可以做宏观性的指导,发起非公募基金会论坛等,还可以具体做一些项目,银杏和景行分别推动人和机构的发展,从而服务于自己的使命和宗旨。"机构品牌和项目品牌相互统一,共同服务于机构使命。从康晓光的谈话中可以了解南都的战略目标是比较清晰的,以实现机构的使命和宗旨为目标。

除了清晰的战略目标,南都公益基金会在机构整个品牌建立中非常重视 VI 设计,银杏叶可以看成是南都公益基金会的标识,无论是机构的 logo 还是银杏计划都是以银杏叶为主要元素。在新公民计划为分离出去之前,该项目的 logo 和标准色都和机构设计相统一,并有详细的规定可以参照。机构的所有宣传资料折页、年报、员工名片,都有相应的设计规范。随着机构发展的需要,传播部门也在规划 2015 年要升级机构的 VI 规范,使之更加适应当前的工作。

在培养新人这方面,南都公益基金会也会采取了一些举措,在南都公益基金会的品牌白皮书中有提到师徒制和新闻发言人制度。老员工带新员工,不止是工作业务方面的教导,还有从工作细节中,进行机构文化传递的交流;以前行业大会或是各类活动的发言人基本上都是徐永光,现在南都公益基金会开始培养新的发言人,让新人更快成长起来。容纳犯错是南都公益基金会的内部文化,鼓励员工试错,给予包容成长环境。程玉说道:"允许犯错这一条和创新、勇气有很大的关系,如果你要别人做事,就应该包容别人的错误。"

5.品牌管理：信息披露健全,用坦诚化解危机

南都公益基金会在信息公开方面做比较成熟,基本的信息公开包括《年度报告》《审计报告》《年度预算》《工作报告》,分类清晰,索引方便。为了给行业内提供更多借鉴,还将薪酬制度、管理办法一类的内部重要文件与行业进行公开分享。

机构的视频和图片等影像资料都由机构专门的传播人员负责管理,如何使用也是根据相应的发布制度。

机构会不定期进行舆情监测,一旦发现有质疑或是负面的消息报道,工作人员会逐级上报。如果是和项目相关会由传播部与项目部人员协商答复方案,最后由项目部直接与质疑者进行沟通,增加公众信任。

徐永光个人在行业内的影响力给南都公益基金会带来了更多关注和尊重的目光,为了塑造更加丰满的品牌形象,并向行业传递南都的项目模式以吸引更多的人加入到资助型基金会

的行业。基于外部品牌专业顾问的建议,南都目前正在推动一线项目人员更多地参与媒体和公众的互动和传播素材的琢磨,以更多地向行业内外传递南都项目的发展思考和项目故事,让南都的品牌形象更加丰满起来。如南都的项目副总监刘晓雪在做景行计划项目的同时就多了一个工作,要不定期地把之前项目中的思考和探索总结成文,向行业分享。

南都公益基金会很少有负面消息,但是一旦出现他们的反应还是非常迅速的,在危机公关方面做出的表现是令人惊艳的。对于之前出现的方红事件,南都公益基金会展现了有情怀且坚持原则的特点。对于方红本人的处理并没有一开始就极力撇开关系,而是深入了解实际情况,并想予以正向引导,在穷尽解决方案后坚持机构原则,按照规定处理。其中展现出人文情怀、对正义的追求和坚持原则的鲜明特点。

6.品牌传播:人人皆传播,让传播不流于形式

对于传播,南都公益基金会一直保留着低调的态度。理事会并不追求企业的传播效果,唯一的要求就是做好项目。所以从理事会到下面的员工,都是一心想将项目做好。但是在品牌梳理的过程中大家逐渐认识到:南都公益基金会做品牌并不是为了宣传自己,而是在推动行业的进步,南都做品牌并不是想要宣传南都公益基金会的项目有多好,而是把有意义的事情进行跨界分享。品牌最大化,是希望机构的资源能够发挥最大的作用。机构做品牌的工作是为了提升机构,提高品牌的辐射力。理事王海光说道:"希望外面的人关注到我们整个行业,所以我们应当多发声。我们应该靠思想去发声,让外界接触到不一样的思想。"

南都公益基金会的官网就是信息公开的主要渠道,并且很早就开通了官方微博和公众微信号,与公众形成良好的互动。南都公益基金会针对不同项目会制定不同的常规传播计划。在南都公益机构品牌白皮书中写道:南都的品牌传播对机构内部要"活出品牌",明确的品牌传播管理机制有利于机构中的每个人明确个人在传播中的职责分工和权限。在品牌传播机制上,也应有一整套的管理流程来规范传播,从内容的制定、资源的管理,再到对传播危机的防患于未然都应纳入管理体系当中来。机构的每一个员工都承担着传播的职责,都是一个品牌接触点[①]。

南都公益基金会的微信公众账号的传播也经历了不同阶段,负责传播的人员谈道:"以前我们是发布一些行业、机构大事件,但是发现这类文章其实公众的阅读量是很低的。一些和机构有关的文章发布点击率反而较高。以后的规划想把微信号弄成一系列观察的发布,可以了解南都公益基金会在不同阶段关注不一样的地方,有一个整体的策略。避免让微信号为了发布而发布。"南都公益基金会对于新媒体的传播有了更清楚的认识,新媒体是为了机构品牌而服务的,不能让机构围着新媒体转。

7.品牌价值:品牌是机构的一种无形资产

康晓光谈到品牌对组织的作用时提到:"NGO主要依靠的是无形资产,品牌对于NGO来说很重要,甚至比商业领域还重要,因为这个领域还有相当的一部分机构还是依赖于捐款和志愿服务,口碑尤其对于公募性的机构更为重要,它需要一种认同和让别人参与。对于资助性机构

---

① 心创益传播机构.南都公益基金会品牌蓝皮书,2013.

也一样口碑要好。并不是说你给别人钱就能够建立知名度、美誉度,所作所为和人们的评价,这些对于机构的品牌很重要,品牌建立起来很难,但是毁掉很容易,很脆弱。"

此外,更为重要的是,机构相信通过品牌建设将进一步带动团队凝聚力和机构文化建设。清晰的、可融入并且可指导团队日常工作的品牌策略能够保证机构任何一个人都可以理解自身作为品牌接触点来主动、精准、有效地传播南都公益基金会的品牌内涵。所以品牌白皮书内将品牌融入员工工作的方方面面。

南都更乐于与合作伙伴共享品牌价值,通过南都品牌影响力背书合作伙伴,为伙伴带来更多机会与资源是他们最为津津乐道的品牌价值之一。

四、瓷娃娃罕见病关爱中心

1.冰桶引爆瓷娃娃

2014年夏季,席卷全球的"冰桶挑战"让"渐冻人""罕见病"成为流行词,雷军泼下的中国第一桶冰水也让瓷娃娃罕见病中心再一次站上风口浪尖。从2007年王奕欧、黄如方两人从无到有创办瓷娃娃以来,瓷娃娃一次次颠覆了草根公益组织的品牌概念。风靡全球的"冰桶挑战"落地中国后,不仅仅让国人了解了渐冻人,更是让"瓷娃娃"走入公众视野。说瓷娃娃是草根第一品牌似乎并不夸张。

2.品牌认知与投入:资源少和基础差不应该成为借口

2008年,王奕鸥和黄如方两人白手起家创立瓷娃娃罕见病关爱中心,用黄如方的话说,他们是"三无"起家——无办公室、无经费、无工资。在别人屋檐下,"借"两个座位就开张了。刚成立没多久,汶川地震爆发,所有的社会资源、公众关注都转移到灾区去了。筹款工作非常不顺,在成立的一年半时间里,瓷娃娃一直没有获得任何机构资助,仅依靠个人捐款维持。

在资源短缺的情况下,王奕鸥和黄如方还是达成共识,一定要做好机构的品牌。而作为一个刚刚建立的草根公益组织,瓷娃娃有很大的筹资需求和压力,连温饱尚未解决,如何构建上层建筑。而学广告出身的黄如方认识到,品牌是机构的粮食,塑造好机构品牌即会对内凝聚员工,对外吸引资源。黄如方深信品牌的建立是和筹资来源、项目执行和公信力是紧密相连的。"为什么小机构即使具备运作100万的能力资助人却只给10万,因为机构没有传播没有宣传、默默无闻,让人觉得品牌没有达到那个程度。"

2008年第一届国际罕见病日在欧洲举行,在紧接着的2009年王奕鸥和黄如方搭上国际列车,瓷娃娃成为国际罕见病日中国地区合作伙伴,他们举办了一系列罕见病宣传和政策倡导活动。2009年12月第一次全国病人大会召开,是瓷娃娃这个群体第一次公开亮相,被公众认知。在瓷娃娃引发社会关注后,中国社会福利教育基金会主动联系瓷娃娃,成立瓷娃娃罕见病关爱中心。2010年2月26日,中华慈善总会、中国健康教育中心等部门联合启动罕见病科普宣传月活动,进行了更大程度的宣传推广。同年机构编辑《瓷娃娃》双月刊,免费寄给脆骨病患家庭。在各地发展瓷娃娃关爱中心,汇集志愿者服务脆骨病人群。2011年瓷娃娃民办非企业注册成功,2012年瓷娃娃联合国内近20家罕见病组织,举办国际罕见病日中国区宣传月活动。2013年第三届全国瓷娃娃病人大会,2014年冰桶挑战从国际蔓延国内,瓷娃娃再次被推到前台,瓷娃娃的传播影响就是这样一步一步打下的。

从瓷娃娃的发展历程可以看到,瓷娃娃即便在"没米下锅"的情况下,还是会想办法发声,举办各种活动,尽量不在公众面前消失。创始人之一黄如方把这一"传统"带到了目前就职的罕见病发展中心(CORD):"罕见发展中心团队因为刚刚建立,没有专门的人员和策略来做品牌建设。因为我本人比较重视,所以大家在做项目会比较重视。我们有一些宣传教育的项目,我们团队也在不断强化一些概念。"由此可以看到机构品牌的塑造和机构负责人是否具有品牌意识有极大关系,如果负责人都没有这个意识,不能指望仅从工作人员层面推动整个机构的品牌建设。

3.品牌定位

(1)细分脆骨病(成骨不全症)。

根据 WHO(世界卫生组织)确认的罕见病有 5000～6000 种,约占人类疾病的 10％。由于创始人的原因,瓷娃娃将关注点聚焦在"成骨不全症",细分了脆骨症,使得受助对象更加清晰,机构定位也更加清晰,并将成骨不全症向公众普及。瓷娃娃在品牌建立的认知上有非常清晰的思路。"第一,我们是倡导性的,我们要把罕见病与我们机构链接,也要把罕见病的概念不断推广,让别人一想到罕见病就会想到我们这个专业的机构;第二,未来我们是要面向公众进行筹资,我们要把关注落地,筹资本身和捐赠人的沟通是对传播的第二次推动;第三,在国际层面让机构有一些话语权,不仅仅只是参与活动。"黄如方这样说道。瓷娃娃想要做到的是让瓷娃娃成为罕见病的代名词。

(2)品牌故事——患者发起为患者。

创始人王奕鸥本人是成骨不全症者,童年是在骨折的疼痛中和母亲的泪水中长大,她一直顽强地与疾病抗争。2007 年王奕鸥辞去稳定的工作和黄如方创办瓷娃娃关爱协会,短短两年,协会已拥有全职工作人员 10 名,志愿者数百名,与全国 1000 余个"瓷娃娃"家庭取得联系。王奕鸥本人的故事也感染了很多人,也激励了很多瓷娃娃家庭。瓷娃娃的品牌故事能够具有如此感染力和创始人本人非同寻常的经历密切相关。创始人黄如方也是一个罕见病软骨不全症患者,每次外出演讲黄如方总会让听众知道一个事实,正是罕见病患者的存在让我们过上了健康的生活,因为人群中是一定会出现罕见病,它有一定的概率。没有患罕见病是一种幸运,患罕见病的人更是天使,帮助健康的人承受了这些。从这个角度而言不是我们在帮助瓷娃娃,而是瓷娃娃从一开始就帮助了我们这些健康的人,他们并不与我们无关,他们是天使。这个故事触动了很多人,他们通过实际行动加入到瓷娃娃志愿者队伍中。

4.品牌建立:机构运营、品牌先行

麻雀虽小,五脏俱全,即使是创办初期没有资源,广告专业出身的黄如方还是把品牌作为头等大事看待,logo 设计、口号、VI 组合一应俱全,像模像样。瓷娃娃拥有完整的 VI 设计,可以从机构网站风格、工作人员的名片设计、志愿者统一行动的服装可以看出来。瓷娃娃,寓意成骨不全症患者犹如瓷器做的洋娃娃一样可爱而又易碎,符合患者的外貌和容易骨折的特征,同时英文"China-dolls"又赋予了"中国"和"瓷器"的双重含义,象征成骨不全症患者等脆弱群体是中国公民中的重要一部分。机构的品牌形象可以通过 logo 形象表达出来。机构的口号是"还好，我们的爱不脆弱"。非常贴切地表达了成骨不全症患者的生活状态和坚强的内心世界，呼吁公众用爱来温暖罕见病人。

黄如方坦言机构品牌和项目品牌之间瓷娃娃没有很清楚地思考，但是有一点非常确定："好的项目品牌是要单独传播的，有单独的 logo，比如我们的罕见病日和影像日等。我们的高峰论坛的定位也是全国最大的论坛。"罕见病日从国际社会进入中国和瓷娃娃的推动有很大的关系，作为一个第三部门的公益机构，瓷娃娃的倡导最终吸引到政府的注意，罕见病日最终演化成罕见病科普宣传月，机构的影响力也越来越大。各个优秀的项目品牌慢慢建立的过程，也是机构品牌在不断强壮的过程。

5. 品牌管理：危机

没有一个品牌的发展历程是一帆风顺的，总是会有外部的考验不断敲击，打磨出品牌历久弥新的光彩。

2014 年冰桶挑战沸腾中国，创始人王奕鸥看准了这个重要的机会，在冰桶挑战第一时间积极加入，瓷娃娃罕见病关爱中心成为接受冰桶挑战捐款的机构，这是将社会关注引向罕见病的又一契机。然而树大招风，公众质疑铺天而来，瓷娃娃又是如何成功处理此次的品牌危机呢？虽然瓷娃娃没有专业的品牌管理机构及人才，但是对品牌管理非常重视，一直以来与公众也保持着良好互动，在冰桶挑战的热潮中，公众开始质疑冰桶挑战援助的是渐冻人，而瓷娃娃并非是针对渐冻病人，而在宋庆龄基金会下面就有一个具有公募资格的渐冻人关爱中心。瓷娃娃从两个方面应对了这场危机，第一以是解释瓷娃娃关注范围，第二是财务公开透明接受公众监督。

创始人王奕鸥向公众厘清瓷娃娃是家专注于成骨不全症的机构，但更是向公众倡导和普及罕见病的机构，渐冻人作为罕见病也包含在其中，瓷娃娃拥有公募资格是具备接受"冰桶挑战"捐款的客观条件的。

紧接着王奕鸥发布一份《致参与"冰桶挑战"爱心人士的公开信》，在公开信中她对捐款进行了妥善安排，成立瓷娃娃"冰桶挑战"专项基金，专款专用，并将财务信息进行公开定时披露。

截至 2014 年 8 月 30 日，瓷娃娃将所获善款中的 550 多万元，用于运动神经元症患者群体的相关救助服务和支持中，并公开对外招标，12 月已有 10 个项目中标并在网上公示，同时也展开了个案救助申请工作。质疑声最终消失在公众对瓷娃娃的信任中。风波的平息除了创始人及时正面的回应态度和公开透明的制度规范，最大因素应该是瓷娃娃多年以来的品牌积累。从 2008 年发展至今，瓷娃娃一直做着扎实的社群工作和公众倡导，尤其是每年 2 月最后一天"罕见病日"街头和网络活动，逐渐增加了公众对罕见病和瓷娃娃的认识，这不仅让"瓷娃娃"成了成骨不全症的代名词，同时也成了一个关注罕见病社群的品牌。如果瓷娃娃没有之前品牌的口碑和公信力的积累，或是采用某些组织采用的"鸵鸟政策"，也许在这场危机中品牌会受到重创。

6. 品牌传播：动员一切可动员的资源

移动互联网时代，传播的平台已经发生很大改变，很多机构面对改变并不是迎难而上，而是安于一隅想等待这个风暴的过去。黄如方认为外部的变化对于小机构而言是一个机会："互联网和移动互联网对于公益行业来说是一个机遇。因为能够迅速将品牌进行传播,让小机构和大机构在品牌知晓度方面进行平等竞争。小机构利用好移动互联网是有很大帮助的。"移动互联网是小机构传播的一个踏板,能够弥补资金不足造成的缺陷。

媒体传播是瓷娃娃一直非常重视的,罕见病宣传日瓷娃娃相应的宣传覆盖到地铁、公交、电视、报纸。这样声势浩大的宣传和认真投入的互动,让瓷娃娃获得了回报。中国社会福利基金会副秘书长肖隆君当年是看到媒体报道才找到瓷娃娃的,而他回忆说王奕鸥当时接到电话还以为是骗子,认为不会发生这么幸运的事情。由此看来正是媒体的报道帮助瓷娃娃打开成立专项基金之门,打通了公募筹资的平台。

瓷娃娃很早就开通了微博微信和公众进行良好互动,但依然保持着传统媒体的传播。创始人黄如方说道:"传统媒体的影响力还是在的,新媒体是对二三十岁的人有影响力,但是对一些四五十岁以上的高层还是需要传统媒体,因为他们只熟悉这个渠道。传统媒体的公信力比较高,影响力也很大。我们在传统媒体上的投入没有减少,但是传统媒体的传播是可遇不可求的。传统媒体是被动的,有些费用是没法预付的。新媒体是主动的,会有些比较好玩的玩法。"传统媒体和新媒体各有各的打法,两者结合才能发挥最大的品牌传播效应。

7.品牌价值:品牌价值带来的发展机遇

瓷娃娃的品牌塑造之路看上去一帆风顺,从一个草根公益组织发展成为如今行业颇具影响力的品牌。我们看到瓷娃娃塑造机构品牌的最大价值就在于坚实的公众基础,让合作伙伴、捐赠人放心地公开透明财务制度,还有一群愿意奉献的志愿者团队。这些是品牌带给瓷娃娃的最大的品牌价值。

前期的媒体传播让瓷娃娃拥有了变身公募资格的机会,后期新媒体的活跃让瓷娃娃搭上"冰桶挑战"快车。其实瓷娃娃的成名并不是偶然的,从2008年发展至今,他们做画展,做电影展映,利用2月28日"全球罕见病日"做公益宣传,一系列实实在在的推广活动让瓷娃娃的品牌形象深入人心,也让瓷娃娃成了成骨不全症的代名词,同时也成了一个关注罕见病社群的品牌。瓷娃娃品牌塑造的成功应该给更多缺乏资源埋头做项目的大量草根公益组织带来启发,有意识的品牌积累能够给机构带来的发展空间不可限量。

第九章

公益组织品牌危机管理

第一节　公益组织危机概述

一、危机的定义

公益组织的公共关系,经常会受到各方面因素的影响,并非总是处于平稳的发展状态。这是一个"危机四伏"的转型时代,由于社会环境变化快速而带来高度不确定性,公益组织只要与外界有所互动,就随时处于危机的威胁当中。根据美国公关专家 Kathleen Fearn-Banks 的定义,危机是指对组织可能造成潜在负面影响的重大事件,此事件也可能波及该组织的公众、产品、服务或名声,因其冲击到组织的正常运作,甚至威胁组织的生存[①]。

社会的发展为危机的发生与传播带来了很多复杂的因素。大众媒体的报道加速危机的蔓延,也扩大危机的冲击面;科技的发达使得组织的疏失与危机风险增加;社会变化趋势导致组织面临变动的风险;公众的权利与表达意识增强,对组织的要求与监督加强;网络的发达使得危机传播迅猛,为危机管理带来了很大的挑战。危机是对公益组织公共关系最富挑战性的考验,面对危机,公益组织需要在时间压力和不确定性很强的情况下对其作出关键性决策。危机可能带给公益组织以毁灭性的打击,组织能否化险为夷,安然度过危机,公众是否给予组织信任与支持,取决于组织是否有高度的应变能力与危机沟通能力。公益组织对危机事件的处理集中反映了公共关系工作的水平。

二、危机的主要特点

1. 突发性

突发性是指危机的发生不可预测。危机常常是突然爆发、出乎意料的。危机发生的具体时间、实际规模、具体态势和影响深度令人始料未及,当事组织往往毫无应对地准备甚至失去反应能力。

2. 危害性

危害性是指危机往往对当事组织造成较大的负面影响。由于危机的突发性,当事组织常常措手不及,将产生较大程度的混乱。危机爆发后会带来对组织不利的舆论,组织的公信力将遭受相关公众的怀疑,组织的正常运作将受到阻碍,甚至正常秩序被破坏。危机对组织的生存与发展具有立即而明显的威胁,具有较大的破坏力与负面影响。

2011 年年末,中国红十字会召开的第九届理事会上公布的财务报告显示,当年个人捐款虽然没有详细统计,但有很大的减少,原因之一是"6 月以来遭遇的'网络事件'引发的信任危机"。而整个公益领域的无形资产也蒙受巨大损失。据中民慈善信息中心统计,2011 年 6—8 月慈善组织接收的捐赠数额降幅达 86%。中国社科院社会政策研究中心发布的《慈善蓝皮书》(2013)中的一篇文章摘引了 2012 年 3 月"郭美美事件"之后中国红十字会对部分 10 万元

---

① Kathleen Fearn-Banks. Crisis Communications: A Casebook Approach[M]. New York: Lawrance Erlbaum Associate, 1996:1.

以上的大额单位捐赠人进行的一次问卷调查。该次调查共发出问卷 300 份,回收率仅为 20%,另外,80%的捐赠人拒绝回答问题。文章称,"为何 80%的单位捐赠人都不肯回答问题,意味着他们在观望红会发展的态势"。2013 年四川芦山地震之后,红会募集额不仅显示出"寒冬",并再次响起重查"郭美美事件"的呼声。时间过去四年,红会面临的巨大公信力危机仍在持续,使这家具有国际背景和中国政府背景的实力雄厚的公益领域知名组织蒙受损失,无形资产遭受重创①。

3.紧急性

紧急性是指危机留给当事组织的决策时间短。由于危机的突发性与危害性,当事组织必须在极度紧张的情形下作出决策,而且容许决策思考过程的时间非常短促,在此情形下,缓慢决策与失误决策都将给组织带来更大的损失。这是危机对当事组织公关效率与水平的极大考验。

4.传播性

传播性是指危机传播速度往往极为迅速与广泛。在新媒体的时代,网络已经成为公益组织危机的触发器与放大器。社交媒体的发展,使公众获取信息的便捷性与自主性大大增强,信息的传播渠道更加畅通,组织的负面信息很容易通过网络扩散开去。即使是一个很小的负面信息,都有可能迅速地在社交媒体上传播并演化,使组织的声誉受损。

5.二重性

二重性是指危机是危险和机遇的混合体。危机是一把双刃剑,"危机"二字便很好地诠释了这一点。危机的负面影响显而易见,但危机中也蕴含着机遇。危机的爆发使当事组织认识到自身的不足,使组织得到公众的密切关注,此时若处理巧妙、得当,并且及时地有针对性地对组织运作进行改善,则将迎来建立品牌、获取公众理解与好感、扩大影响力的好机会。

三、危机的主要类型

1.资产危机

公益组织的资产包括四类:不动产(如建筑)、经济资产、电子资产、智力资产等。公益组织的财务管理模式与管理经营模式都对资产产生影响。当遭受自然灾害、保管不善、投资不当等自然或人为的损害时,公益组织有可能遭遇资金亏损。

2.收入危机

目前,公益组织的收入主要有五类来源:政府补贴或资助、基金会和资助机构支持、企业捐赠、个人捐赠以及服务收费。公益组织的收入危机主要表现在收入来源的减少与服务成本的上升两方面。人员低效、信誉受损、责任缺失、合作破裂,甚至物价上涨等都可能导致公益组织收入缩减。

3.人员危机

公益组织面对的利益相关方主要有捐赠方、服务对象、内部成员(志愿者)、普通公众等。

---

① 康晓光,冯利.中国第三部门观察报告(2014)[M].北京:社会科学文献出版社,2014:50.

在公益组织运作与活动时,这些人员有可能因为各种各样的风险而产生人身伤亡、财产损失、权利侵害、合作破裂等问题,从而造成不可逆转的损害。

4.责任危机

公益组织的根本任务是提供社会服务、实现社会目标。公益组织有以下几方面的责任:保障服务的提供;保护捐赠者的利益;保护服务对象的利益;保护组织成员的利益;保证接收的资助有价值等[①]。这些方面的责任缺失都会导致公益组织的责任缺失。

5.信誉危机

公益组织的信誉包括组织声誉、社会地位、组织形象、公众信任等方面。公益组织的信誉问题最容易招致舆论的不满,并且容易引发连锁反应,带来收入危机。服务低效、质量下降、贪污腐败、违反伦理、欺诈瞒骗等不良行为与因素都会导致公益组织的信誉受损。中国近年来最深陷信誉危机的公益组织莫过于中国红十字会。随着"郭美美事件"的曝光,中国红十字会接连被曝出制度建设、品牌管理、信息公开等方面的一系列问题,陷入空前的信誉危机,2012年接受社会捐赠与2011年相比下降6.79亿元,同比下降23.67%[②]。

6.环境危机

公益组织的生存与发展离不开其所在环境因素的影响。不利于组织发展的法律法规,政府、企业、其他公益组织、媒体、公众等针对公益组织发起的对抗活动,地区的文化限制、整体经济发展的紧缩、市场竞争情况的不良趋势等种种环境因素都有可能给公益组织带来生存或发展危机。如2010年国家外汇管理局实行捐赠外汇管理新规之后,对境内企业接受或从国外非营利组织获得捐赠进行了严格的规定和限制。繁复的经手环节以及多重手续费使得国外捐助资源流失,诸如北京慧灵智障人士社区服务机构等一系列运营资金部分依靠国外基金会的公益组织受到巨大影响。2011年北京慧灵出现了34万元的亏损,进而形成收入危机。

四、导致危机的主要因素

1.公益目的不纯

当公益组织被作为谋取私利的平台或工具时,公益组织必然会遭遇危机。非营利性是公益组织的第一个基本属性。公益组织可以开展一定形式的经营性业务,在这些业务中往往会产生一定的超出经营总成本的剩余收入。但是,无论开展何种形式的经营业务,其经营收入都不能作为利润在成员之间进行分配,而只能用于组织所开展的各种社会活动及自身发展。公益组织的宗旨不是为了获取利润并在此基础上谋求组织自身的发展壮大,而是为了实现整个社会或者一定范围内的公共利益。因此,公益目的不纯是组织各利益相关者们最不能容忍的问题。

2.财务管理混乱

公益组织需有效地对其财务进行管理,严格按照捐赠人意愿,努力遵守相关法律。通常,

---

① 周志忍,陈庆方.自律与他律——第三部门监督机制个案研究[M].杭州:浙江人民出版社,1999:36.

② 数据来自《2012年度中国慈善捐助报告》。

公益组织的财务管理容易出现几个方面的问题：财务记录不准确、不及时；财务审计不及时；缺乏第三方专业机构审计；善款乱用、挪用；善款收支与预算之间出现重大误差；善款未按捐赠人意愿支出等[①]。对公益组织来说财务问题是极为敏感的问题。例如，中华少年儿童慈善救助基金会"48 亿巨款神秘消失"事件使儿慈会面临公信力危机。2012 年 12 月 10 日，网络举报人周筱赟微博举报，中华少年儿童慈善救助基金会 2011 年的账目上，一项"支付的其他与业务活动有关的现金"金额为 47.5 亿元，远远高于当年接受捐赠收到的现金 8000 多万元。周筱赟怀疑基金会可能存在洗钱行为。当晚，儿慈会发文澄清，由于财务人员的重大失误，账目中一项本应为 4.75 亿元的金额被写成了 47.5 亿元。公益组织以为很简单的财务问题，却引发了公众对其公信力的质疑。

3. 效率、效果差

公益组织不能满足于资金是否合理合法使用（如是否按捐赠意愿支出），资金使用的效率和效果不尽如人意，也存在引发公信力危机的可能性。公益组织发展到一定阶段，人们不仅要看到捐款是如何使用的，也要看捐款使用的效率和效果。例如，所建校舍应验收合格；所购营养午餐应符合学生成长需要；所进行的培训应有助于直接改善接受培训的人的能力；所执行项目不仅能使直接受益者受益，也能使间接受益者受益；项目能够产生超越项目直接产出的良好项目效果及影响（如人们的意识转变、行为转变、体制变革）。

4. 内部反馈机制阻塞

内部反馈机制主要指"内部人举报"制度，以及内部是否有正规或非正规的交流渠道，或者内部是否有可供员工发现机构问题并可以提出问题进而得到反馈的渠道、制度、机制。如果公益组织内部设立"内部人举报"制度，则有助于组织自查、自省，问题可以内部消化。内部举报人不是给组织捣乱，制造麻烦，而是组织的自我"净化器"、公益维护者及组织自我完善的必备机制之一。当内部反馈机制阻塞，内部人发现机构存在问题，却没有有效地传达通道，就可能会对机构失望，而将内部问题外部化，即所谓的"内部人爆料"，向公众披露，给公益组织造成难以收拾的局面。

5. 透明度低

公益组织的透明度主要指公益组织及时、主动地向利益相关者汇报准确、易懂且便于利益相关者了解机构所有信息的程度，也指公益组织使利益相关者实施其知情权的程度。它既包括财务信息，也包括项目实施信息，还包括管理信息、治理状况等。不同的利益相关者对公益组织信息披露感兴趣的方面不同。例如，捐赠方或资助方关注资金使用后及时向其汇报资金使用的情况及效果；公众的"胃口"则多样，他们需要了解公益组织的方方面面，需要公益组织提供便于其随时了解信息的便利通道，比如所捐的钱用在哪里、受益者具体情况。中民慈善捐助信息中心发布的《2011 年度中国慈善透明度报告》显示，84％的受调查公众对公益组织的信息公开状况表示不满意，只有 8％的受调查公众表示满意。"慈善透明"这一行业和专业问题

---

① 康晓光,冯利.中国第三部门观察报告(2014)[M].北京:社会科学文献出版社,2014:41.

进入公众视线,成为年度中国最大的社会热点问题之一[①]。可以说,公益组织的透明度几乎成为挑战公益组织公信力的"头等大事"。

第二节 危机处理的原则与策略

一、危机公关"5s"原则

1. 承担责任原则(Shouldering the Matter)

危机发生后,公众会对当事组织产生强烈的不信任,质疑声音此起彼伏。此时当事组织负责任的态度将是赢得公众理解的第一步。即使当事组织对危机的发生有百般的委屈,此时要做的也不应是一味地辩解,当事组织应该首先承担责任,而不是强硬地坚持自己立场,疲于寻找、追究其他方的责任,否则将有逃避问题、推卸责任之虞,引起公众的反感。

危机公关的首要目的是最大限度降低损失,首先承担责任,可以专注于问题本身的解决,避免把问题复杂化,及时止损,建立对当事组织自身而言相对有利的舆论位置,为危机处理争取下一步决策的时间。一个作风踏实、承担责任的组织时刻将公众的利益放在第一位,并且用行动来切实维护公众的利益,这种形象往往就能给公众以安慰,也是公众心理上的期待。公众在情感上接受的是积极寻求改正的态度,这在有些时候甚于他们对真相的要求。因此,当事组织首先承担责任的态度、主动认错的非对抗姿态,可以及时挽回公众的信任,争取公众的理解,从而进一步搭建与公众沟通的桥梁,赢得公众的认可与支持。

2011 年 4 月 15 日,网友肖雪慧转发微博,贴出了一张付款单位为"上海市卢湾区红十字会"的餐饮发票,这张标注消费了 9859 元的发票一经公布,很快被上万网友转发,并引发网络热议。事件爆发后,上海市红十字会当日表示,迅速调查此事,次日表示,"并非社会各界捐赠的救灾救助款,系公务活动消费,人均消费水平明显高于标准。目前,超标款项已全部退回",并决定"向全市红十字系统通报批评卢湾区红十字会在公务接待活动中铺张浪费现象,并要求全市红十字会系统,要厉行节约",态度非常诚恳,公众对上海市红十字会给予了一定的理解[②]。

2. 真诚沟通原则(Sincerity)

新媒体时代使得组织动向更为透明,信息传播也极为广泛。在危机发生后,当事公益组织声誉已经受损的情况下,不宜避而不谈,沉默畏缩,甘当埋头的鸵鸟,也不宜闪烁其辞,转移话题,顾左右而言他,这些都是心虚的表现,使得当事组织在危机的漩涡中陷于更不利的位置。危机发生后,当事组织不应有侥幸心理,而应主动发布真实准确的信息,主动与媒体联系,主动与公众沟通,以诚意、诚恳、诚实的姿态,获得公众的理解。

真诚沟通的关键,是尊重公众的感受。在危机发生之后,公众的质疑与愤怒都是真实且正常的。逃避或者对抗,都不利于消除公众的焦虑以及获取公众的信任,只会令公众的情绪无法

---

① http://www.oeeee.com/a/20111230/1036285.html.

② http://society.people.corn.en/n/2013/0104/e1008-20086297.html.

得到疏导与平静。重建信任是危机沟通成功的基础,因此当事公益组织不仅要着眼于事实,更要着眼于公众的情绪。首先应主动发声,表达沟通的诚意,安抚公众的情绪,照顾公众的感受。此外,沟通的过程中,态度需诚恳友好而非"委屈诉苦",语气应温和亲近而非姿态高傲。同时谨记诚实沟通——说真话,不隐瞒。真诚沟通的作用在于以坦诚的态度对公众的心理带来积极的影响,这为决策选择的可能性提供铺垫,使当事组织本身成为信息发布的中心,以控制事态的发展。

3. 速度第一原则(Speed)

当今是网络与新媒体的时代,网络中信息的传播速度极为迅速,尤其是社交媒体,不再是传统媒体点对面式的传播,而是一个信息中枢,一旦发布就以爆炸式的速度和效应传播出去。在危机出现的最初 24 小时内,消息会像病毒一样高速传播。此时可靠的信息往往不多,到处都充斥着谣言和猜测。公益组织的一举一动将是外界评判公益组织如何处理危机的主要根据。媒体与公众都密切注视着公益组织发出的第一份声明。而对于公益组织在危机处理方面的做法和立场,不论舆论赞成与否,往往都会第一时间见诸媒体报道之中[①]。

处理危机的关键,是能否首先控制住事态,使其不扩大、不升级、不蔓延。因此,公益组织必须当机立断,快速反应,果决行动,以最快的速度并且有策略地与媒体和公众进行沟通,主动掌握话语权,尽可能杜绝谣言产生与传播的机会,降低滋生不利于组织的舆论的风险,从而控制事态的发展,为下一步妥善处理危机的决策争取更有利的舆论空间与策略时间。

2012 年 10 月 24 日 14:56,《新快报》的记者刘虎以网友爆料的名义,在实名微博上用"惊爆:儿慈会疑用公款出国考察"等字眼,指出中华少年儿童慈善救助基金会 10 余人计划 10 月 29 日赴美考察,"极可能非正常使用善款",并@儿慈会官方微博,要求解释。该微博发出以后,儿慈会官方微博没有及时进行正面回应。该微博直到 22 点也并没有得到多少关注。但是,22:17,该微博被有近 2 万粉丝的南方周末记者刘长转发,形成这个事件在微博上的第一个重要新闻爆发点。随后,许多"大 V"纷纷跟转,该事件逐步得到了更多网友的关注,从而导致该事件持续升温和放大,最终该微博得到 5000 多次转发,1200 多次评论。而儿慈会官方微博于刘虎的微博发出近 22 个小时之后,才发出一条新闻式的消息,内容为"应美国亮点基金会主席尼尔·布什的邀请,中华儿慈会拟于 10 月 29 日至 11 月 6 日赴美考察,考察团由中华儿慈会各职能部门工作人员一行 9 人组成,此行的目的在于了解美国社会公益慈善业,交流公益慈善工作在社会发展中相关运作的体会,学习每个公益慈善文化中的先进理念和运作模式"。显然,儿慈会的考察活动是无可厚非的,如果儿慈会能第一时间就网友关心的问题进行公开回应,该事件发展成为一个公关危机事件的概率将大大降低。以微博为代表的社会化媒体的本质是互动,因此及时互动是公益组织官方微博的第一原则。微博用户要对提及自己的内容及时回应,特别是对于网友的质疑,那些有可能成为重大负面新闻的内容,从危机公关的角度来说,必须第一时间进行紧急回应。但在儿慈会这个案例,我们可以看到,从"记者刘虎"发出质疑微博,到微博大规模扩散之间有长达 5 个小时的时间,在这么长的时间,儿慈会官方微博却

① 游昌乔.危机公关:中国危机公关典型案例回放及点评[M].北京:北京大学出版社,2006:9.

选择做了"鸵鸟",任由网友猜测、演绎,而未进行任何回应,未能给出及时、合理的解释平复网友质疑,错失危机减损的最佳时机。社会化媒体时代,信息是爆炸性传递的,公益组织必须学会调整内部管理架构和决策流程,通过微博、微信群、微信公众平台等社会化媒体工具,打通组织内外横向和纵向的沟通障碍,快速决策和应对突发事件。

4. 系统运行原则(System)

危机的发生与发展是不确定的,如果当事公益组织无法在较短时间内制定详细的处理方案,无法快速收集信息、精确估计环境的变化,危机处理的决策制定与应急行动将遭受严重的影响。危机公关的系统运作有利于及时发现、收集信息,并对信息进行分类、整理、评估、记录,向各个部门提供客观的、重要的信息,并上报决策层,从而开展有效的、严密的公关活动,加强与公众之间的协商对话,避免决策者以个人既有的思考模式处理危机而导致决策失误,也避免出现公众对公益组织的敌视现象,建立起公益组织与公众之间新的信任与合作关系,进而顺利地解决危机[①]。

危机发生时,公益组织内部人员应该全体进入反应状态。首先要清醒地认识危机,迅速统一观点,组建专项负责危机公关的小组,集中资源,系统部署与决策危机公关事宜,一方面保证危机公关行动的高效,另一方面保证对外口径一致,避免因压力与惊慌而造成失误,使得危机加重。在控制事态之后,也需要当事公益组织内部的系统运作,以及时准确地找到危机的症结,迅速作出处理的决策,从而彻底消除危机。

5. 权威证实原则(Standard)

危机发生之后,公众对当事公益组织往往心存怀疑,当事公益组织的解释不一定能取得理想的效果,或者根本丧失了公信力。此时,第三方证实起到了借用公信力的作用。第三方在危机公关中的角色,最主要是信用、社会能见度或者知名度等象征资源的借用和转移,这样的象征资源可能恰恰是陷于危机漩涡中的公益组织所不具备的。

明星(著名的演艺明星或运动员)、专家(医生或学者等专业人士)、领袖(意见领袖或行业权威)、新闻媒体、有特别经历的人(受害者、幸存者等),甚至普通人,这些都是公益组织可以寻求坦诚合作的第三方,在危机处理时他们话语往往比公益组织的"自说自话"要来得有分量,让公众觉得可信,有利于引导舆论并弱化负面舆论的不利影响,加快解决危机的步伐。

利用权威证实需要注意的是,此第三方的背书与当事公益组织本身应是出于真实坦诚的合作,而不是利益关系的驱使,否则有违公共关系的伦理。对公众的欺骗与愚弄只会把组织拉入更加严重的危机。

2007年3月,"地球一小时"活动被正式推出,2009年中国加入熄灯大军行列。2011年3月"地球一小时"开始熄灯活动之前,有网友将抵制贴在人人网等论坛上热传,批判"地球一小时"作秀大于行动,称全网大停电对电力系统是个巨大的安全隐患,并且即使熄灯也会浪费电。一时间灯熄还是不熄,成为了公众热议的问题。2011年3月23日活动当天,世界自然基金会长江中游项目负责人雷刚发布了调查结果,"集体熄灯"不会对电网造成伤害。随后3月25日

---

① 游昌乔.危机公关:中国危机公关典型案例回放及点评[M].北京:北京大学出版社,2006:10.

果壳网的谣言粉碎机栏目也发文对此做出科学的解释。4月6日《北京科技报》也对此发稿引用清华大学电机工程与应用电子技术系电力系统研究所所长沈沉的结论,"地球一小时"不会对电网的安全运行产生冲击,不存在电没有用就会浪费的问题。在接下来的每年3月,关于作秀,关于电网,相同的一幕都会上演。不同的人在质疑,"地球一小时"也在坚持每年在微博进行澄清和解释。2012年4月2日"地球一小时"微博转发科学松鼠会和国家电网报微博的辟谣文章。2013年3月20日"地球一小时"发布微博"关于地球一小时的答疑"。2014年"地球一小时"创始人安迪·雷德利接受《中国故事》记者采访,对中国的各种质疑发表自己的观点予以澄清。2015年1月20日"地球一小时"再度微博转发权威第三方资料和数据辟谣。伴随着越来越多的公众开始知晓"地球一小时",避免了许多因不了解而带来的质疑。

二、危机处理的策略

1.危机公关的总体行动策略

(1)尽快搜集真相。

危机发生后,当事公益组织必须第一时间搜集事实资料,调查危机的状况与产生原因,并迅速预判危机发展,在最短时间内针对危机严重程度以及事态发展制定组织反应方式。危机发生后的几小时或几天内,应该注意的是技术控制(如调整产生危机的项目运作程序)以及伤害情况(如人身伤亡、财产损失);后续应该留意危机的波及面或恶意指控;危机之后的几个星期,需要注意的是政治、经济、社会等各层面因危机而产生的连带影响[①]。

(2)尽快公布真相。

为了首先取得危机事件的解释空间,防止谣言滋生,当事公益组织应该尽快公布事件真相,不给人以"有难言之隐"的印象。而在真相公布的程度上,组织应该充分考虑危机的本质与真相涉及的层面,适当、适时地公布。很多时候真相的调查需要时间,在这种情况下,当事公益组织应该根据阶段性的调查结果,随时发布最新信息,最大限度降低外界的臆测空间,并使外界得知组织随时掌握事件最新状况,传达出组织解决问题的诚意与决心。

(3)成立危机处理小组。

危机处理小组相当于危机中的"作战指挥中心",成员通常包括组织最高主管和公关、法律部门的主管,以及危机管理专家,以集中资源制定危机处理决策。危机处理小组可以遵循"C3I"教条来进行危机处理——指令(Command)、控制(Control)、沟通(Communication)与智慧(Intelligence)。"指令"要求危机处理小组成为危机处理的中心,并设立一个小组指挥者,以确保决策的贯彻力;"控制"是全面掌握与把控事态及舆论发展,逐个排除威胁因素,防止危机扩大与升级;"沟通"要求危机处理小组统筹组织与各利益相关方的双向沟通,把握与管理信息发布;"智慧"是指搜集信息,了解外界态度,预判事态发展,妥善做出危机处理的决策。

(4)慎选发言人。

组织应该安排专人即发言人负责对外沟通。发言人不一定是组织的最高主管,但必须是

---

① 吴宜蓁.危机传播:公共关系与语艺观点的理论与实证[M].苏州:苏州大学出版社,2005:37.

具备专业权威的组织代表者,亦可为组织的公共关系部门负责人。发言人应该具备与媒体记者互动的经验,了解媒体,能妥善回应媒体提问,善于对外解说组织立场的人。面对危机的压力与媒体的"穷追猛打",发言人需要具备过硬的心理素质,头脑冷静、思维清晰、情绪稳健、言辞审慎、态度诚恳,不放弃任何话语权,确保在危机处理与组织表达上有滴水不漏的表现。

(5)尽快澄清负面报道。

为了避免危机扩大、升级,对于出现的负面报道,当事公益组织不能沉默,否则那些对组织处理危机有利的信息会陷入"沉默的螺旋",使组织错过安抚舆论的机会。当事公益组织应该尽快澄清负面报道,并快速回应质疑、指控、谣言等可能会对组织造成进一步伤害的信息,寻求公正的支持与表达,适当提出组织的立场,获取相对有助于组织下一阶段危机处理的舆论环境,以免舆论进一步往不利于组织的方向发展。

(6)寻求危机策略联盟。

寻求公正第三方的支持,避免孤立无援,这个做法被称为"危机策略联盟"。动员并协调组织内外部的资源,可以使组织的沟通信息更具可信度[①]。有时深陷危机漩涡的公益组织会饱受公众质疑,话语权大大减弱,寻求第三方的支持有助于重建公众的信任,打开沟通的突破口。政府部门、关键媒体、意见领袖、其他公益组织以及普通公众都可以成为当事公益组织寻求支持的对象,当事公益组织应该充分动员公正第三方的力量,打破自说自话的局面,在危机中重建公信力。

(7)掌握议题建构的权力。

在危机中,关于当事公益组织的负面信息将扑面而来,媒体将接连报道,倘若在信息不明朗的情况下,谣言将很快滋生并传播,当事公益组织很容易被汹涌的民意裹挟,失去议题建构与把握舆论的机会。鉴于此,公益组织应该时刻扮演媒体信赖的消息来源,主动发布,不断沟通,加大信息发布的频率与透明度,让组织自身成为消息发布的中心与官方渠道,牢牢掌握议题建构的权力,从而控制事态的发展,不让危机升级。

2.危机公关的利益相关方策略

(1)内部策略——团结运作。

危机发生后,当事公益组织的成员也是危机的受害者和承担者,因此,稳定内部情绪,保证内部正常团结运作,避免外部危机转化成内部危机是组织平稳度过危机的基础。当危机发生时,当事公益组织决策者要立即召开成员会议,开诚布公、全盘托出地告诉成员发生了什么,表明自身态度与立场;提出原则性的解决方案,统一认识;做好内部公关,协调各部门,切实保障成员利益;明确危机阶段各成员的言行原则,从专业角度指导成员度过组织危机时刻。只有从心理上与行动上保障组织在危机中仍正常运作,才能增强成员对度过危机与对未来的信心,避免引起猜测与恐慌,帮助组织上下齐心协力共渡难关。

(2)公众策略——真诚发声。

公众及其舆论是危机中当事公益组织最大的压力来源,公众的态度将影响组织所有的利

---

① 吴宜蓁.危机传播:公共关系与语艺观点的理论与实证[M].苏州:苏州大学出版社,2005:40.

益相关方,因此,危机发生后,当事公益组织必须争取公众的理解、信任与支持。公众策略可以概括为"4S"①:一是道歉(Sorry),冷静对待公众的意见,真诚地为危机向公众道歉,查明事实真相,尽快给公众以圆满合理的解释;二是不争(Shut up),永远不要与公众去辩论谁对谁错,因为喋喋不休的自我辩解很容易令公众觉得当事公益组织缺乏诚意;三是展示(Show),不要沉默,必须重视与公众的沟通,建立有效的沟通渠道,适时发声表达自身的观点与立场;四是满足(Satisfy),要以维护公众的利益为根本,尽量站在公众角度考虑问题,并且给出能与公众的期望相一致的解决方案,尽快处理投诉与有分寸地作出让步。

(3)媒体策略——积极沟通。

媒体是危机爆发的途径,也是危机控制的关键,媒体在报道危机时有两个特点:一是媒体没有义务按照组织的希望去确定报道角度或重点;二是媒体有可能因为不准确的描述而背离了组织所想表达的内容,因此组织必须要有正确的心态,不可站在媒体的对立面,而应该积极与媒体沟通,获得媒体的理解与支持②。危机发生后,当事公益组织应该全方位配合记者采访,对记者的询问保持友好态度,并在消息发布上平等对待每一个媒体,不回避,不发布不准确的信息。在准备充分、报批获准的情况下,可召开新闻发布会,对媒体及公众关心的问题进行合理解释与圆满答复,掌握报道的主动权。

(4)政府或主管部门策略——主动配合。

危机发生后,如果能获得政府或主管部门的行动支持,则其权威性往往有助于挽回公众对组织的信心。危机发生后当事公益组织应该以最快的速度将事件全面地报告给政府相关部门,定期向主管部门报告事态发展情况,并主动配合相关部门的调查,及时发布公正的报告,以赢得政府或主管部门的理解、信任与支持。危机解决后,当事公益组织仍应该对危机进行全面的总结,提出当前与未来的整改方案,送交政府或主管部门,以增强其对组织的信任。

(5)资助者策略——妥善安抚。

资助者的支持是公益组织度过危机以及从危机后重建、恢复的关键。危机发生后,当事公益组织应该主动与资助者接触,做好及时、坦诚、充分的沟通与妥善的安抚,表现出组织对处理危机的信心与决心,最重要的是,提出切实可行的解决方案,展现组织应对与解决危机的能力,使得资助者心里有数、放心信任,避免资助者对组织产生质疑、否定与背弃,促使资助者雪中送炭而不是釜底抽薪。

第三节 危机处理的操作流程

危机处理是一种主动、积极对危机事件进行的具有计划性、系统性和持续性的管理过程,危机管理的主要目的是在危机事件所处的时间、空间范围内将其发生概率和产生的负面影响降到最低限度。根据危机发生的阶段性,可以将公益组织危机管理分成三个阶段:危机前(Precrisis)、危机中(Crisis)和危机后(Postcrisis)。

---

① 游昌乔.危机公关:中国危机公关典型案例回放及点评[M].北京:北京大学出版社,2006:17-18.

② 游昌乔.危机公关:中国危机公关典型案例回放及点评[M].北京:北京大学出版社,2006:19.

一、危机爆发前——预防

在危机爆发前,组织要有危机意识,能居安思危。一方面,组织要洞察潜在危机,防患于未然,降低危机的出现率;另一方面,组织要保持警觉,尽快建立一套完善的危机预防与处理机制,及早准备,避免发生危机时惊慌失措。针对危机事件的预防工作有重要意义,但需要注意的是,预防工作不可能面面俱到、十全十美。危机发生后组织除了根据预定的应对计划迅速反应之外,更需要把应对计划转变成切实可行的危机公关计划。

1.确立危机应对程序

由于危机的发生是无法预料的,因此公益组织应该对危机采取更积极的策略。公益组织要根据可以预见的危机情况,确立危机预防计划与危机应对程序,并把这些计划和程序列入组织的公关手册中,使危机预防和处理工作规范化。危机应对程序可以作为预防或减少危机的手段。组织要根据手册内容,定期、经常进行危机事件的应变训练,熟练掌握处理的方法。发生危机时,组织就可以以此为采取措施的既定程序,做到有条不紊,从容应对,避免毫无准备的仓促应变带来不必要的损失。

2.建立资源与信息管理体系

危机处理是一项消耗大量资源并且伴随着复杂信息收集分析的工作。根据设定的危机预防计划与危机应对程序,公益组织还应该建立一套针对危机的资源与信息管理体系。在危机未发生时,公益组织应该提早设置、预留一系列处理危机所需要的资源,包括人力、物力、财力、技术等相关的软件硬件设施;也要设置专门的危机信息管理流程,包括危机时信息收集的途径、危机传播的方案、信息发布的平台、公正媒体的联系等,保证危机处理流程可以有效并迅速进行。

3.设立新闻发言人制度

新闻发言人制度是危机公关中不可或缺的手段,它承担着通过媒体向公众提供信息,与媒体和公众实现沟通,用议程设置引导社会舆论的职能。公益组织要及早设立新闻发言人制度,聘请或培养了解组织情况、善于与媒体互动、表达准确、冷静睿智、稳健亲和、训练有素的专业新闻发言人或团队,以期在危机发生时,能够代表组织向媒体迅速传达真实信息,协调与媒体的关系,加强与公众的沟通,有效满足公众的知情权,在危机中塑造良好形象,重获公众的信任与支持。

二、危机爆发时——应变

危机爆发时的处理是危机管理的核心阶段。当危机已经不可避免地来到面前时,当事公益组织要临危不乱,按照预定的危机应对程序,以及针对性的危机处理策略,启动危机处理工作,采取各项应变措施,与媒体及公众妥善沟通,防止危机扩大与升级。在此阶段中,组织的危机处理执行机构大概可以分为危机处理小组、危机资源管理系统、危机情境检测系统[①]三项。

---

① 王智慧.非营利组织管理[M].北京:北京大学出版社,2012:256.

1.危机处理小组

危机处理小组是危机中的"作战指挥中心",成员通常包括组织最高主管和公关、法律部门的主管等有专业权威、可以代表组织的人员,以及训练有素的危机管理专家,负责统筹危机处理工作,集中资源制定危机处理决策,是危机处理的核心人员队伍。

2.危机资源管理系统

危机资源管理系统负责解决危机时对人力、财物、智力、人脉、技术、媒体等资源的安置、分配与获取,建立资源管理系统资料库,以供危机处理小组在危机公关关键时期随时调用,迅速发挥资源效用,提高危机处理的效率,为危机的排除争分夺秒。

3.危机情境检测系统

危机情境检测系统负责监测危机中的事态发展,搜集信息,向危机处理小组汇报,使危机处理小组在危机应对时能在浩如烟海的信息中对有关危机事件的信息进行归纳分析,评估与预测危机发展,及时制定针对性的危机公关策略。

利用上述三项危机处理机构,组织开始展开危机处理行动,迅速收集、掌握、分析所需的信息资料,制定尽可能完善的针对性解决方案,全体人员进入危机应急状态,准备好方便记者采访的各种条件,向外界提供与事件有关的、真实完整的信息,拟写新闻稿,尽快发出组织的声音,停止一切与危机处理不协调的广告、营销、宣传等。

同时,组织应记录在危机事件中发布的信息内容,避免重复发布与矛盾发布;收集各媒体对危机事件的报道与分析资料,不断更新危机资源管理系统资料库,以备日后利用和研究。

危机应变的关键在于充分发挥危机识别能力,准确把握危机发展脉络,沉着冷静应对,统一信息的传播口径,避免出现失控、失序、失真的局面,从而防止危机升级。必要且有条件时,组织可考虑聘请经验丰富的专业公关专家协助危机管理工作。

三、危机爆发后——重建

危机对于组织来说,是造成严重损害的危险,也是组织成长的机遇。危机的发生其实是一次暴露组织缺点问题的过程。组织需要看清危机的本质,吸取教训,并以此为契机进行卓有成效的组织变革,逐步改进组织的管理、服务水平与能力,完善组织对内对外的沟通机制,增强组织的透明度与公信力,重建公众信任,才能真正地化危机为机遇,不仅使组织回到正常运作的轨道,也使得组织自身的能力建设上一个新的台阶。

1.对危机管理进行调查与评估

有效的危机管理不是凭空造就的,除了借鉴前人的理论与经验,组织处理危机的实践经历更是结合组织实际情况完善危机管理机制的经验基础。度过危机后,组织要全面回顾危机处理小组和组织全体在危机管理中的表现,以及危机之后组织信誉恢复情况,评估危机管理的效果,包括评估组织危机处理手段发挥的功能、危机传播的信息有效性、危机处理中的资源分配、危机处理中的成员表现、危机预案的作用、危机中的决策效果等,进而对组织的危机管理过程进行改善。

2.设计与启动恢复机制

组织遭遇危机之后,是一蹶不振,还是东山再起,不仅视乎危机的严重程度、组织的处理水平,更取决于危机过后组织自身的恢复与重建工作,因此危机的善后工作也需要被重视。危机的后续问题与善后工作主要有两个方向:对内与对外。对内工作包括成员情绪疏导、组织士气重拾、运营秩序恢复、服务工作重启,对外工作包括相关人员安抚、组织形象再造、公众信任重建、媒体关系维护。危机后组织的正常运作尤其需要长期、稳定、陆续地进行改善和维护。

3.总结经验教训,优化危机管理

危机处理不是一种简单的临时性、阶段性工作,危机处理的终极目标不是应付本次危机,而是预防未来危机。因此,危机过后,更重要的是经验学习与教训总结。组织应从危机中吸取教训,认真整改组织内部产生危机以及可能产生危机的地方。并且,组织需要将本次危机处理的经验反馈到组织危机管理系统中,优化危机管理工作,增强危机管理的能力,促进组织的成长。"吃一堑,长一智",唯有如此,组织才能尽可能避免危机的发生,或者在下次面对危机时,可以有充分的准备工作,不会措手不及。

第四节 公益组织公共关系危机处理的案例分析: 以中国红十字会与"郭美美事件"为例[①]

中国红十字会是从事人道主义工作的社会救助团体,是国际红十字运动的重要成员,是以发扬人道、博爱、奉献的红十字精神,保护人的生命和健康,促进人类和平进步事业为宗旨的最有国际影响的公益组织。

然而,2011年6月21日,新浪微博上一个名叫"郭美美Baby"的网友,在其微博空间发布了大量炫富照片,其认证身份是"中国红十字会商业总经理",由此引发众多网友对中国红十字会(以下简称"红十字会")的非议,并形成长达半年之久的红十字会的危机讨论。在这场网络危机事件中,互联网等新媒体的即时、交互、共享等特性使得危机信息的传播速度更快、范围更广,网络的隐匿性又增加了信息失真的可能。这些特性既加强了红十字会与社会、公民之间的互动交流,"网络暴民"以及"群极化现象"等又无形中给红十字会与公众的沟通造成障碍。面临如此复杂多变的局面,红十字会等公益组织的危机公关难度进一步加大。

一、郭美美与红十字会危机案例回顾

1.危机事件发展

第一阶段:危机潜伏期。2011年4月20日,有网友在微博上曝光上海市卢湾区红十字会一张数额为9859元的餐饮发票,立即引起了网友的围观和质疑。该事件给红十字会提出警示,作为慈善机构的红十字会一直处于人们的关注之下。

第二阶段:危机爆发期。2011年6月20日,一个网名叫"郭美美Baby"的网友在网上公然

---

① 案例来源:李华君.网络危机事件中非政府组织的新媒体公关策略——以"郭美美与红十字会危机"为例[J].电子政务,2013(1).

炫耀其奢华生活,并称自己是中国红十字会商业总经理,从而在网络上引起轩然大波。6月21日晚23时,"郭美美Baby"再度现身,澄清其身份,称自己"所在的公司是与红十字会有合作关系,简称红十字商会"。6月22日,红十字会称"郭美美"与红十字会无关,新浪也对实名认证有误一事而致歉。网友对声明持续质疑,危机事态进一步恶化。

第三阶段:危机持续期。针对网络和媒体上热议的"郭美美事件",红十字会总会先后于6月22日、24日两次通过红十字会官方网站发表声明,并于6月24日向公安机关报案,决定启动法律程序,维护红十字会的合法权益和良好声誉。然而,红十字会的回应并未平息这一事件,各地有关郭美美和红十字会的负面消息依然接踵而至。

第四阶段:危机恢复期。2011年年底,红十字会召开工作会议,出台了一系列形象修复政策,包括:计划将公募职能剥离给基金会,并拟建社会监督委员会;撤销商红会,将在2012年建立信息平台以重塑组织公信力等。

2.危机公关的应对评价

第一,承担责任原则(Shouldering the Matter)。在"郭美美事件"发生之初,虽然红十字会明确表态自身与郭美美"毫无瓜葛",但还是爆出了红十字会与商红会、中红博爱公司之间的一些关系,初期做法有违于承担责任原则。进入持续期,红十字会开始注重承担责任,例如,停止商红会各项工作,承认红十字会财务管理存在漏洞,承诺月底上线捐赠信息披露平台等。

第二,真诚沟通原则(Sincerity)。真诚沟通的关键是要找准沟通的对象。面对微博产生的全新舆论环境,以及"郭美美"的突然出现,红十字会在危机初期未能第一时间做好与社会公众的沟通。此外,由于长期以来缺乏良性的社会监督机制,导致其早期的危机沟通不够坦诚。捐赠信息平台的发布本是危机应对的重要拐点,反因沟通不畅成为公众诟病红十字会的新导火索。

第三,速度第一原则(Speed)。6月21日,"郭美美"微博被网友曝光,在网络上疯传;而红十字会在整整8天后的6月29日才召开媒体通气会、新闻发布会,危机应对迟缓。虽然红十字会做了多方澄清,但受众依据"首因效应"产生的"红十字会有重大内幕"的感受已经无法磨灭。

第四,系统运行原则(System)。虽然红十字会总会及主要地方分会对媒体的回应做到了真诚与担当,但由于红十字会机构庞杂,地方红十字会与红十字总会严重脱节,导致地方红十字会出现问题后,对媒体抱怨大吐苦水,更暴露了红十字会组织管理体系的混乱,缺少科学有效、公开透明的危机应对系统。

第五,权威证实原则(Standard)。红十字会的负责人及其主要工作人员曾一度出面澄清问题、作出解释,然而由于涉及内部管理、项目运作、财务审计、慈善伦理、信息公开等专业问题,使其不能代表第三方的权威,因而难以达到权威证实应有的效果。对于中国红十字会这样的公益慈善机构,一方面应以国际红十字会和国内权威监管部门为依托,向网民清楚解释筹集善款的具体运作模式,消除误解,增进了解;另一方面,应对慈善运作的不规范行为进行主动认错、曝光,化解敌意,重塑形象,并进一步提出公开透明的有效监督举措。

二、红十字会应对网络危机的舆情分析

1.危机舆情的发展过程

"郭美美事件"引发的红十字会信任危机出现以后,虽然红十字会进行了积极的危机应对,但是由于对于网络舆情判断不清、危机公关措施实施不力等诸多原因,红十字会每次危机应对几乎都要形成新一轮负面消息的反扑。表9-1梳理了危机发展过程中红十字会的应对经过,从中可以清楚地看出其危机应对的基本走势和实际效果。

表9-1 红十字会危机应对的基本走势和实际效果

危机议题	危机情境	危机应对策略	国内外舆论	效果评价
郭美美事件	意外(非蓄意、外在造成)	否认型:直接否认,撇清关系;开新闻发布会区别自身与商红会;向警方报案证明自身清白	负面报道/言论为主:媒体与公众对此都表示质疑与不信任,并积极寻找证明红十字会各种"丑闻"的证据	不佳
曝出财务问题,商红会被指十年未审计	违规(蓄意,内部造成)	重塑型:暂停商红会活动并接受审计 淡化型:试图掩盖商业牟利行为	负面报道/言论为主:重新质疑其公开透明问题;媒体调查出红十字会、商红会、中红博爱等一系列利益关系	不佳
被曝出各种丑闻:借公益搞房地产、免费广告盈利等	违规(蓄意,内部造成)	淡化型:秘书长王汝鹏发博客进行危机公关 支持型:迎合公众,开官方微博回应热点事件,并承诺月底信息披露平台上线	正负面报道/言论兼有:媒体呼吁透明化,期待改进;部分网友行为过激,"黑"掉地方红会主页;李娜捐60万给养老院,称不愿通过红十字会	一般
曝学驾照收费,违规出租救灾仓库,扣留日本赔偿中国劳工赔偿金,超声刀造假,官员贪污腐败等	过失/违规(非蓄意,内部造成)	重塑型:广州分会成立监事会,发布《贯彻"两公开两透明"承诺》,主动晒"三公费用" 否认型:对驾照收费和扣留赔偿金进行解释,消除误会 淡化型:对确实有错的事件认错或试图掩盖	负面报道/言论为主:媒体报道兼顾批评与建议,公众依然不买账,"敌对"情绪白热化	不佳
信息披露平台发布	过失(非蓄意,内部造成)	淡化型:对于平台出现的诸多不完善之处,红会以工程量庞大人力有限为解释理由	积极评价应对措施与负面评价兼有:主流媒体对信息公开支持,公众质疑多多	一般

危机议题	危机情境	危机应对策略	国内外舆论	效果评价
曝"豪车门"以及其他"逼捐","赈灾款打白条","爱心款延迟"等	过失/违规（非蓄意，内部造成）	否认型：对"豪车门"称按照国家规定配车 淡化型：对打白条和爱心款延误15天，红十字会表示管理制度不健全，并公开道歉	负面报道/言论为主：媒体报道兼顾批评与建议，公众依然不买账，"敌对"情绪依然存在	不佳
年底红十字会出台了一系列改革措施	修复（内外部形象传播）	重塑型：建立捐赠信息发布平台，公开捐赠流程，改革组织管理体系	正负面报道/言论兼有：媒体从批评转向鼓励与期待，但网友评论显示其仍需拭目以待	良好

2.危机舆情的发展特点

(1)危机传播去中心化，信息扩散多元化。

新媒体的及时性与时效性使得任何一起网络危机事件都可以在这种分散式体系结构中经由不同的传播路径广为传播。郭美美在微博发布炫富照后，通过论坛、微博等平台，受众不仅可以看到最新的危机新闻，而且还可以搜索相关报道、相关资料乃至相关网站专题。从空间上看，新媒体能够促使危机信息跨地域传播；从时间上看，危机信息从传者"郭美美"到受者"普通公众"，实现了瞬时传播。在传统的传播语境下，由于传统媒体形成了一整套严格的内容生产程序，在很大程度上限制了其公共危机信息传递的时效性。而网络和手机等新媒体则实现了信息传递的即时性，同时，也造成了危机信息传播的同步性和"去中心化"的传播方式。在随后红十字会的一系列负面新闻中，传播危机中没有明确的主导者，传播活动处于一种自组织的状态，信息犹如核子裂变一般迅速扩张传递，任何一个传播系统内的个体既是受众又可以成为传播者。而且由于存在受众的"双重矛盾心理机制"，每当红十字会针对危机发布解释性声明时，公众对于主流媒体的危机处理方法都表现出一种信赖与排斥并存、信任与怀疑交织、肯定与否定混杂的复杂心理状态。

(2)传受角色的界限淡化，危机信息互动共享。

大众传媒的特点是一对多传播，传者和受者分离，有着一整套传媒内容生产的把关程序和制度。而互联网、手机等新媒体则模糊了传者和受者的角色，使得任何人都可以通过新媒体传递信息和接收信息。6月21日晚23时，"郭美美Baby"在微博平台澄清其身份，称自己"所在的公司与红十字会有合作关系，简称红十字商会"；6月22日，中国红十字会称"郭美美"与红十字会无关，新浪也对实名认证有误一事而致歉。即使在危机主体试图澄清事实的情况下，公众仍基于自身的认知判断，通过各种新媒体平台引爆有关红十字会信息公开、捐款监督等负面信息的讨论。这是因为新媒体不仅是一种能使信息瞬间生成、瞬间传播、实时互动、高度共享的媒体，还是一种新的生活方式。它以离散的、无中心的结构模式和运作特征基本消除了歧视,实现了所有人地位平等的参与,为用户提供通行、可靠、方便的舆论监督途径,使得危机信息传受双方的互动交流真正得以实现。微博等新媒体把草根大众推向前台,让普通网民从信息接收者向信息发布者急速过渡。当有关红十字会的负面舆论一旦在网络中传播,回应者要么选择顺应,要么选择沉默,尤其是当负面舆论通过滚雪球的方式不断积聚,舆论议程的设置就被定格,舆论危机爆发也就在所难免。

(3)公众媒介素养参差不齐,危机信息传播失真。

在传统媒体为主导的传播语境下,其信息生产内容有着严格的把关程序和制度,信息传者处于强势的一方,受众参与程度并不高。在这种传统媒体把关人制度下,受众难以对危机信息进行鉴别。而在新媒体语境中,受众拥有了一定的信息传播自主权,可以真正参与到针对红十字会等类似的危机事件中,参与到舆论监督和危机传播中。然而长期以来,新媒体技术发展日新月异,而受众的媒介素养并未得到一定的提升,导致一些受众在面对危机事件时,缺乏对网络信息鉴别、收集、生产和消费的基本能力,呈现出一种不理性的放纵态度。滥用信息发布权、传播权,不仅不利于危机事态的平息,还促使虚假信息、网络谣言和危机恐慌心态的泛滥,给危机事件处理带来重大障碍。一旦某个组织在社会事件中具备激起民愤的"导火索"——暗箱操作、以权谋私等,网民的狂热会演变成无休止的攻击,对社会的不满又会在某一事件中无限放大,涌现出网络暴力现象。

三、红十字会应对网络危机的新媒体公关

在网络危机事件中,红十字会等公益组织可以充分利用新媒体的特性,在危机潜伏期进行舆情信息的收集,为此后的危机公关和决策提供信息支持;当危机发生后,可以借助新媒体进行危机信息公开、舆论引导等措施,降低危机的负面影响;在危机恢复期可以通过设置新媒体议程,进行公关传播活动,重新塑造公益组织的正面形象。

1.危机潜伏期——收集分析网络舆情,制定危机预警预案

互联网开放和参与的特点使得每个人都可能成为信息和意见的发布者,每个人都有选择网络信息的自由。在此次红十字会危机爆发前,曾有媒体报道过相关的危机事件,而红十字会未予重视,缺乏收集网络舆情的主动性,没有及时掌握网络上的舆论动态。红十字会等公益组织可以借用各种网络舆情收集工具和方法,通过一些研究机构提供的网上信息采集系统和软件进行信息采集;也可以关注各大论坛和微博等传播平台,及时收集关于危机的网络新闻报道,以便掌握媒体报道的态度和价值取向,了解公众对危机的认知程度,提前做好危机应对的相应措施,及早制定危机预警预案。网上舆情的收集和分析是公益组织在危机公关中重要的信息收集渠道。只有密切关注网络舆情的发生和发展状况,公益组织才能够及时掌握和引导舆论,使舆论向着有利于危机化解的方向发展。

2.危机爆发期——实时公布危机信息,建立危机公关协调机制

新媒体传播的快捷性、广泛性、渗透性和互动性使得危机在舆情监督上更加复杂,同时也给红十字会等公益组织化解危机提供了机会。公益组织可以通过官方微博、官方网站及时发布信息,让公众了解危机发展的实际情况,传达组织的危机应对措施,加强与网民的实时沟通,

减少危机处理的中间环节，也有利于组织了解各个危机发生区域的实时状态，以便调整部署危机应对措施。相对于传统媒体平台，新媒体在公益组织发布危机公关信息等方面具有不可比拟的优势。例如：信息公开的及时性——在危机爆发的第一时间，通过微博等平台进行信息发布；扩散的广泛性——通过网络，危机信息可以瞬时到达世界各个角落；接受的便捷性——公众只要通过媒介终端，就可以获取危机发展的新闻信息，摆脱了空间限制；信息的聚合性——受众在获取信息后，通过与传者互动对传者信息进行整合，形成各种专题达到聚合的目的。为有效传播危机信息，红十字会等公益组织应该建立灵活统一的危机公关管理协调机制，在组织系统内部设立统一的危机处理指挥中心，以协调各部门危机公关行为，统一行动、统一声音，为公众提供所需信息，提升组织危机公关能力。

3. 危机持续期——合理设置传播议程，积极引导网络舆论

危机事件发展的过程中，新媒体应该成为公众与公益组织沟通的中介，借助媒体传播可以缓解组织与公众的紧张关系。红十字会等公益组织可以先通过传统媒体进行新闻发布，寻找媒介议程、公众议程与危机发展状态的结合点进行传播。通过官方主流媒体的力量，组织的正式立场、对事件真相的澄清、对危机事态的评价逐步"放大"，进而消除网络质疑，引导舆论走向。除了可以通过设置媒体议程引导网络舆论外，还可以培养网上"意见领袖"。在此次红十字会危机事件中，可以看到一些意见领袖的影子。他们或因自身的魅力或优势，或因个人的社会地位和关系等原因受到一些网络追随者的推崇，这些意见领袖通过网络平台展示自己对危机的看法，他们的意见成为追随者作出决定时重要的参考因素。红十字会等公益组织可以邀请网络意见领袖参与一些访谈对话节目，通过他们来引导网络主流舆论，争取中立舆论，孤立负面言论；同时也可以适当培育一批熟悉网络语言、了解网络传播技巧的意见领袖，扩大与网民之间的互动，通过对话来感染网民，以此来引导网络民意的走向。

4. 危机恢复期——组织公关活动，推动新媒体

形象传播在危机发展末期，红十字会等公益组织应积极开展矫正型公关活动，借用新媒体传播力量进行线上公关与线下公关的有效结合，采取多种形式进行形象传播，让公众充分了解组织、认识组织，形成良好的舆论氛围，恢复组织的美誉度和认可度。新媒体互动性的特点使组织能掌握公关的主动权，直接面向公众发布新闻和信息，能够在对公众产生直接影响的同时与新闻记者建立良好的关系，更主动地进行组织形象的塑造。红十字会等公益组织可以举办网上新闻发布会、微博微公益活动、微访谈、健康传播活动、社区公众服务、参与教育医疗公益事业等，以协调组织、媒体、公众之间的关系，营造良好的发展氛围，重塑中国红十字会公益性、慈善性、可信赖和富有社会责任感的组织形象。

第四篇

公益慈善品牌发展提升

第十章

公益组织品牌创新

第一节 公益组织品牌创新概述

一、公益组织品牌创新的定义

(一)创新的内涵

美籍奥地利经济学家约瑟夫·熊彼特(Joseph A. Schumpeter)于1912年在其著作《经济发展理论》中最早提出创新一词。熊彼特在书中指出,创新是指企业家对生产要素的组合,包括生产一种新的产品、采用一种新的生产方式、开辟一个新的市场、获得或者控制原材料和半成品的一种新的来源以及实行一种新的组织形式等五个方面[①]。具体可以这样理解这五个方面:生产一种新的产品即消费者没有接触过的产品,可以是全球市场、国内市场、本地市场没有出现的产品,新产品的定义就是消费者没有见过的产品;采用一种新的生产方式即采用新工艺新技术生产产品;开辟一个新的市场即产生一个全新的市场上从未出现的新的消费品,从而引发新的消费市场;获得或者控制原材料和半成品的一种新的来源即生产材料的来源出现新的变化;实行一种新的组织形式即生产人员的组织方式改变,而且这种改变是前所未有的。从1912年到现在大约100年中,创新的概念不断地发展,创新的内涵和外延也在不断扩大,已经超越了技术创新和产品创新等内容,管理的创新职能被认为是指组织为适应内外部环境条件的变化而对组织系统本身所进行的局部和全局的调整[②]。由于公益组织的特殊性,公益组织的品牌创新相对于营利性企业的品牌创新会有些许不同点,具体地说公益组织的品牌创新有三种形式:第一,创新新产品。公益组织的产品就是服务项目,创新的产品即公益组织观察社会上不同人群的需求,从中发现新的没有被其他人发现的需求,针对这个需求开发出新的服务项目。第二,新的组织形式,新的服务形式。公益组织重组各部门的组织形式,力求新颖高效,从而改变公益组织的服务形式。第三,建立新品牌。根据社会群众需求的变化,敏锐发现原品牌的缺陷,主动创新,建立新品牌。

(二)创新的类型

品牌管理创新的类型有技术创新、管理创新、制度创新。技术创新是物质技术保障,对于公益组织而言的技术创新就是采用新的技术手段联系社会群众、发现社会群众的需求;管理创新是创新的保证,管理的创新就是公益组织的管理原则、管理流程等创新,把新的思想、新的方法或新的组织形式引入公益组织的管理实践中;制度创新是创新的基础,制度就是有关公益组织的性质、职责、社会使命、权力等相互关系的规定、准则的总和。订立制度的目的在于约束员工和管理者的行为,使其效用最大化,而制度创新的目的就在于改变原有制度的不合理之处,激励员工和管理者主动为公益组织贡献,使公益组织的效用达到最大。

(三)创新的特征

因为公益组织是非营利性的组织,所以公益组织的品牌创新有明显的特征,主要有四点

---

① 刘艳娜,宁凌. 管理学[M]. 2版. 北京:中国农业出版社,2013:280.
② 周三多,陈传明,鲁明泓. 管理学——原理与方法[M]. 3版. 上海:复旦大学出版社,2005:503.

特征：

1.继承性

公益组织的品牌创新要依据公益组织的实际经营现状,剔除掉陈旧过时的部分,其中部分指的是组织形式、制度、技术等的一部分,保留积极有利于公益组织的部分,继承性也表明公益组织的品牌创新不是凭空产生的,而是有现实依据的。

2.发展性

公益组织的品牌创新继承了组织中原有的积极的部分,然后发展、弘扬这一部分,没有发展性的创新不叫创新,发展是创新的重要组成部分。

3.高风险性

由于公益组织的品牌创新的后果是现在看不到的,不清楚创新出来的项目、服务等人们接不接受,而且创新需要投入人力、财力、物力等成本,公益组织的资产本来就少,如果投入大量的人财物,却失败了,那么公益组织可能面临破产的危机,所以品牌创新对公益组织来说是高风险的。

4.相对性

公益组织的品牌创新是对于具体时间和空间而言的,不是一个绝对的概念。现在的某一公益组织的品牌创新可能相对于现在的其他公益组织的品牌来说是创新,但是对于过去和将来来说就不一定是创新,本地区的某一公益组织的品牌创新可能相对于同地区的其他公益组织来说是创新,但是与本国的其他地区、外国来说就不一定是创新,所以创新是一个相对的概念。

二、公益组织品牌创新的意义

创新对于国家和民族都具有非凡的意义,品牌创新对公益组织而言也具有非同寻常的意义。

品牌创新是公益组织持续存在的基础。我国总体上的公益组织之间竞争虽然不如国外激烈,但是筹款类基金项目的竞争却表现出了不一样的境况。公益组织需要不断活跃在公众的视线内,向公众陈述自己的使命,证明自己的社会责任感,这时公益组织可以通过品牌创新引起社会群众对该公益组织的注意,当社会群众关注该公益组织的时候了解到公益组织的使命感,就会有意地捐款,接受捐款会增加公益组织的收入,收入增加会延长公益组织的存续时间,所以公益组织要想持续存在还需要努力创新。

品牌创新是公益组织进步的必然要求。公益组织虽然是非营利性组织,但是其在一定程度上是为社会公众提供服务的组织,随着社会的发展,人们生活条件的改善和教育水平的提高,人们对公益组织的专业性和服务的质量的要求也越来越高,所以公益组织需要不断提高自己的项目水平和服务质量,以达到改善社会、服务大众的宗旨。品牌创新的特征之一就是及时性,要求公益组织的品牌创新跟上时代的发展,就是说品牌创新可以促进公益组织的进步。

品牌创新是公益组织发展的不竭动力。品牌创新的活动要遵循持续性原则,因为公益组织的品牌创新活动是一个向上发展的不断循环往复的运动,不断循环往复就为公益组织的发展创造了动力。另一方面,公益组织的品牌创新的类型中有制度创新,制度创新创新了组织形式,让管理者和被管理者了解组织的宗旨和使命,品牌创新使他们主动为组织卖力工作、凝聚了他们的心,使他们形成了对公益组织的向心力,组织中团结合作也是公益组织不断向前发展的动力。

品牌创新可以为品牌的提升打下坚实的基础。品牌的创新是公益组织发展到一定阶段所必须进行的。对于公益组织来说,一成不变或许可以稳步地进行运作,可是当公益组织发展到了一定的阶段,仅仅是稳步的发展已经不能为其带来新的提高了。只有通过品牌创新,才能为公益组织注入新的发展动力,这也是一种提升。

第二节 公益组织品牌创新的原则和策略

一、公益组织品牌创新的原则

公益组织的品牌创新需要遵循多项原则,在不同阶段要遵循不同的原则,具体来说,在创新工作准备开展时,即做创新计划的时候要遵循四性原则,在创新计划要执行前要遵循 7R 原则。

创新工作在做计划的时候要考虑四个原则,公益组织在进行品牌创新工作的时候,要做好计划,而计划的内容要遵循以下四个原则。

第一,社会群众性原则。公益组织就是帮助特定的人群,特定性就是这些有某种需求,需要公益组织的帮助,而公益组织的品牌创新就不能脱离这些需求谈创新,社会群众的需求就是创新的目的,离开目的的创新是没有意义的和徒劳的。

第二,及时性原则。政治经济的生活是时刻变化的,意味着社会群众的需求不是一成不变的,公益组织的品牌创新就要掌握到社会群众的需求的变化,适时地作出调整,最大可能地贴近社会群众的最新需求。

第三,持续性原则。创新是一项持续性的活动,停滞不前就会过时,则不能称为创新,但是具体的创新活动会结束,结束之后要开始下一次的创新活动。公益组织的品牌创新就是这样的创新活动,开展一项创新项目并完成后,公益组织要准备下一个创新项目和活动。创新就是这样一项循环反复不断向前、向上的活动。

第四,成本性原则。公益组织的资金都是来自社会各界人士的无私捐赠,因此公益组织的资金有限而且珍贵,要充分利用各项资金并达到最好效果。公益组织的品牌创新需要大量资金,如研发费用、人员费用、机会成本等,而且创新有一定的风险性,要考虑好预算,尽量节省费用。

国际著名咨询公司埃森哲公司(Accenture)(原安达信咨询)资深顾问夏毕洛(Stephen M. Shapiro)认为,企业创新就像爵士乐的即兴演奏一样,表面上看似由乐手自行增添旋律,但实际在和弦结构与变化上都有基本规则,他将创新的基本规则归纳为 7 个步骤,称之为 7R 原则,下面我们站在公益组织的角度来结合 7R 原则进行说明:

(1)重新思考(Rethink),即重新考虑要不要品牌创新。创新对于公益组织来说是一件关乎公益组织发展和生存的战略决策,在进行创新之前要重新考虑创新的目的,权衡品牌创新对公益组织的利弊,利用多种方法估计风险的概率和成功的收益,最后得出结果,如果结果是创新,则进入下个 R。

(2)重新组合(Reconfigure),即思考创新过程中有哪些活动是不必要的。因为公益组织的资金有限,所以在进行创新活动前要思考创新活动中有哪些活动是重复的,哪些是不必要的,避免造成资源的浪费,影响组织的效率。

(3)重新定序(Resequence),即思考创新活动工作的先后顺序。经过重新思考的活动组合需要合理地安排他们的活动时间,以便在最短的时间内完成创新的目的。

(4)重新定位(Relocate),即思考创新活动在什么位置进行。公益组织的品牌创新要选择好有需要的地区开展创新活动。

(5)重新定量(Reduce),即思考创新活动的时间和费用。创新活动需要耗费大量的资金,要精细地计算活动持续的时间和花费。

(6)重新指派(Reassign),即思考创新工作的执行者。创新工作是一项有难度的工作,需要由职业素养较高的人来完成,而且创新团队里的成员要富有责任心,对工作认真负责。

(7)重新装备(Retool),即思考创新工作所需要的技术。先思考创新工作需要哪些技术,可以保证创新工作的顺利进行,不让创新工作暂停,减少时间成本,为公益组织节省费用。

二、公益组织品牌创新的策略

市场环境瞬息万变,组织之间进行竞争和淘汰,总有些公益组织在这样的环境之中无法适应而以"破产"告终。公益组织若想屹立不倒,就要预防品牌老化的危机,而品牌创新正是公益组织永葆青春的良药。公益组织的品牌创新要在旧品牌走向衰落之前就开始准备,等旧品牌一旦衰落就推出创新品牌,让组织的品牌一直处于鲜活的状态。品牌创新一般采取的主要策略有:

1. 持续的产品创新和技术创新

品牌是以产品为载体的,离开了高质量的产品,品牌也就成了无本之木,无源之水。品牌创新最重要的是依靠技术创新,技术创新必然带来产品创新。世界最大的芯片制造商英特尔公司,被公认为是世界领先的个人电脑、网络和通讯产品的生产企业。英特尔在技术创新的基础上,产品不断推陈出新,从而使品牌价值迅速提升。公益组织虽然很少涉及技术的创新,但可以通过与新技术的结合来开展新的项目,"捐步"等与移动终端相结合的方式所促成的公益十分具有新意,是公益与新技术相结合的创新。

2. 品牌内涵和形象的创新

品牌的内涵创新是指公益组织在品牌的定位和组织的理念上面有所更新。这个社会和市场是动态发展的,组织的品牌定位必须紧跟时代的潮流。品牌定位的更新能促进公益组织在各方面开展新的工作。品牌理念是公益组织的根基,随着公益组织的发展,品牌的理念必须不断地深化,并试图在打基础上有所创新。从源头出发的创新,能带动整个品牌建设的创新。

公益组织的品牌形象是公益组织的"面子",它包含公益组织的名称、标志等,由于品牌的形象是给公众展现的最外在最直接的东西,因此对于形象的创新能给社会以最直接的体现。

3.品牌传播方式进行创新

在上面的章节之中,我们已经提到了公益组织的品牌传播,并且知道了传播的策略。那么在这里,传播方式的创新就可以从传播的渠道、内容形式等方面深入。运用互联网传播公益组织的活动项目已经成为了当下流行传播方式,方便公益组织扩大与社会公众的接触面。

4.公益组织内部的成员提高创新意识

首先,公益组织的领导者要具有创新的观念,提高自己的接受程度,关心社会的变化,时刻保持对组织的热情和热爱,通过积极的思考来让自己的思维活跃起来。同时,要善于倾听员工们的意见,以此来丰富自己的头脑。其次,公益组织要培训、提高员工们的素质。创新并不只是领导者的事情,而是整个组织所有的人都必须投入到其中的一件事。培训、提高员工们的素质便于员工更有效率地执行创新的项目和活动。最后,创新必须融入每一个组织成员的工作当中,每一位成员都有他或她拥有的责任和权力,有责任去促进创新,也有权力提出自己创新性的见解而不被批评。

综上所述,品牌的创新可以从许多方面入手,贯穿整个品牌建设的过程,而在这个过程当中,必须要发挥人的作用,要创新品牌的内涵,给予品牌新的形象,或者通过新鲜的传播营销方式,更重要地,在公益组织的项目之中有所创新,让公众感受到公益组织的活力。

第十一章

公益组织品牌延伸

第一节 公益组织品牌延伸概述

一、品牌延伸的定义

品牌延伸并不是打着现有的品牌名称的旗帜,而是对全部品牌声誉、资产的战略性使用,品牌的延伸涉及品牌的方方面面,是对已有的成功品牌的充分利用,这样的品牌延伸战略可以依靠成功品牌的名号和声誉在市场上占有一席之地,并且可以节省一定的宣传费用。简单地说,品牌延伸就是指将在市场上有充分影响力的成功品牌或已驰名的品牌拓展到性能不完全相同的产品上,以推出新的产品和子品牌的过程。

二、公益组织品牌的延伸

品牌延伸涉及公益组织的战略性问题,牵扯着公益组织未来的发展。由于公益组织的非营利性,加上公益组织品牌的构建本身就要比营利性企业品牌的构建困难得多,所以更不用说公益组织品牌的延伸。公益组织的延伸远比营利性企业的品牌延伸困难得多。营利性企业的品牌延伸可以通过开发与原品牌产品性能不一样的新产品或建立子品牌,再进行广告宣传等促销手段从而达到品牌延伸的目标。营利性企业品牌延伸的宣传做到位,4Ps原则(产品策略、价格策略、地点策略、促销策略)运用恰当,能够吸引消费者购买新产品和子品牌的产品,并且新产品和子品牌产品的性能很大程度上能满足消费者的需要,则该品牌延伸是成功的。但是,公益组织的品牌延伸就没有那么简单了。公益组织的品牌延伸是对公益组织中已有项目的延伸,是深度和广度的延伸。深度的延伸即对已有的项目细致化一体化,涵盖方方面面的内容。广度的延伸即对未有项目的开发拓展,力求涉及被公益组织忽略的但人们又真实需要的方面。公益组织品牌延伸可以同时从深度和广度拓展,也可以只向深度深入拓宽或广度拓宽。

三、品牌延伸的不确定性

品牌延伸会有一连串的连锁反应。如果品牌延伸成功将会带来大量的捐赠,公益组织的收入资产将增加,手头上可利用的钱变多,该组织将能更好地发挥职能帮助社会,该组织的影响力便会提高,则促进品牌地位的提升。我们知道一项投资高收益的同时必然伴随高风险,品牌延伸就是一种投资,高收益的同时伴随着高风险。如果品牌延伸失败,意味着对这个项目的投资血本无归。公益组织的资产来源很大程度是社会各界人士的捐赠,而当公益组织使用来自他人捐赠的款项投资进新的项目之中却惨遭失败,无疑会对公益组织的经营雪上加霜。与此同时,社会公众看到公益组织没有用筹集来的资金去做本应做的事情,反倒投入到新的不确定的项目之中,公众对该组织的信心或多或少将会下降,或将不会再继续在物质上或精神上支持该组织。品牌延伸面临着许多的不确定性,如公众需求的变化、对手策略的改变、政策条规的改变、信任危机的发生等,所以品牌延伸战略的制定要经过详细的讨论研究。

第二节　进行公益组织品牌延伸的原因

一、现状分析

现阶段,我国各省份地区的公益组织大相径庭。我们如何理解这种大相径庭?①分类是一样的,即以社会服务的不同种类区分公益组织;②服务内容是一样的,即不同地区的同种类别的公益组织的服务内容一样,由于公益组织之间差异性不大,所以他们之间的竞争以同质性竞争为主。我国公益组织品牌的同质性原因主要体现在两个方面。

一方面,品牌的构建要以社会公众需求为基础。但是公益组织如何得知公众的需求呢?他们不能像企业那样向消费者展开调查,因为企业在市场调查方面经验丰富,但是相较之下公益组织就有些经验不足,而且进行市场调查本来就需要大量的资金,我国的公益组织本来就面临资金欠缺的窘况,再加上我国的现状——主动找公益组织帮忙的人数并不多,许多公众甚至不知道公益组织有什么用途,所以向这些"不知情"的公众调查他们的需求作用只是杯水车薪。公益组织出于维持公益组织持续经营发展的考虑,会选择模仿西方非营利组织的组织品牌模型,导致我国的公益组织品牌的同质性。

另一方面,我国公益组织的品牌特点主要通过管理者决定或内部讨论制定,很少会询问基层员工的看法,使得这种决策欠缺组织员工的认同,品牌特色难以建立。而且大多数管理者处理方式几乎固定,难以创新,加之管理者们的想法大多趋于一致,所以他们的决策一个样,导致不同的组织品牌特色类似,品牌的特色字面化,无特色可言。

由于我国公益组织品牌缺乏特色和个性,导致公益组织品牌同质性,想要打破同质性的局面就要进行品牌延伸,品牌延伸使公益组织的服务范围不一致、服务内容不一致、服务方式不一致,当公益组织产生特色的时候,品牌个性就出现了。

品牌延伸既是建立品牌个性的要求,也是顺应时代发展的必然要求。由于市场经济的发展,居民们的生活水平提高,但是存在着一定的贫富差距,有差距就意味着居民们的需求各有不同,或者至少有一些不同,这就要求公益组织在为公众服务的时候要区分居民的不同需求,通过品牌延伸,开发新的项目,满足不同的需求。

二、延伸的作用

品牌延伸是公益组织推出新项目,满足群众不同需求的有效途径,是公益组织对品牌、组织声誉这种无形资产的战略性布局和充分利用,品牌延伸具体有以下几方面作用。

第一,品牌延伸可以加快新产品的定位,保证企业新产品投资决策迅速、准确。尤其是开发与本品牌原产品关联性和互补性极强的新产品时,它的消费与原产品完全一致,对它的需求量则与原产品等比例增减,因此它不需要长期的市场论证和调研,原产品逐年销售增长幅度就是最实际、最准确和最科学的佐证。由于新产品与原产品的关联性和互补性,它的市场需求量也是一目了然的。因此它的投资规模大小和年产量多少是十分容易预测的,这样就可以加速决策。

第二，公益组织品牌延伸有助于减少新项目的市场风险。一项新项目的推出如果没有旧品牌的支撑，那么从设计这个新项目之日起就要花费巨额的投资，而且要让群众了解知道这个项目也需要大量的宣传费用。如果是营利性企业，他们制作广告、宣传广告，最少需要一千万人民币，同时要让群众接受信任这个项目也需要大量的时间，这大大提高了组织的机会成本，这些机会成本也许可以帮到成千上万有需要的人。公益组织本身就不具备那么多的资产，没有品牌的公益组织开发新项目是难上加难。但是，如果是具备品牌的公益组织要开发新项目，可以直接依靠原有的品牌，省去宣传费用、等待时间等，从而有效地规避了新项目的市场风险。

第三，品牌延伸有益于分散项目风险。公益组织为了进行品牌延伸开发了许多新的项目，新项目之间的联系很小或者没有联系，这样的优势在于迎合不同的社会群体的不同需求。当所有的资金都用于同一项目时，对此项目的需求没有供给那么多，这时就会造成资源闲置的浪费，而且对一个项目进行捐赠、投资，是因为投资者对这个项目感兴趣，觉得它可以帮到投资者想要帮助的人。仅有一个项目的时候，只吸引了对该项目感兴趣的投资者，没有吸引不同的投资者，造成公益组织资金短缺，进而引发公益组织的资产危机。相反开发了多种项目，充分利用资金的同时可吸引更多对不同项目感兴趣的投资者。

第四，品牌延伸可以树立公益组织的形象，提高企业的声誉。品牌延伸后，公益组织涉及社会生活的方面变多了，社会群众能够真实感受到公益组织的存在和作用，认为该组织是勇于担当社会责任的良心组织，从而进一步提高社会群众对该组织的信任度，为公益组织树立良好的形象。

第五，品牌延伸有利于增强品牌效应，提高组织品牌的经济价值。公益组织的品牌源于该公益组织对其项目的执行力度，组织的项目完成得好，很大程度担起社会责任，这时社会群众就开始信任该公益组织。公益组织品牌延伸可以让品牌效应辐射到更多的领域，增强组织品牌效应，同时让更多的社会群众信任该公益组织，进而增进社会群众对该公益组织的捐赠，增加公益组织的资产，提高了组织品牌的经济价值。

按中国的国情来说，尽管品牌延伸的作用很大，但是目前进行品牌衍生的公益组织仍然较少，毕竟品牌延伸有极大的不确定性和风险。品牌延伸需要公益组织经过细致考虑和战略分析才好采取行动，不然就赔了夫人又折兵，影响公益组织的职能发挥和发展。

第三节　进行公益组织品牌延伸的方法

一、延伸方向

公益组织品牌延伸不仅是有方向性的，而且是具体的。公益组织品牌可以向广度和深度延伸，其中广度包括开发组织内的新项目和延伸的国际化，深度则是衍生出子组织。

开发组织内的新项目指扩大公益组织的服务范围，针对更多的需求，制定有针对性的方案。这个新项目是公益组织中原本没有涉及的方面，是为应对新的需求而产生的。开发新项目可以弥补公益组织在未涉足领域的不足，同时可以增加对市场的供给和满足更多市场需求，还可以增加社会群众对公益组织的捐赠或投资。

延伸的国际化即公益组织的品牌影响力扩展到国外。延伸国际化涉及境内和境外两个地区，通过在境外设立本组织的分组织，或者与国外的公益组织合作，一起完成帮助我国公民或外国公民的项目。延伸的国际化可以充分赢得公众的关注度，也会赢得公众的认可度，有利于提高公益组织品牌在我国社会中的地位，也有利于将我国的公益组织品牌影响力扩展到国外，让外国感受到中国的魅力，增加对公益组织的投资，反过来又促进我国公益组织的大发展。

衍生子组织是指公益组织为专门解决某一类事务开设的子组织。子组织的总体发展方向、政策战略听从母组织的指挥，但是日常的具体运营和管理由子组织的领导人和管理者操作。子组织就像营利性企业的子品牌，子品牌或许更为消费者喜爱，削弱主品牌的影响力，或者两个品牌相得益彰，刚好占据了消费者对不同产品的需求，实现企业占据更大市场份额。子组织的发展可能会威胁到母组织的发展，或者服务了母组织服务不到的群体，这就警告我们，子组织的服务范围不要与母组织的服务范围重叠，不然子母组织就会产生竞争关系，形成错误的品牌延伸阻碍公益组织的发展。公益组织的品牌延伸可以选择开发组织内的新项目或延伸国际化或衍生子组织其中一个，或者可以选择其中两个任意组合，或者可以三个方向一起使用，选择哪一种主要看公益组织的经济实力、服务范围、人手状况、发展战略等方面。

公益组织品牌延伸可以选择其他相关延伸或不相关延伸。其他相关延伸，也被称为扩散法延伸，是指品牌延伸的新项目、新组织与其原品牌的项目或组织具有一定的关联性，即具体的服务目标群体有重叠区域。不相关延伸是指品牌延伸的新项目、新组织与原品牌的项目或组织没有相关性，或者说关联度很低。公益组织的品牌延伸可以选择其他相关延伸或不相关延伸，或者两个都选择，但是就我国公益组织的具体实力而言，我国的公益组织的品牌延伸最好选择不相关延伸，因为其他相关延伸可能会对同一领域重复投入资金，造成资本的浪费，同时可能会造成公益组织内部竞争，分散公益组织的实力，造成资源利用率低下。不相关延伸却可以充分利用资源，提高资源的利用效率，避免公益组织内部的恶性竞争，提高公益组织的办事效率。

二、具体做法

品牌延伸管理即以品牌向其他领域发展为目标对组织所拥有的资源进行有效的计划、组织、领导、控制的一系列活动的过程。

1. 计划

计划是组织、领导、控制等管理活动的基础。计划是组织所确定的在未来一定时期内的行动指南在时间和空间的进一步展开。计划为组织的活动指明方向，制定合理可行的计划对组织目标的实现至关重要，而品牌延伸这一目标对组织来说是关乎组织未来生存和发展的重大问题，为品牌延伸作计划，实际上是作组织的发展战略。战略和计划的区别在于，战略是对组织在一定时期的全局的、长远的发展方向、目标等做出决策，而计划则是对组织在短期内的、局部的发展目标做出决策。

计划的基本内容可以概括为5W2H：

（1）"做什么"（What）：确定进行品牌延伸后，要选择延伸的项目、方向，确定延伸项目的具体数目和延伸方向的组合方式。

（2）"为什么做"（Why）：在计划中列明为什么做主要原因在于陈述使命，明确组织的宗旨，论述品牌延伸的可能性和可行性，同时让员工清楚了解组织的宗旨、品牌，更好地发挥他们的积极性和创造性。

（3）"何时做"（When）：确定品牌延伸的开始时间和完成时间，以便对品牌延伸的各项活动进行有效的控制。

（4）"何地做"（Where）：确定品牌延伸的实施场所，其实就是帮助组织选择延伸方向，如果确定的地点在境外，即选择了国际延伸。

（5）"谁去做"（Who）：规定由哪些人负责品牌延伸的具体实施、计划领导、计划控制，以便分工明确和责任清晰。

（6）"怎么做"（How）：制定品牌延伸的实施措施及相应的规章制度。

（7）"花多少"（How much）：做好预算计划。资金对于公益组织来说意义非凡，组织没有过多的资金，所以要做足预算，算清楚需要多少启动资金和将会有多少的捐赠和投资金额。

2. 组织

组织是由品牌延伸计划中指定的那些人构成，他们分工又合作，共同执行计划的内容，这一过程称为管理中的组织活动，组织这一职能实际上就是计划的具体实施过程。

组织这一职能的实行需要一些员工来完成，而这些员工组合在一起也称为一个组织，这个组织的设计要遵循一些基本原则，这些原则概括为：目标原则、风险原则、精干高效原则、专业分工原则、控制幅度原则、统一指挥原则、权责对等原则和柔性经济原则等八个原则。

3. 领导

领导是一种行为艺术，领导者靠着法定权力、奖励权力、强制权力、专家权力、个人影响力等权力使管理者和员工即被领导人为实现公益组织的品牌延伸而努力。领导是存在于计划实施的全过程，领导着组织对计划的实施，在组织遇到困难的时候指明道路，所以领导人需要具备良好的素质才能领导好组织的品牌延伸，这些素质包括知识素养、能力素质、性格和道德品质、身体素质。

4. 控制

控制就是监视组织执行的各项活动以保证活动的完成情况与计划要求一致并纠正各种偏差的过程。控制可以分为前馈控制、同期控制和反馈控制三种类型。前馈控制可以防患于未然，避免预期出现的问题，发生在实际工作之前。同期控制发生在实际工作中，防止计划完成中的错误扩大化，造成无法弥补的后果。反馈控制发生在实际工作完成之后，它的主要作用是为下一次品牌延伸做准备，提醒组织在组织工作的过程中避免出现同类型问题。控制的过程可以划分为四个步骤：第一，事先拟订标准，这个标准是与计划不相符合的偏离程度的衡量，可以通过统计方法、经验估计法和工程方法等方法拟订标准；第二，衡量实际绩效，绩效是指品牌延伸计划的完成情况；第三，将实际绩效与标准比较，即衡量计划实施中的与计划不相符的偏差和标准比较，看有没有超出标准，没有超出标准则不需要采取行动,超出标准则进行第四个步骤;第四,采取管理行动纠正偏差或不适当的标准,有时不是计划完成的偏差超出标准,但不代表需要采取行动纠正,可能只是当初制定的标准就不合理,需要重新衡量再制定标准。

公益组织品牌延伸具有较大的风险性,组织需要系统考核组织的经营状况,在从计划—组织—领导—控制入手管理品牌延伸。

后记 Postscript

在社会转型时期，中国的公益慈善事业发展迅速而蓬勃。与此同时，公益慈善领域的专业化程度仍有较大提升空间。笔者长期参与中国公益慈善实践之中，深感行业发展之迅速，亦深感行业发展之滞后。品牌的概念，相对于政府公共关系从业者和商业领域人士，都是一个基础性知识，而在公益慈善领域，有品牌意识的从业者和有品牌战略的机构并不多。因此，一本基础性的关于公益慈善品牌管理的教材的推出，既是对院校公益慈善专业课程建设的推动，也是对公益慈善从业者品牌建设专业化水平提升的一种促进。

因此，历经一年多筹备，在笔者已经出版的《社会组织品牌管理》一书的基础上，再次推出《公益慈善品牌管理》教材。在这本书的编写过程中，中山大学传播与设计学院研究生周如月、陈敏仪，广西大学新闻传播学院研究生吴红燕等参与了材料搜集和整理，CM公益传播的陈炳炎、高正等也参与了教材的部分编撰工作，在此一并致谢。

作为国内首本公益慈善领域品牌管理方面的教材，它在某种意义上代表学科发展的方向，但同时它一定有着诸多不足的地方，需要历经时间的打磨才能日趋完善，恳请大家在使用过程中不断指正以便完善。

周如南

2018 年于中山大学

参 考 文 献

[1] 孙伟林. 社会组织管理[M]. 北京：中国社会出版社，2009.

[2] 王名. 社会组织概论[M]. 北京：中国社会出版社，2010.

[3] 李亚平，于海. 第三域的兴起[M]. 上海：复旦大学出版社，1998.

[4] 吴锦良. 政府改革与第三部门发展[M]. 北京：中国社会科学出版社，2001.

[5] 张远芝，万江红，田大明. 当前中国民间组织发展困境[J]. 理论与现代性，2006(3).

[6] 萧美娟，林国才，庄玉惜. 市场营销、筹募与问责理论与操作[M]. 北京：社会科学文献出版
社，2005.

[7] 葛顺道. 中国社会组织发展：从社会主体到国家意识——公民社会组织发展及其对意识形
态构建的影响[J]. 江苏社会科学，2011(03).

[8] 陈洪涌. CIS 策划教程[M]. 上海：复旦大学出版社，2001.

[9] 王炎磊. 公益组织的品牌视觉形象设计[D]. 昆明：昆明理工大学，2013.

[10] 余明阳，陈先红. CIS 教程[M]. 北京：中国物资出版社，1995.

[11] 贺栩华. 中国型 CI 战略[M]. 香港：和平图书有限公司，1994.

[12] 易丹，吕澎. CI 战略[M]. 长沙：湖南美术出版社，1993.

[13] 杨金德. CI 基本原理[M]. 北京：中国经济出版社，1996.

[14] 贺栩华. CI 设计指南[M]. 北京：科学出版社，1997.

[15] 张明新. 公益广告的奥秘[M]. 广州：广东经济出版社，2004.

[16] 黄浩，宋瑜. CIS 理论指导下的非营利组织形象塑造——以壹基金为例[J]. 中国报业，
2013(10).

[17] 周如南，陈敏仪. 2016 中国公益报道与公益媒体年度观察[M]//张志安. 中国新闻业年度
观察报告(2016). 北京：人民日报出版社，2016.

[18] 菲利普·科特勒. 营销管理[M]. 梅汝和，梅清豪，周安柱，译. 北京：中国人民大学出版
社，2001.

[19] 菲利普·科特勒. "新千年营销"[J]. 市场营销，2001(3).

[20] Benson P. Shapiro. Marketing for Nonprofit Organization[J]. Havard Business Review，1973(9-10).

[21] 彼得·德鲁克. 非营利组织的管理[M]. 吴振阳，译. 北京：机械工业出版社，2009.

[22] Christopler H. Lovelock, Charles B. Wemberg. Review of Marketing[M]. World Scientific Publishing Co Pte Ltd，1978.

[23] Philip Kotler. Marketing Management[M]. Ninth Edition. Peking:Prentice-Hail International. Inc,1997.

[24] 安德里亚森.菲利普·科特勒.战略营销:非营利组织的视角[M].王方华,周洁如,译.北京:机械工业出版社,2010.

[25] 康晓光,冯利.中国第三部门观察报告(2013)[M].北京:社会科学文献出版社,2013.

[26] 王飞.政府与社会组织合作形式研究[J].创新,2015(05).

[27] Fahri A. A proposed model ofantecedents and outcomes of brand orientation for nonprofit sector[J]. Asian Social Science,2011,7(9).

[28] Sargeant A,et al. Charity brand personality:The relationship with giving behavior[J]. Nonprofit and Voluntary Sector Quarterly,2008,37(3).

[29] 大卫·艾克.管理品牌资产[M].曾晶,译.北京:机械工业出版社,2012.

[30] Oliver,Richard l. Satisfaction:A Behavioral Perspective on the Consumer[M]. New York:The McGraw Hill Companies,1997.

[31] 黄静.品牌营销[M].2版.北京:北京大学出版社,2014.

[32] 徐永光.叩问天人之际——徐永光说希望工程[M].方立新,王汝鹏,编.北京:中国青年出版社,2001.

[33] 康晓光.创造希望——中国青少年发展基金研究[M].桂林:漓江出版社,桂林,广西师范大学出版社,1997.

[34] 壹基金:从"明星公益"到"去李连杰化"[J].社会企业家,2013(5).

[35] 壹基金蜕变之路[J].中国慈善家,2013(6).

[36] Kathleen Fearn-Banks. Crisis Communication:A Casebook Approach[M]. New York:Lawrance Erlbaum Association,1996.

[37] 康晓光,冯利.中国第三部门观察报告(2014)[M].北京:社会科学文献出版社,2014.

[38] 周志忍,陈庆方.自律与他律——第三部门监督机制个案研究[M].杭州:浙江人民出版社,1999.

[39] 游昌乔.危机公关:中国危机公关典型案例回放及点评[M].北京:北京大学出版社,2006.

[40] 吴宜蓁.危机传播:公共关系与语艺观点的理论与实证[M].苏州:苏州大学出版社,2005.

[41] 王智慧.非营利组织管理[M].北京:北京大学出版社,2012.

[42] 李华君.网络危机事件中非政府组织的新媒体公关策略——以"郭美美与红十字会危机"为例[J].电子政务,2013(1).

[43] 刘艳娜,宁凌.管理学[M].2版.北京:中国农业出版社,2013.

[44] 周三多,陈传明,鲁明泓.管理学——原理与方法[M].3版.上海:复旦大学出版社,2005.

[45] 周如南,陈敏仪.社会组织公共关系[M].北京:中国社会出版社,2016.

［46］刘海龙.大众传播理论：范式与流派［M］.北京：中国人民大学出版社,2008.

［47］郭庆光.传播学教程［M］.北京：中国人民大学出版社,2011.

［48］张冉.国外非营利组织品牌研究述评与展望［J］.外国经济与管理,2013(11).

［49］菲利普·科特勒,等.社会行销［M］.台北：五南图书出版股份有限公司,2013.